历史性跨越

——构建新发展格局

中信改革发展研究院　编著

中信出版集团 | 北京

图书在版编目（CIP）数据

历史性跨越：构建新发展格局 / 中信改革发展研究院编著. --北京：中信出版社，2021.6

（中国道路丛书）

ISBN 978-7-5217-3112-5

Ⅰ.①历… Ⅱ.①中… Ⅲ.①发展战略－研究－中国 Ⅳ.①D60

中国版本图书馆CIP数据核字(2021)第076787号

历史性跨越——构建新发展格局

编 著 者：中信改革发展研究院

出版发行：中信出版集团股份有限公司

（北京市朝阳区惠新东街甲 4 号富盛大厦 2 座　邮编　100029）

承 印 者：北京达利顺捷通印科技有限公司

开　本：787mm×1092mm　1/16　　印　张：24.5　　字　数：326千字

版　次：2021年6月第1版　　印　次：2021年6月第1次印刷

书　号：ISBN 978-7-5217-3112-5

定　价：69.00元

“中国道路”丛书学术委员会

编委会

“中国道路”丛书总序言

中华人民共和国成立60多年以来，中国一直在探索自己的发展道路，特别是在改革开放30多年的实践中，努力寻求既发挥市场活力，又充分发挥社会主义优势的发展道路。

改革开放推动了中国的崛起。怎样将中国的发展经验进行系统梳理，构建中国特色的社会主义发展理论体系，让世界理解中国的发展模式？怎样正确总结改革与转型中的经验和教训？怎样正确判断和应对当代世界的诸多问题和未来的挑战，实现中华民族的伟大复兴？这都是对中国理论界的重大挑战。

为此，我们关注并支持有关中国发展道路的学术中一些有价值的前瞻性研究，并邀集各领域的专家学者，深入研究中国发展与改革中的重大问题。我们将组织编辑和出版反映与中国道路研究有关的成果，用中国理论阐释中国实践的系列丛书。

“中国道路”丛书的定位是：致力于推动中国特色社会主义道路、制度、模式的研究和理论创新，以此凝聚社会共识，弘扬社会主义核心价值观，促进立足中国实践、通达历史与现实、具有全球视野的中国学派的形成；鼓励和支持跨学科的研究和交流，加大对中国学者原创性理论的推动和传播。

“中国道路”丛书的宗旨是：坚持实事求是，践行中国道路，发展中国学派。

始终如一地坚持实事求是的认识论和方法论。总结中国经验、探讨中国模式，应注重从中国现实而不是从教条出发。正确认识中国的国情，正确认识中国的发展方向，都离不开实事求是的认识论和方法论。一切从实际出发，以实践作为检验真理的标准，通过实践推动认识的发展，这是中国共产党的世纪奋斗历程中反复证明了的正确认识路线。违背它就会受挫失败，遵循它就能攻坚克难。

毛泽东、邓小平是中国道路的探索者和中国学派的开创者，他们的理论创新始终立足于中国的实际，同时因应世界的变化。理论是行动的指南，他们从来不生搬硬套经典理论，而是在中国建设和改革的实践中丰富和发展社会主义理论。我们要继承和发扬这种精神，摒弃无所作为的思想，拒绝照抄照搬的教条主义，只有实践才是真知的源头。"中国道路"丛书将更加注重理论的实践性品格，体现理论与实际紧密结合的鲜明特点。

坚定不移地践行中国道路，也就是在中国共产党领导下的中国特色社会主义道路。我们在经济高速增长的同时，也遇到了来自各方面的理论挑战，例如将改革开放前后两个历史时期彼此割裂和截然对立的评价；例如极力推行西方所谓"普世价值"和新自由主义经济理论等错误思潮。道路问题是大是大非问题，我们的改革目标和道路是高度一致的，因而，要始终坚持正确的改革方向。历史和现实都告诉我们，只有社会主义才能救中国，只有社会主义才能发展中国。在百年兴衰、大国博弈的历史背景下，中国从积贫积弱的状态中奋然崛起，成为世界上举足轻重的大国，成就斐然，道路独特。既不走封闭僵化的老路，也不走改旗易帜的邪路，一定要走中国特色的社会主义正路，这是我们唯一正确的选择。

推动社会科学各领域中国学派的建立，应该成为致力于中国道路探讨的有识之士的宏大追求。正确认识历史，正确认识现实，积极促进中国学者原创性理论的研究，那些对西方理论和价值观原教旨式的顶礼膜拜的学风，应当受到鄙夷。古今中外的所有优秀文明成果，我们都应该兼收并蓄，但绝不可泥古不化、泥洋不化，而要在中国道路的实践中融会贯通。以实践创新推动理论创新，以理论创新引导实践创新，从内容到形式，从理论架构到话语体系，一以贯之地奉行这种学术新风。我们相信，通过艰苦探索、努力创新得来的丰硕成果，将会在世界话语体系的竞争中造就立足本土的中国学派。

“中国道路”丛书具有跨学科及综合性强的特点，内容覆盖面较宽，开放性、系统性、包容性较强。其分为学术、智库、纪实专访、实务、译丛等类型，每种类型又涵盖不同类别，例如在学术类中就涵盖文学、历史学、哲学、经济学、政治学、社会学、法学、战略学、传播学等领域。

这是一项需要进行长期努力的理论基础建设工作，这又是一项极其艰巨的系统工程。基础理论建设严重滞后，学术界理论创新观念不足等现状是制约因素之一。然而，当下中国的舆论场，存在思想乱象、理论乱象、舆论乱象，流行着种种不利于社会主义现代化事业和安定团结的错误思潮，迫切需要正面发声。

经过 60 多年的社会主义道路奠基和 30 多年的改革开放，我们积累了丰富的实践经验，迫切需要形成中国本土的理论创新和中国话语体系创新，这是树立道路自信、理论自信、制度自信、文化自信，在国际上争取话语权所必须面对的挑战。我们将与了解中国国情，认同中国改革开放发展道路，有担当精神的中国学派，共同推动这项富有战略意义的出版工程。

中信集团在中国改革开放和现代化建设中曾经发挥了独特的作用，它不仅勇于承担大型国有企业经济责任和社会责任，同时也勇于承担政治责任。它不仅是改革开放的先行者，同时也是中国道路的践行者。中信将以历史担当的使命感，来持续推动中国道路出版工程。

2014 年 8 月，中信集团成立了中信改革发展研究基金会，构建平台，凝聚力量，致力于推动中国改革发展问题的研究，并携手中信出版社共同进行“中国道路”丛书的顶层设计。

“中国道路”丛书的学术委员会和编辑委员会，由多学科多领域的专家组成。我们将进行长期的、系统性的工作，努力使“中国道路”丛书成为中国理论创新的孵化器，中国学派的探讨与交流平台，研究问题、建言献策的智库，传播思想、凝聚人心的讲坛。

孔丹

2015年10月25日

目 录

第二篇 贯彻新发展理念

第三篇 构建新发展格局

前言　大循环为主　双循环共进的新发展格局

孔丹*

2020年以来，新冠肺炎疫情全球蔓延，国际环境日趋复杂，世界百年未有之大变局加速演化，不稳定性不确定性明显增加。美国为遏制中国经济发展并在下一次科技变革中占得先机，加紧对中国高科技企业的打压，封锁华为，制裁中兴，打压抖音、微信，不断扩充“实体名单”，持续加大对中国的制裁力度，推行美国优先、不断退群、增加关税、鼓励制造业回流等一系列逆全球化措施，使我国经济发展面临更多逆风逆水的外部环境，加大了经济对外交流的风险与阻力。

在这样的大背景下，习近平总书记提出“加快构建以国内大循环为主体、国内国际双循环相互促进的新发展格局”的战略抉择。作为战略抉择，我们要在新发展格局中有所担当和作为，就要明晰相关逻辑与意义，了解面临的挑战并做好充分的应对准备。

构建新发展格局的现实逻辑

我国积极构建新发展格局，是符合我国“三长两短”国情现实的战略部署，具有鲜明的时代性与创新性。

一是拥有社会主义市场经济体制的制度“长板”。一方面，能够充分发挥

* 孔丹，中信集团原董事长，中信改革发展研究基金会理事长。

政府与市场的作用，有效调动和组织各类要素资源，保证新发展格局更加稳定推进；遵循市场经济规律，运用市场手段聚集资源和力量，通过市场机制解决问题，利用市场力量推动国内大循环长久、良好运行；利用社会主义制度集中力量办大事的独特优势，为市场机制的良好运行提供政策与制度保障，引导国内国际双循环按照既定目标有序推进。另一方面，坚持公有制为主体、多种所有制经济共同发展的基本经济制度，使新发展格局具备创新动力；坚持公有制为主体，有助于发挥国有经济在国民经济中的主导作用，是保证国内大循环稳定运行的“压舱石”；坚持多种所有制共同发展，保障各经济主体的利益，有助于调动各方面的积极性、主动性和创造性，为国内大循环注入强大动力。

二是拥有世界第二大经济体的市场“长板”。我国广阔的市场空间将为建立新发展格局提供更多发展潜力。从经济总量看，2019 年，我国 GDP 总值达 99.09 万亿元，相当于美国的 67%，约为日本的 2.82 倍；从消费潜力看，我国拥有 1 亿多市场主体和 14 亿多人口形成的超大规模内需市场，同时正处于新型工业化、信息化、城镇化、农业现代化快速发展的阶段，投资需求潜力巨大，将为打造国内大循环提供强劲动能。合理的区域经济格局使新发展格局具备更大的战略回旋空间。京津冀协同发展、长三角一体化发展、粤港澳大湾区建设和成渝地区双城经济圈建设等国家重大区域发展战略持续向纵深推进，形成“北有京津冀，东有长三角，南有粤港澳，西有成渝”的区域发展格局，呈现多点开花、多头并进的发展趋势，成为我国重要增长极和动力源，从而为构建高质量内循环体系和拓展外循环空间提供有效助力。

三是拥有完备工业生产体系的供给“长板”。我国完整的产业链供应链使新发展格局更加稳定。我国拥有 41 个工业大类、207 个工业中类、666 个工业小类，是全世界唯一拥有联合国产业分类中全部工业门类的国家，能够自主生产所有产品；新冠肺炎疫情期间，完备的上下游产业配套能力为口罩产能的迅速提升提供了重要支撑，证明制造业对国家特别是大国发展和安全的重要意义，表明我国具备构建国内大循环的坚实产业基础。我国已经形成了层级多样、结构复杂、功能完备的经济社会形态，表现为各地区发展阶段与支柱产业各不相同，工业体系相对完整、基本覆盖高中低端产业的各个环节，城乡社会结构相互补充等；这些层级结构是完整经济形态的必备要素，有助于我国构建体系更完备、结构更合理、分工更细化的循环体系，从而促进国内大循环的顺畅运转。

四是存在核心技术亟待发展的科技“短板”。习近平总书记指出，实现高质量发展，必须实现依靠创新驱动的内涵型增长。我们更要大力提升自主创新能力，尽快突破关键核心技术。[①] 当前，我国存在科技创新顶层设计有待完善、创新生态培育滞后、部分产业仍处于价值链中低端或附加值较低、关键核心技术存在被外国“卡脖子”等问题。构建新发展格局，不仅要畅通国民经济循环，更要让经济在循环发展中持续增长。推进科技创新、加强技术攻关则是推动经济持续增长的重要因素之一。我国正在积极开展数字化转型，推动物联网、大数据、人工智能等与传统产业深度融合，把握数字经济发展机遇，大力发展新业态、新产业、新模式。未来核心技术的突破将重构国际合作新形式，实现数字全球化为代表的新型全球化，这也是构建国内国际双循环的重要考量。我国在制造业劳动生产率、制造业增加值率和制造业乘数效应等方面都存在较大差距，仍处于全球制造业第三梯队，主要是中低端制造。而美国则处于第一梯队，主导全球制造业创新中心，是现有全球制造业分工体系的主导者和主要利益获得者。欧盟和日本是第二梯队，主要在高端制造领域占有优势。增强产业链供应链自主可控能力。产业链供应链安全稳定是构建新发展格局的基础。要统筹推进补齐短板和锻造长板，针对产业薄弱环节，实施好关键核心技术攻关工程，尽快解决一批“卡脖子”问题，在产业优势领域精耕细作，创造出更多独门绝技。要实施好产业基础再造工程，打牢基础零部件、基础工

---

① 习近平：在经济社会领域专家座谈会上的讲话［EB/OL］．http：//ww. xinhuanet. com/politics/leaders/2020－08/24/c_1126407772. htm.

艺、关键基础材料等产业基础。要加强顶层设计、应用牵引、整机带动，强化共性技术供给，深入实施质量提升行动。

五是存在资源能源缺口较大的“短板”。区域内资源能源的稳步循环和充足保证是促进区域性经济发展的基础，在当前新冠肺炎疫情和中美贸易摩擦的大背景下，资源能源安全在经济社会发展中的重要地位更加凸显。资源方面，在45种主要矿产资源中，我国有25种矿产资源存在对外依存度较高（50%以上）的问题。如：铁矿石对外依存度为83%，2020年可能进口11.5亿吨，价格波动剧烈；铜消费量达到1000万吨，占世界总消费量40%左右，自产矿山铜仅有154万吨。粮食进口相当于9亿亩耕地产量，要开展种源“卡脖子”技术攻关，立志打一场种业翻身仗，有效解决“低水平、高难度、紧平衡、弱安全”的粮食供给局面。我国是能源生产和消费大国，却不是资源大国，能源结构总体呈现多煤少油缺气的特点，存在碳排放压力大、石油对外依存度高、资源地和运输通道风险等问题。原油对外依存度超过80%，50%靠中东，80%以上靠海上运输，难以摆脱原油产地和运输通道双重风险。天然气对外依存度近50%。要形成国内大循环，资源能源独立是必要条件之一。为实现这一目标，我国正在加快发展新能源和节能环保产业；实行多元化的进口战略，加强战略储备能力；加速人民币国际化进程，减少汇率波动影响。这一系列举措契合构建新发展格局的要求。

构建新发展格局面临的压力与挑战

构建新发展格局作为重塑我国国际合作和竞争新优势的战略抉择，是事关全局的系统性深层变革，无论是在国际还是国内都会存在一些目前难以准确预知和把控的变数，给我国带来潜在的压力和挑战。

一是我国的对外开放变数加大。构建国内国际双循环新发展格局的提出，正处于我国谋划“十四五”发展规划，应对中美贸易摩擦并进行战略性布局的关键时期。由于疫情蔓延后西方国家“去中国化”力量更加凸显，产业链外迁压力进一步增大，对我国技术和投资限制不断增强，挤压我国全面开放和发展的空间，影响我国对外开放的步伐。

二是我国的创新发展压力剧增。构建国内大循环需要提升产业水平、技术水平，找到面临的瓶颈和短板问题并全面突破，提升产业链供应链的安全性与稳定性，保证关键时刻“不掉链子”。我国已拥有良好的经济基础和庞大的市场空间，但仍存在科技创新能力与内循环要求不匹配、科研投入不足、创新型人才缺乏等问题，创新驱动发展面临一定挑战。

三是我国的变革任务更加艰巨。构建新发展格局不是简单的“出口转内销”或“新时期的闭关锁国”，而是未来发展的新模式和新格局，要扩大内需，加强数字经济发展，加快产业重构速度，加大区域布局力度。要求政府适应形势变化，积极自我调整和主动变革探索，尽快建立健全经济社会发展的中长期协调机制，坚持结构调整的战略方向，完善宏观调控的跨周期设计和调节，实现稳增长和防风险的长期均衡。

构建新发展格局的实施路径

根据经济发展规律和发达国家经验，未来出口在我国 GDP 中的占比将会逐步降低，中国经济向以国内大循环为主体转变是发展的必然选择。构建新发展格局有利于实现更高质量、更有效率、更可持续、更为安全的发展，有利于拉动世界经济复苏和增长。当前，我们要紧紧扭住供给侧结构性改革这条主线，注重需求侧管理，打通堵点，补齐短板，贯通生产、分配、流通、消费各环节，形成需求牵引供给、供给创造需求的更高水平动态平衡，提升国民经济体系整体效能。要更加注重以深化改革开放增强发展内生动力，在一些关键点上发力见效，起到牵一发而动全身的效果。

一是要探索建立新型举国体制。举国体制 1.0 版是计划经济时期，我国建立了独立的工业体系；举国体制2.0版是改革开放40年，我国通过宏观调控抵御了1998年亚洲金融危机和2008年国际金融危机风险。构建新发展格局，要探索建立新型举国体制，构建高水平社会主义市场经济体制，实行高水平对外开放，推动改革和开放相互促进。这包括：更好地发挥市场机制作用，让市场机制和举国体制不断融合；减少不必要的行政干预，为市场主体、科研主体发挥主动创新能力创造条件；发挥新型举国体制优势，强化国家战略科技力量，不能丢失集中力量办大事的优势，在新环境下积极探索集中力量的方式方法。要充分发挥国家作为重大科技创新组织者的作用，坚持战略性需求导向，确定科技创新方向和重点，着力解决制约国家发展和安全的重大难题。要发挥新型举国体制优势，发挥好重要院所高校国家队作用，推动科研力量优化配置和资源共享。要抓紧制定实施基础研究十年行动方案，重点布局一批基础学科研究中心，支持有条件的地方建设国际和区域科技创新中心。要发挥企业在科技创新中的主体作用，支持领军企业组建创新联合体，带动中小企业创新活动。要加快国内人才培养，使更多青年优秀人才脱颖而出。要完善激励机制和科技评价机制，落实好攻关任务“揭榜挂帅”等机制。要规范科技伦理，树立良好学风和作风，引导科研人员专心致志、扎实进取。要坚持改革开放的国策，加强对开放创新的重视和对国际规则的遵循，进一步提高国际科技交流合作的深度和广度。

二是要突出科技创新的引领作用，加快科技自立自强。习近平总书记多次强调“关键核心技术是要不来、买不来、讨不来的”。面对国内外环境的新变化，要强化国家战略科技力量，牢牢把握创新在我国现代化建设全局中的核心地位，把科技自立自强作为国家发展的战略支撑；坚持创新引领发展，做好顶层设计，完善体制机制，在资金、资源等方面给予针对性支持，更好实现依靠创新驱动的内涵型增长；坚持战略性需求导向，尽快确定科技创新方向和重点，着力解决制约国家发展和安全的重大难题；持续加强前沿探索和前瞻布局，守正创新、开拓创新；优化经济发展环境，健全现代企业制度，完善公司治理，激发各类市场主体活力，深化要素市场化改革，破除制约要素自由流动的制度藩篱，推动科技成果转化；探索更有实效的科技创新人才培养选拔模式，激发主观能动性，完善科技成果转化和激励机制。

三是要深刻认识未来发展环境的深刻变化。我国仍然处于重要战略机遇期，但当今世界正经历百年未有之大变局，我国发展面临的外部环境日趋错综复杂。我国及时将前期具有很强外部依赖性的“两头在外、大进大出”的“国际大循环”战略调整为“以国内大循环为主体、国内国际双循环相互促进”的内生战略，而形成强大国内市场是构建新发展格局的重要支撑，必须在合理引导消费、储蓄、投资等方面进行有效制度安排。要深刻认识我国社会主要矛盾变化带来的新特征新要求，深刻认识错综复杂的国际环境带来的新矛盾新挑战，增强底线意识和风险意识，善于在危机中育先机、于变局中开新局，抓住机遇，应对挑战，建立系统思维，发扬斗争精神，集中精力办好自己的事。

四是要提高产业链供应链的稳定性和现代化水平。产业链供应链安全稳定是构建新发展格局的基础，产业链供应链在关键时刻不能“掉链子”，必须着力增强产业链供应链自主可控能力。要加强顶层设计、应用牵引、整机带动，强化共性技术供给，深入实施质量提升行动，从制度、组织和机制上做好总体安排，把增强产业链韧性和竞争力放在更加重要的位置；在“补链、强链、延链”的过程中，要坚持自主可控、安全高效、分类施策地推动产业链供应链发展；持续巩固提升我国拥有独立完整的工业体系优势，进一步优化全产业链发展布局，更好挖掘产业结构梯次转移的空间潜力，科学制定区域空间布局规划，健全区域经济协调发展机制，因地制宜，发挥比较优势，优化生产力布局；鼓励、支持企业优先使用国产设备和国产零部件，推动我国全产业链和供应链协调、有序、健康发展，提高产业链供应链的可控性；加快发展战略性新兴产业，充分利用好相关政府投资基金，聚焦高端芯片、工业软件、新一代信息技术、新材料等领域，引导社会资本加大投入，推动产业化规模化发展，推动产业链供应链优化升级；加强国际产业合作，运用互联网思维推进产业链供应链创新，形成更具创造力、更高附加值、更先进的产业链供应链，从而助推新发展格局的形成。

五是要统筹好发展与安全并重的关系。发展和安全互为条件、彼此支撑，安全是发展的前提，发展是安全的保障。因此，构建新发展格局既是与时俱进提升我国经济发展水平、塑造我国国际经济合作和竞争新优势的战略抉择，又是统筹发展和安全、将发展建立在安全基础上的战略考量。进入新发展阶段，统筹发展和安全同构建新发展格局彼此呼应、相互支撑。统筹发展和安全，要求加快构建新发展格局；构建新发展格局，必须高度重视统筹发展和安全。只有在发展和安全两个方面同时发力，才能将构建新发展格局的战略部署落到实处。

第一篇

立足新发展阶段

有效应对疫情冲击　牢牢把握经济底线

朱之鑫*

编者按：新冠肺炎疫情是百年来最严重的全球公共卫生危机，它不是一个传统的简单危机，而是错综复杂的，特别是与百年未有之大变局叠加，经济全球化正遭遇逆流。美国等西方国家加大了对我国围堵的力度，我们要主动参与国际产业链的塑造，在更高领域扩大开放，牢牢把握经济持续健康发展的底线。

新冠肺炎疫情是百年来最严重的全球公共卫生危机

2020 年以来，新冠肺炎疫情对各国经济都造成了严重的冲击，成为影响世界经济格局和全球经济秩序的一个新的重大扰动因素，也给我国经济社会发展带来了巨大的挑战。

疫情的影响复杂而深远

新冠肺炎疫情不是一般的危机和公共卫生事件，而是百年来最严重的全球公共卫生危机。2020 年初疫情来袭，习近平总书记果断决策，亲自部署，亲自指挥，带领全国上下迅速打响了疫情防控的人民战争，在全球范围内率先控制住了疫情，实现了全面的复工复产。这一点，大家是有目共睹的。

2020 年上半年，我国经济先降后升，二季度以来逐月有所好转，社会大

---

* 朱之鑫，国家发展和改革委员会原副主任、党组副书记。

局总体稳定。上半年国内生产总值是456 614亿元，同比下降1.6%，其中二季度同比增长了3.2%。随着常态化疫情防控措施的不断优化，我国经济秩序实现基本稳定。

新冠肺炎疫情既然是百年来最严重的全球公共卫生危机，就不同于一般的危机或公共事件。它对人类生命安全构成了空前的威胁，对世界经济造成了巨大冲击，同时也对各国治理能力带来了严峻的挑战。所以它不是一个传统的简单危机，而是错综复杂的，给社会经济诸多方面带来新挑战的综合性公共卫生危机。对此，我们一定要有清醒的认识。

在这个重要的时候，我们应该坚持底线思维，积极做好应对。疫情给经济社会方方面面都带来了冲击，特别是与我们百年未有之大变局叠加，使得它的影响更为错综复杂，外部环境愈加严峻。经济全球化正遭到逆流。美国等西方国家出于保护本国产业、推动经济复苏、转移抗疫不力的责任和转嫁国内矛盾的需要，加大了对我国围堵的力度，在经贸、科技、金融、产业、人才以及政治等领域频频发难。

我们也要认识到，疫情不是一时的冲击，它将是一个长期且具有深远影响的公共卫生事件。根据2020年9月5日早晨公布的数据，全世界感染2436万人，死亡86万人。世界卫生组织总干事谭德塞明确指出，世界卫生组织将此次疫情定义为一种严重的危机，还将持续一段时间，可能到2021年才会结束。目前疫情在国外还没有得到有效的控制，欧美一些国家强行通过带疫解封措施，疫情反弹的风险还在加剧。

我国各地经济在逐步恢复的过程中，内防反弹的压力还是会长期存在。同时，世界经济格局和秩序的不确定性也将长期存在。这些都要引起我们特别的重视。

我国发展面临不确定不稳定的因素增多

新冠肺炎疫情使得我国外部环境的复杂性和严峻性上升，国内仍在消化疫情带来的不利影响。经济持续回升、社会平稳发展的基础还不是很稳定。这个不确定不稳定的因素是当前和未来一段时期的重要特征。

第一，全球化进程面临着严峻的考验。疫情发生之前，以世贸组织为代表的全球化的规则已经不能很好地适应全球发展的需要，又加上美国的阻挠，世贸组织的部分职能已经陷入停滞。此次疫情激化了原有的矛盾，加剧了各种保护主义、民粹主义、民族主义等矛盾和争执，围绕全球主导权的竞争将更加激烈。世贸组织的主席提前结束任期。在这个过程中，各国政策协调的难度加大，世界贸易和投资严重受阻，国际贸易向着碎片化的方向发展。根据世界银行的预测，全球贸易额 2020 年将下降 13.4%；联合国贸发组织预测，2020 年全球外国直接投资同比将减少 40%。

第二，中美经济“脱钩”风险进一步加剧，中美贸易摩擦演变为竞争性对抗。在 2019 年一个会议发言中我特别谈到了威尔逊主义（1918 年）的结束，美国从保护主义到美国优先，从多极化到单边化，从自由贸易到多方面出现的经济管制。现在看，这种趋势仍在进一步发展，寄托于美国总统的更迭是一厢情愿。在疫情影响下，美国正联合其盟友，努力摆脱对中国制造的依赖，正在着手构建把中国排除在外的经济体系。从贸易摩擦到科技遏制，从限制华为、中兴到封锁字节跳动，美国对中国的打压和阻碍将全方位升级，下一步可能更为激烈，更为严峻，这一过程远没有结束。中美关系很难返回到以前的状态，中美对立可能使中国遭遇与世界一些国家的撕裂甚至“脱钩”的情况。

第三，国内经济平稳运行面临着很大的压力。从需求看，内需不足制约着经济的稳定发展。消费的恢复相对滞后，疫情影响了居民的就业和收入，制约了居民的消费能力和消费意愿。2020 年 1—7 月，社会消费品零售总额下降了 9.9%，这还没有包括物价上涨的因素。投资增长的制约因素在疫情下被放大，全球市场萎缩降低了企业家投资的意愿，利润下滑又限制了企业的技术改造和扩大再生产的能力。制造业投资情况明显变差，2020 年 1—7 月固定资产投资同比下降了 1.6%，而其中制造业的投资下降了 10.2%。

从供给看，当前企业生产经营存在很多困难，企业运行的恢复尚需时日。目前企业复产不达产、经营不增收的现象比较普遍。比如，2020 年暑期的铁路客车开行率已经恢复到 2019 年同期的 83%，但客运人数仅为上年同期的 60%。再比如，全球的航空运输业 2020 年将下降 55%，2021 年可能比 2019 年下降 40%，因全球疫情造成的人员流动的阻碍传导为经济活动的阻碍。

就企业经营看，2020 年 1—7 月，企业亏损面达到 1/4。前不久我到地方看，企业普遍反映，2020 年利润下降幅度较大。目前中小企业、个体工商户面临着生存的压力。所以，我们对影响经济平稳运行的压力要引起高度重视。

第四，供给侧改革的任务任重道远。目前持续发酵的疫情和不断升级的贸易摩擦，对国际产业链产生了很大影响，并不是我们原来假设的在原有产业链布局上的延续和拓展。部分国家更加重视制造能力和产业的安全，2020 年上半年的事实证明了这一点。全球产业格局调整的进程加快。在这个过程中，对于如何巩固我们原有的产业链、供应链优势，也带来了新的挑战。

同时，以美国为首的西方国家，加紧打压我国产业和科技的发展。2020 年，美国针对中国出台了包括对企业的制裁、技术的管制、人才的封锁、投资的限制在内的极限施压措施。这四个方面不是简单孤立的事件，而是全方位的政策。我国一些关键零部件和软件将面临供应压力上升的挑战，自主生产供应还有不少的现实困难。

从我国实际情况看，通过供给侧结构改革促进产业结构升级和发展方式转变、提高我国的产业竞争力势在必行，但不可能一蹴而就。挑战是严峻的。

牢牢守住经济基本盘

稳住基本盘，推动经济的健康发展

突如其来的新冠肺炎疫情是不可预知的“黑天鹅”事件，经济发展面临的各类风险和威胁属于“灰犀牛”事件。坦率地讲，面对这些威胁，现在不确定性因素很多。人们常讲地球村中某个角落的蝴蝶效应会进一步地放大和扩散，比如韩国疫情发展同样会对中国经济带来影响。这些因素都在深刻影响当前我国的经济。

应对严峻挑战，必须拿出切实的解决办法。对内，是要不断地深化改革，坚定地实施扩大内需的战略。我们最有效的办法，就是激活和释放国内市场的强大韧性和潜力。对外，还要不断地通过开放，增加我们的回旋余地，通过促进“双循环”良性发展，把握战略的主动性，加强国际合作，努力把负面影响降到最低。

应对冲击，解决问题的办法，具体说是五个方面。

第一，千方百计地稳住经济基本盘。中央的决策很明确，就是“六稳六保”，其中重要的抓手，就是在需求方面稳住投资、消费和出口。“三驾马车”要共同发力，绝不能在这个过程中偏向一边，要形成合力。

（1）引发消费潜力，积极推动消费回暖，促进消费新业态的发展。当然首先要稳住传统消费，满足不同层次、不同领域、不同偏好、不同收入群体的消费需求，不完全是新型消费。这应该成为我们宏观政策和微观政策把握上一个重要的契合点。

（2）发挥投资的关键作用。积极地扩大有效投资，加快新型基础设施建设和发展，着力推行新型城镇化建设，这是我们当前投资中的重点。目前投资的难点是，好的项目缺乏核心技术和储备，传统项目又面临边际效益递减这一现实情况。但无论如何，投资还是起着关键的作用。投资要讲究效益，包括经济效益和社会效益，不能投资完成后留下一堆债务。

（3）努力稳定外贸出口。要积极推动出口市场多元化，特别是在这个过程中，应该有国家的意志在内。我们的产业在不同时期都体现了国家的意愿。要加大对出口企业的扶持力度。这是我们解决困难必须采取的措施，而不能只看短时期内市场的作用会怎样。20 世纪 90 年代，我国出口年增长率是 15%，

21世纪的头10年出口平均年增长率是24%，最近9年出口平均增长率是5%。现在讲“双循环”，不仅是针对新冠肺炎疫情的影响，而且是针对整个出口的情况。在这个过程中，我国对外贸易依存度相当高，一度超过了30%，1.8亿就业人口与外贸市场有关。我们必须注意，在当前注重国内大循环为主体的同时，要努力形成国内国际双循环共同发展新格局。

第二，抓好财政金融政策落实生效。面对疫情、面对当前的经济，我们的宏观经济部门出台了很多有效的综合性政策，下一步在于能否落地。积极有为的财政政策、灵活适度的货币政策正在实施中。落实财政政策，有限的财政资金必须讲利用效率，这是必须高度关注的。

货币政策包括降准、公开市场操作、保证流动性合理充溢。最重要的是推动贷款成本下降，这是对企业最大的支持，也是对银行本身经营能力转变最大的考验。在这个过程中，要注意使财政政策和货币政策共同产生合力，如果配合不好，又不能与消费政策、产业政策、投资政策和区域政策产生合力，那么就会抵消财政政策和货币政策的作用力度。

第三，各级政府要有危机感，要调整巩固经济。经济工作要多采取实在的措施，从实质上激发经济发展的内在动力和竞争力。一定要把着眼点放在提高企业的支撑能力上，要特别注意保护和发挥企业家的能动性。政府要主动地助力企业的纾困和发展，要把为企业解决困难落实到日常的工作中。

第四，坚持不懈地促进产业结构优化升级。我们有超大规模的市场，超大规模的产业配套，越来越强的基础设施，包括有效的宏观调控，这都是我们的优势，可以支持我们本土产业的壮大。我们要抓紧布局战略性新兴产业。政府在其中的作用就是规划和体现产业政策的导向。未来产业如何发展，要多听科学家的意见，做好科技发展规划，推动自主产品的研发、生产和应用，加强产业链、供应链的整体安全。要重视提高重要材料、关键零部件、核心元器件和关键软件的自主供应能力，稳定整体供应水平。

我们已经有一些很好的企业，包括“专精特”型企业；点状分布的有，星星之火也有，但还没有形成燎原之势。浙江大学周围有很多小企业，天天派人住在浙大，只要有什么新技术他们就拿回去，马上变技术为产业。我们最大的一个问题是，很多科研成果放在实验室里好多年没人用，这在内地很普遍。所以，怎样更好地促进产学研合作互动，促进科研成果转化，提高我们产业链的水平，这个问题极为关键。

在双循环的过程中，在国际产业供应链的重新构造中，我们必须主动参与进去。在这个关键的时候，我们不能自我封闭起来，要主动参与国际产业链的塑造，与各国进行多渠道、多种方式、多种内容和形态的技术合作。同时，还要注重人才的交往，支持通过多种渠道和世界各国优秀企业开展合作，这就是在更高领域扩大开放。

第五，疫情的防控要创新优化管理方式。加强疫情防控常态化是今后一个时期经济发展的重要前提，这就要有一个常态化的疫情防控方式。现在的情况是，疫情可能呈多点散发、同流感集中暴发相结合的态势。如何做到疏堵结合，也是我们工作中的一个重要的方面。比如，互联网和各种消费业态怎么融合，线上医疗怎么做，线上教育下一步怎么发展，远程办公等新的业态会不会成为新的办公方式，这些都需要我们总结经验。疫情防控不单是一次“危”，也是一次“机”，就在于我们能不能在这个过程中，提高我们整体的管理水平。全面复工的同时，更要全面优化政府管理经济的方式。

稳就业，把握住经济底线

就业和收入关系到群众的切身利益，是我们要牢牢把握的最大的基本盘，我们要下大力气解决就业问题。有就业就有收入，有收入就会有稳定。面对前所未有的各方面冲击，就业形势还不容乐观。2020 年 1—7 月，全国新增就业 671 万人，比上年同期少增加了 196 万人。7 月份调查失业率是 5.7%，比之前的情况有所提高。其中两类人是最需要关心的，一类是农村外出的务工人员，一类是高校的毕业生。2020 年高校毕业生是 874 万，比上年增加 40 万人，这是2015年以来人数增加最多的一年。况且由于世界各国的疫情，从国外回来要在国内就业的又增加了60万人。海归多了当然好，但这也加大了国内就业的压力。最近数据表明，大学生在一线城市就业人数明显缩小，只能到二、三线城市去，需要我们的政策做一些调整。2020年春季交流会上，求职人数增长了56%，而就业岗位只增加了26%；上半年我们求职的人数又增加了26%，而就业岗位只增长了12%。2020年外出务工农民的增加和因就业岗位减少而回乡的情况也不乐观，大大超出我们的预计。总的来看，就业矛盾比较突出。

稳就业不但要考虑失业率，还要看到不纳入统计的失业和待业、不纳入统计的工时减少和收入减少。进一步分析，就会看到推行自主择业的重要性，一定要放宽对自主择业的限制。

在这里，政府的责任就是要切实加强最低生活保障，社会政策要兜底，对按规定应保的人员，要及时纳入最低生活保障。我们当前也只能是保基本生活，只有这样，才能保证整个社会大局的稳定。

所以，我们一定要牢牢把握住经济的底线。经济增长速度有所下降，这是暂时的困难，关键在于我们能不能为下一步的持续健康发展打好一个稳定的基础，这才是我们有效应对疫情冲击、推动经济持续健康发展的最有效底线。

大变局时代国际环境新变化与中国外交新任务

于洪君*

编者按：中美两国关系及其影响是世界百年未有之大变局中的最大变量。美国企图构建把中国排除在外的世界经贸新格局，在各方面制造与中国“脱钩”，企图将我们孤立于它所策划的新的世界治理体系之外。中国将高举人类命运共同体旗帜，坚持奉行和平发展合作共赢的中国特色大国对交，继续推动构建均衡稳定、协调发展的大国关系框架，确保中国全面复兴之路不被打乱，和平崛起进程不被遏制。

新冠肺炎疫情蔓延全球，极大地冲击了国际关系和世界秩序。百年未有大变局之深刻性、复杂性和不确定性，得到充分显现。目前，全球抗疫形势仍十分严峻，在所谓“后疫情时代”，世界各国正在重新构筑相互关系，人类社会正在重新谋划未来。有鉴于此，我们必须科学判断全球治理体系和国际关系准则的变动方向，精准把握世界战略格局和周边地缘环境的调整态势，正确评估力量对比持续改变的深远影响，制定并实施适应时代潮流、符合本国根本利益的对外战略和策略。

中美两国关系及其影响将成为百年大变局的最大变量

中国正在努力实现民族复兴并走向世界舞台中心，这将是当今世界百年未

---

* 于洪君，中共中央对外联络部原副部长。

有之大变局中的最大变量。现在看，作为当今世界唯一超级大国的美国加速衰败，全面破坏现存国际治理体系及其灾难性影响，也将成为百年未有大变局的重大变数。

美国是以“命定扩张”为政治文化基因，以输出价值观和社会制度为“天赋使命”的传统型帝国，也是操纵国际组织与治理体系、野蛮干涉别国内政、粗暴处理全球事务、妄图长期主导世界的霸权式国家。

冷战结束以来，美国经历了因“不战而胜”而在国际舞台“一超独大”、因遭遇恐怖袭击而“滥伐无度”、因内外矛盾集中爆发而陷入“战略恐慌”这样几个发展阶段。特朗普入主白宫，是美国陷入“战略恐慌”后各种极端思潮扭曲结合导致的无奈选择。其结果是：堆积如山的国内问题全面引爆，民怨沸腾，社会撕裂；错综复杂的对外关系加速崩塌，四面树敌，混乱失序，毁约退群、污名他国、经济制裁、军事威胁、定点清除，成为美国处理对外关系与国际事务的常态化方式。美国因此成了当今世界最大的麻烦制造者。

中国作为不结盟的社会主义国家，今后一段时间仍将是最大的发展中大国。一方面，中国人均 GDP 和经济运行质量，特别是科技发展水平、人才培养能力、货币与金融影响力与美国差距还很大；另一方面，中国经济总量世界第二、外汇储备世界第一、货物贸易世界第一的地位将进一步增强，中国对世界经济增长的贡献率已无可超越，GDP 总量终将超越美国，包括创新能力、国防实力在内的各方面潜能，与美国的差距正在缩小。中国在国际舞台上的作用和影响将持续增大，已为世所公认。

美国已进入衰退期，但在许多领域仍有较大优势，我们对此须有清醒认识。目前，全球“疫情阻击战”“经济复兴战”“舆论争夺战”激战正酣，中美两国如何表现，举世瞩目。中方井然有序，以较短时间和有限代价战胜第一波疫情的冲击，为国际社会争取了宝贵的时间，同时也为包括美国在内的世界各国提供了广泛支持，贡献了丰富经验。

大疫当前，合作为要。理应与中国相向而行、共战疫情的美国，竟在遭受疫情重创之际，恣意恶化美中关系，将疫情发生前即已相当严峻的两国关系，推至持续恶化的“准危机”状态。美国与俄罗斯、伊朗、委内瑞拉等国的关系更趋紧张，与德国、法国等传统盟友的关系也变得相当复杂，对世贸组织、世卫组织等国际机构的冲击和打压变本加厉。本来就不完善的全球治理和不稳定的安全形势，因美国霸权愈加野蛮而岌岌可危。国际社会对肆无忌惮的美国到底会走向何方，充满疑虑和不安。

如果说中国是当今世界积极为国际社会提供正能量的国家，美国则是百年大变局中最难预测、不断冲击和加害世界的最大的破坏性因素。由于美国仍具有相对超强的综合国力和历史形成的国际地位，其不甘没落之际，必有困兽犹斗之举。未来美国对人类和平发展，特别是对中国和平崛起的巨大危害，绝对不可低估。

国际大环境与周边小环境同时趋紧，中国和平崛起之路不平坦

经过 70 多年艰苦奋斗，特别是 40 多年改革开放，我国成功地探索出一条从和平立国到和平共处，从韬光养晦到和平发展、和平崛起，走向全面复兴的自强不息之路。一些国家对拥有 14 亿人口的中华民族实现全面复兴根本没有准备，对共产党领导的社会主义中国将在全球事务中担负更多责任、发挥更大作用甚至感到恐慌。

以美国为首的西方国家，秉持根深蒂固的帝国主义思维和反共反社会主义偏见，一直企图通过介入我国改革开放，诱迫我国参照西方模式建立资本主义式的政治经济制度。但中国在坚持改革开放的同时，牢牢把握社会主义方向，不断加强中国共产党的领导，现代化建设成就斐然，产生了强大的国际影响力，这令美国等西方国家大失所望。

近年来，特别是奥巴马政府执政后期，美国对华全面封堵和遏制政策日见彰显，在地区和国际事务中对中国加紧排挤、孤立、围堵。特朗普入主白宫

后，全面遏制中国和平崛起的战略很快形成，相关策略和措施接连出台。在台湾问题上，明目张胆地支持“台独”势力，持续挑战“一个中国”原则；在南海问题上，拉拢众多国家对我国发难、频繁示武，甚至还摆出一副不惜一战的架势，全盘否定中国的南海主权和海洋权益；在地缘战略层面，公然推出“印太战略”，拉拢印澳日等国拼凑对华攻防体系；在科技领域，不惜动用金融、外交、法律等各种手段，打击我国中兴、华为以及其他众多企业，围绕5G技术在高科技领域构建反华阵线；在经贸领域，发动规模空前的关税战，先后开启经贸、科技、金融、人文各领域的对华“脱钩”大幕。

美国抗疫失利引发社会大危机后，美国政府出于转移矛盾、影响选情等实际需要，将疫情问题“政治化”，不但对中国抗疫举措无端指责，极力否定中国抗疫成果的积极影响，千方百计污名化中国。同时还挑动其他国家制造对华“追责”“索赔”的闹剧，不断抬高对中国投资设限的法律门槛，鼓动本国及其他发达国家的企业退出中国。美国的真实意图，是要构建把中国排除在外的世界经贸新格局新框架，将我们孤立于它所臆想的新的世界治理体系之外。

特朗普本人曾扬言，美国可以断绝所有对华关系。受此思想支配，美国对中国企业、机构和人员的制裁力度急剧加大，抓捕和羁押涉及对华合作的双方科技人员的手法令人发指，制裁中国更多金融机构并将中国排挤出国际清算体系已提上日程。以美国为首封杀香港的西方“乱港同盟”也在形成中。蓬佩奥放风，称美国准备切断抖音、微信等中国 App（应用程序）在美国的应用。显然，蛮横无理的美国政府，已经打算废弃中美间几乎所有对话平台与交流机制。双方曾经共同探索的竞争合作相辅相成的大国关系新范式，已被推向制度对抗与利益角逐此消彼长的亚冷战状态。

受中美关系恶化、疫情冲击和美国搅局的影响，中国周边小环境的复杂多变性与某些国家对华政策的两面性进一步彰显。东北亚方向，朝鲜半岛局势又呈扑朔迷离状态，南北关系再度趋紧。日韩关系未见改善，中日关系小有退步，中日韩区域合作难有起色。东南亚方向，越南、菲律宾等国不甘寂寞，美国等域外势力继续插手，南海问题有可能再次被诉诸国际法庭。南亚方向，印度出于地区霸权野心，顽固坚持以武力开疆拓土的旧思维，一方面与巴基斯坦等邻国冲突不断，另一方面不断在中印边境肇事，将两国关系推向破裂边缘。在此背景下，印度不仅抵制“一带一路”倡议，还抵制孟中印缅经济走廊建设，抵制中国推动的区域全面经济伙伴关系协定谈判，而且还抑制中国应用软件，抵制中国商品，抵制中国制造，严控中方对印投资和人文交流，在与美、澳、日等国沆瀣一气、以邻为壑的道路上越走越远。

高举人类命运共同体的旗帜，坚持奉行和平发展合作共赢的中国特色大国外交理念

新冠肺炎疫情席卷全球，世界各国猝不及防，出现某些失误和混乱不足为怪。但世界秩序呈现全局性巨变，国际关系、安全形势和利益格局深度调整，则是冷战结束以来东西方力量对比加速改变、人类文明重心持续位移的必然反映。新冠肺炎疫情集中暴发和蔓延，只是加剧了这一历史进程。基于这一分析，可以说，中国关于和平发展是浩浩荡荡的时代潮流、合作共赢是人类社会基本诉求、顺之者昌逆之者亡的科学判断，经受住了实践和时间的检验。习近平总书记关于强化命运共同体意识，携手构建发展共同体、卫生健康共同体、安全共同体、人文共同体①的政策主张，不但完全契合中华民族与世界同在、与时代同步的崇高理念，也完全符合各国人民包容互鉴、共同发展的长远利益。

面对波谲云诡的国际大环境、经纬万端的周边小环境，我们应继续高举人类命运共同体的旗帜，继续推介新发展观、新利益观、新安全观、新责任观、新合作观和新文明观。应通过持之以恒的对外传播和舆情引导，使国内外公众

① 习近平出席上海合作组织成员国元首理事会第二十次会议并发表重要讲话［EB/OL］. 中国政府网，（2020-11-10）. http：//www. gov. cn/xinwen/2020-11/10/content_ 5560361. htm.

特别是国际社会真正认识到，中国共产党是为中华民族繁荣昌盛而奋斗，也是为人类社会共同进步做贡献的建设性力量。对中华民族而言，“国强必霸”不是崛起的路径和目标。中国不会像美国那样借助强权政治手段，维持全球领袖地位。

要努力做好对外传播和舆情引导，这是中国特色大国外交长期而艰巨的历史任务。中国在国际事务中要永远站在公理与正义一边，永远做勇于担当又善于担当的负责任大国。

中国将积极参与不同形式的地区性和全球性安全对话，全力维护以联合国为代表的多边体制，同时秉持与时俱进的开放性立场，支持并参与多边机制的改革创新，参与制定应对共同性挑战的新的国际规则与准则。

中国要继续推动构建均衡稳定、协调发展的大国关系框架，并将中美关系作为重中之重。对中美关系要表现出超强的政治定力和成熟的外交技巧，既要有应对各种不测的避险预案，又要有长期而周密的战略部署，包括全面军事斗争准备。要在努力维护国家主权安全与尊严的前提下，最大限度地实现原则坚定性与策略灵活性的统一，积极争取以政治手段和谈判方式化解美国欲与中国全面“脱钩”、将中国排除于世界经济和全球治理之外的图谋。

要继续支持欧洲一体化，推动欧盟“以自己的方式”处理对华关系，推动双方互利合作取得新成果。要在地区和全球事务层面，继续提升中俄关系，稳定整个国际格局和世界秩序的独特作用力。

要在周边地区继续坚持与邻为善、以邻为伴的睦邻友好政策和“亲诚惠容”四字方针。要捕捉机遇，推动中朝关系进一步巩固，在继续推动朝鲜半岛无核化的同时，打造助力东北亚长治久安的长效机制，为该区域发展合作积累条件。要在深化与东盟友好合作的同时，化解个别国家与我争夺岛礁主权与海洋权益的消极影响。要坚决反对美国利用涉台、涉港、涉疆、涉藏问题以及南海局势、印太局势，建立反华遏华同盟体系的各种图谋。要在进一步密切中国与巴基斯坦等南亚国家友好关系的同时，通过政治对话等方式管控中印边界冲突，力求保持中印关系常态化。要在密切与俄罗斯、蒙古及中亚各国互利全面合作的同时，稳定上合组织内部关系，通过中俄协调带动金砖国家合作持续发展。要通过不同形式的经济走廊与经济区建设，拉近拉紧与周边国家的发展理念和利益纽带。

要妥善处理"一带一路"建设伙伴国与我国合作诚信不足、工程违约、安保无力、债务困境等问题。要通过拓展经贸合作，深化人文交流，加强民生合作，不断优化全球伙伴关系网。要在努力扩大内循环的同时，坚持稳中求进总方针，继续开拓"一带一路"建设新局面，积累互利发展新经验，确保中国全面复兴之路不被打乱，和平崛起进程不被遏制，中华民族走进世界舞台中心的梦想早日实现。

新冠肺炎疫情对国际关系的影响

王海运*

编者按：新冠肺炎疫情不仅是一场全球性公共卫生危机，而且也是一场全球性国际关系危机，“中美世纪大博弈”在这场危机中提前到来。旧的世界秩序正在加速坍塌，新的世界秩序远未形成，世界正在进入“准多极时代”。

新冠肺炎疫情引发全球性国际关系危机

新冠肺炎疫情百年不遇，持续时间长、波及范围广，不仅是一场全球性公共卫生危机、经济危机、社会危机，而且是一场全球性国际关系危机。疫情引发的各种危机相互叠加，对国际关系的影响十分广泛和深刻，对国际秩序、世界格局、大国关系造成的冲击不亚于两次世界大战，远大于几次金融危机。

首先，国际秩序空前混乱失序。美国维护日渐衰落的全球霸权的挣扎，越来越近于非理性、极端性。美国政府的“美国优先”走向极端，利用疫情乱打横棍几近疯狂，严重践踏国际关系基本准则，严重动摇以联合国为中心、以不干涉主权国家内政为核心的国际秩序。美国推动的逆全球化与新冠肺炎疫情相互激荡，产业链、供应链、资金链出现广泛断裂危机，可能导致世界经济大衰退、金融风险进入易爆期、国际经济秩序进入失序期。基辛格所言“新冠肺炎疫情将会永久改变世界秩序”不无道理。

---

* 王海运，中信改革发展研究院资深研究员，中国驻俄罗斯前国防武官。

其次，国际格局分化组合复杂多变。美国纠集西方一些国家疯狂围堵中国，企图打造“全球反华联盟”；中国联手俄罗斯等新兴力量，加紧构建国际反霸统一战线。美国“拉俄制华”加大力度，但是俄美结构性矛盾难以化解，俄美关系持续紧张。欧洲大国对美疑虑重重，与美距离拉大。多数发展中国家既同情中国又惧怕美国，陷入“选边站”的困境。美国政府到处树敌，世界健康力量加速集结，对美国霸权的抵制日益增强，快速崛起的中国成为全球反霸力量集结的核心，对抗美国霸权的力量体系有望形成。

再次，中美大博弈空前复杂激烈。中美大博弈贯穿于政治、安全、经济、科技、意识形态、治国模式、国际话语权等各个领域。美国锁定中国为“主要战略竞争对手”，不断放大和激化与中国的矛盾，全面遏制围堵的大动作接连不断。美国对华贸易战、科技战、金融战、能源战、产业“脱钩”战、舆论战、意识形态战同时开打，军事挑衅、军事威慑伴随其中。中美从既竞争又合作走向全面对抗的危险性急剧增大，“中美世纪大博弈”提前到来，世界多国在不同程度上都被卷入。

最后，世界正在进入“准多极时代”。当今世界既不是霸权势力可以为所欲为、称王称霸的单极世界，也不是几大力量相互制衡、多边共治的多极世界，而是从单极霸权向多极制衡过渡的“准多极世界”。其主要特点是：旧的世界秩序加速坍塌，新的世界秩序远未形成，围绕新旧秩序的斗争具有剧烈性；美国霸权走向衰落，但是仍然是世界唯一超级大国，仍然拥有在全球横行霸道的资本；世界多个力量中心尚未完全形成，其消长趋势及相互关系远未确定；世界多极化的走势日益强劲，多极世界隐约可见，但是远未成形。

“准多极时代”中国崛起的国际环境

在“准多极世界”加速形成，世界格局大重组、世界秩序大混乱、世界经济大萧条的大背景下，我国面临的国际环境更加复杂严峻，同时也有望迎来前所未有的战略机遇。

首先，疫情暴发对我国经济造成巨大冲击，而我国率先恢复了经济增长。

新冠肺炎疫情来势凶猛，加之人类对新病毒的认识需要一个过程，又要防止因判断不准确、措施不当而引发社会恐慌，不失时机地形成抗疫动员的决策实属不易。在中央的高度重视及医学科学界的积极努力下，中国很快就从被动走向了主动。

我们充分发挥“集中力量办大事”的制度优势、“以民为本”的治理优势、“守望相助”的文化优势，在中央统一部署和高效运筹下，采取了令其他国家难以置信的果断措施，调集了全国的人力物力，举国上下团结一心共战疫情，在较短时间里取得了遏制疫情蔓延的重大胜利。我国在世界各国中率先复工复产，并且较快恢复了正常的经济运行。我国驰援数十个国家抗击疫情，倡导构建“人类卫生健康共同体”，表现出负责任大国的担当，得到了国际社会的高度赞许。

尽管我们取得了抗击疫情的初步胜利，但是疫情对我国经济造成的冲击远未结束。尽管我们有着强大的自力更生能力以及供应链、销售链、资金链、产业链相对完整的优势，复工复产进展顺利加大了对世界经济的影响力和吸引力，但是在疫情引发世界经济大萧条、大衰退的背景下，高度依赖世界资源、世界市场、世界资本的中国经济，面临的内外形势不容乐观：保增长任务艰巨复杂，经济发展可能失速；大批企业特别是中小企业可能面临停工破产危机，其他企业也要程度不同地开启“过紧日子”的模式；作为制造业和吸引外资大国，产业链、资金链、供应链、销售链局部断裂的风险增大；“一带一路”建设合作面临新的挑战，不少项目短期内难以正常运转。

其次，疫情对我国社会领域的影响同样十分巨大。

一方面，疫情带来了大量的社会问题。企业倒闭可能造成失业潮，城市待业人口激增，大批农民工无处安身，保护中小企业、安置待业人口、维护社会稳定的任务空前艰巨。另一方面，抗击疫情加强了全社会命运与共的意识，增强了全民族的凝聚力与向心力，提升了民众对党和政府的信任感、对社会主义制度和民族文化的自豪感、对发展道路和发展模式的认同感。

最后，疫情会导致我国崛起的国际环境发生深刻变化。

疫情对我国国际环境的影响，主要与中美关系急剧恶化相关。在中国抗疫最为艰难的阶段，美国不仅未表示任何同情，更谈不上任何援助，反而是幸灾乐祸、冷嘲热讽。尽管中国频频发出预警，美国政府却无动于衷，心思完全不放到抗疫准备上，而是要看中国的笑话。特朗普政府热衷于权力争斗而疏于对新冠肺炎疫情防控，终于导致美国疫情全面暴发，很快就成了全球疫情的“震中”，出现了超高死亡率。美国人民陷入空前灾难，特朗普政府沦为世界笑柄。

面对如此危险的形势，按照常理，美国政府应当改弦易辙，集中精力与疫情做斗争。然而，特朗普政府及一帮反华政客却反其道而行之，置美国人民的健康和生命于不顾，把蛮劲集中用在打压中国上，妄图“甩锅”、嫁祸于中国，并且借机发动“对华全面大围剿”“中美新冷战”。特朗普本人及蓬佩奥之流不顾身份、不留后路，直接冲到反华最前沿，不仅赤膊上阵、恶言恶语、诬陷抹黑、追责索赔，而且加紧集结国际反华力量、动员胁迫他国，掀起了前所未有的反华恶浪，“舆论抹黑战”“法律追责战”同时开打，经济制裁、产业“脱钩”迅速升级。特朗普政府不仅疯狂打击华为等中国高科技企业，而且将几十家中国企业列入“实体清单”，推动与中国经济“脱钩”，甚至扬言要“与中国切断整个关系”。特朗普政府还蛮横无理地关闭中国驻休斯敦总领馆，扬言制裁中国共产党党员及其家属。民主党尽管在国内政治问题上与特朗普政府斗得你死我活，但是在反华问题上一点也不甘落后。可以说，特朗普政府、美国民主党与共和党两党政客遏制围堵中国已经近于癫狂。形象地说，美国霸权病毒大发作，对华遏制围堵的乌云迅速聚集，电闪雷鸣接踵而至，大有压城欲摧之势。

那么，特朗普政府及一帮政客为何如此疯狂反华？在我看来，原因主要有三：一是出于维护严重动摇的执政地位的需要，借“甩锅”中国，推卸抗疫失职、损失惨重的政治责任，转移民众不满，拉抬选情，服务于大选。二是将抹黑诬陷孤立中国作为对华围堵的一场战略性战役，服务于对华“新冷战”，妄图制造第二次“庚子赔款”，让中国倾家荡产，打掉其维系全球霸权的最强大对手。三是美国民主党与共和党两党精英以反华为“政治正确”，对中国成功抗疫展现出的制度优势、治理优势、文化优势感到恐惧，妄图以舆论战、抹黑战、追责战遏制中国国际影响力的增强。

美国正在发动对华“新冷战”

国际评论普遍认为，美国反华势力正在发动对华“新冷战”。说到“新冷战”，一些人不以为然。他们的主要论据是，现在不存在两大阵营，也谈不上意识形态对抗。我的看法是，这就是“新冷战”。依据主要有三：一是冷战是相对于热战来说的，如果两国发生了全面对抗，既然不是热战，那就是冷战；二是当今世界虽然不存在两大阵营，但是正在形成两大阵线；三是美国政客恶毒攻击中国的社会制度、国家治理，张口闭口大讲“中国专制独裁”“一切都是中国共产党的错”，不是意识形态对抗又是什么？也就是说，中美大博弈具备了冷战的基本特征。为了区别于美苏冷战，我们姑且称之为“新冷战”。

至于这场“新冷战”的前景，无非有三种可能：一是中国艰难胜出，迎来中国崛起的新纪元；二是中国惨败，陷入万劫不复的深渊；三是两败俱伤，美国霸权不再，中国崛起延后。至于何种前景可能性最大，一是取决于中国战略方略的确定，二是取决于中国综合国力的发挥，三是取决于中国国际反霸统一战线的构建。

这是一场关系中华民族命运的大决战

必须清醒地认识到，美国仍是世界综合实力最强大的国家，不仅经济实力、科技实力、军事实力等硬实力超过中国，而且国内国际动员与胁迫能力依然十分强大。不要认为美国当局的霸权行径缺少民意支持。经过霸权主义的长期熏陶，美国多数人都有着或多或少的霸权思维，这为美国政客疯狂反华奠定了社会基础。国际上，或者出于意识形态偏见、现实利益考量，或者惧怕遭到美国打压、受到美国胁迫，跟随美国的国家仍然为数不少。

我们必须清醒地认识到，我国的综合国力虽然大幅增强，但是短板依然很多，与美国的差距依然很大。相当多的国人对美国可能会容忍中国发展强大仍然抱有不切实际的幻想，对应对美国对中国全面围堵的思想和力量准备仍然严重不足。美国几十年来在我国培养亲美势力，在舆论界、经济界、教育界、国际关系学术界的影响不容小觑，其所散布的“崇美论”“投降论”“自责论”可能成为我们对美博弈的重大掣肘因素。

与此同时，我们更应当认识到，中国的战略优势也十分突出。有中国共产党的英明领导，有全党全军全民的爱国热情，有“集中力量办大事”的社会主义制度优势和“举国体制”的强大社会动员能力，有改革开放所形成的强大物质基础，有自力更生、艰苦奋斗的优良传统，有抗疫成功、经济率先恢复赢得的先机，有美国霸凌主义行径激起的凝聚力。经过几十年的改革开放，我国已经发展成为世界第二经济大国、第一制造业大国，产业门类相对齐全、产业链相对完整。世界多国对与我国经济合作产生依赖，经济发展、社会供给离不开中国。我国对广大发展中国家、新兴国家具有广泛的影响力，朋友与伙伴遍布全球。特别是全面战略协作伙伴俄罗斯及中国能够发挥引领作用的上合组织，有望在对美大博弈中为我国提供战略纵深和战略支撑。国际社会对美国逆全球化、霸凌主义、“美国优先”等等倒行逆施的不满日益增加，完全有望为我所用。

因此，有充分理由认为：一方面，这是一场十分艰难险恶的大国博弈，一场关系到中华民族前途命运的大决战，我们可能要经历种种艰难困苦，要付出巨大的民族牺牲；另一方面，我们有英明的统帅、坚强的党，有具有强烈爱国精神的14亿各族人民，有强大的人民军队，有40多年改革开放形成的综合国力，对这场霸权势力强加给我们的大博弈应当充满必胜的信心。

从以上所述得出的结论是，中美间的“世纪大博弈”已经到来。这场大博弈是世界两大国之间的全面对抗，是霸权势力对中国的一场大围剿，必然你死我活、少有妥协余地，必然空前激烈凶险并将在多条战线同时开打，但是，只要我们保持战略定力、调动战略智慧、用好战略资源，全党全军全民齐心协力，完全有希望在这场大博弈中胜出。

可能有人认为，美国大选后特朗普下台，中美大博弈可能就会停息，“新冷战”不一定会发生。民主党拜登上台可能不似特朗普一伙那么疯狂。但是，以反华为“政治正确”已经成为民主党和共和党两党的共识，美国精英层已经深陷“修昔底德陷阱”想象，霸权思维已经渗透进美国多数民众的骨子里，美国遏制中国发展强大的冲动不可能实质性减少。更何况以中国作为“主要战略竞争对手”已经写入美国几大国家级战略报告。美国铁了心要遏制中国的发展强大，这是美国精英层的霸权逻辑所决定的。美国对跻身世界老二的国家从来都不客气，历史教训我们不应忘记。因此有理由认为，美国对中国的敌意不会发生实质性减少，遏制中国崛起的战略不会实质性改变，中美大博弈难以避免，仅仅是对抗的形式与烈度可能会有所不同而已。一句话，“中美关系再也回不到过去”。无论如何，我们不应再对美国抱有不切实际的幻想。

“新冷战”会不会发展成为大规模热战

“新冷战”会不会发展成为大规模热战呢？我认为可能性很小。中美都是核大国，中国已经具备可靠的第二次核打击能力，核大国之间“相互确保摧毁”的规律仍在发挥遏止核大国战争的作用，美国政客虽然狂妄自大，但是对于中国的核还击能力不会茫然无知；中国国防建设近年取得重大进步，战略导弹、航母编队、战略核潜艇等新一代武器装备大批列装，海洋战场建设大幅增强了海上防御能力；美国发动的是侵略战争、非正义战争，而且会给许多国家带来灾难；在我国周边打仗，我拥有天时地利人和优势，加之我是防御作战，可以以少胜多，美国是进攻作战，必须拥有三至五倍的兵力兵器优势，虽然可能两败俱伤，但是我们的胜算更大。因而有理由认为，中美间发生大规模战争的可能性微乎其微，特别是在我做好充分迎战准备的情况下，中美军事大博弈大概率将是中低强度的。

同时，我们需要认识到，尽管中美大博弈引发两个大国全面战争的可能性极小，但是中美间发生军事摩擦、军事对抗甚至军事冲突的危险正在增大。南海、台海局势紧张度可能进一步升高，随时可能发生军事摩擦。美国还会加大对“三股势力”进行民族分裂和恐怖活动的支持力度，在我周边生乱生战的动作也会增多。

需要认识到，如果我军事力量不够强大、战略威慑能力欠缺、战争准备不够充分，不仅难以遏止美国在大博弈中的军事冒险，反而可能诱使美国采取战争行动。因此，必须把加强军队建设、国防建设提高到大博弈准备的战略高度来认识。只有能战，方能止战。加强国防建设、增强遏止军事冲突乃至局部战争的能力，应当纳入我们的“底线思维”。

中国新时代与百年未有之大变局

潘　维*

编者按：百年奋斗中，中国共产党带领人民经历了站起来、富起来、强起来。在新的历史阶段，中国提出“以人民为中心”新时代强起来的发展纲领。而新时代所体现的百年未有之大变局，正是中国与世界的新的关系。

2021 年是中国共产党建党 100 周年，回顾我们的百年史是很有意义的。历史教科书说，十月革命一声炮响，给中国送来了马克思列宁主义。我们党的文件说，中国共产党的历史使命，就是百年以来带领中华民族做了三件大事：站起来、富起来、强起来。

新时代的纲领

在新的历史时期，我们的任务就是中华民族要“强起来”。在“强起来”之上，中国提出了一个新的纲领，就是“以人民为中心”。在此之前，我们以阶级斗争作为长期的纲领，它对应的是“站起来”；此后以经济建设为中心，它对应的纲领是“富起来”；而在“强起来”的历史新阶段，我们的纲领是“以人民为中心”。这个转变的意义，不亚于从“以阶级斗争为纲”转变为“以经济建设为中心”，这是一次新的飞跃。

* 潘维，北京大学国际关系学院教授，中信改革发展研究院资深研究员。

从“站起来”、“富起来”到“强起来”，这样一个新史观、新任务、新纲领，是中国本位的新史观、中国本位的新任务、中国本位的新纲领。

新时代纲领的三个新的要素

新时代的纲领是“强起来”，其中有三个新的要素。

第一是治理体系的现代化，它的主要目的是要解决“富起来”时代遗留的几大问题：（1）自然环境被破坏；（2）共产党成为执政党以后面临新的考验，为人民服务的信念受到削弱，党政军面临腐败的严重问题，党的集中统一领导岌岌可危；（3）广大人民群众对共同富裕的信心被削弱，不安全感压倒了幸福感。要解决这三大问题，就要避免陷入一般欠发达国家的“中等收入陷阱”，我们国家确实需要在经济、社会、政治、文化、环境等方面推进全面发展。经过这几年的实践，我们体会到“强起来”必须进行全面发展，必须拥有先进的国家治理体系和强大的国家治理能力。我们已经感受到了这种进步。

第二是新的生产方式。当前我们处在工业革命、信息革命的时代，但生产方式的特征更重要。中华民族曾经在第一产业时代遥遥领先世界，可是在第二产业时代大幅度落后。在第三产业时代，我们开始重铸辉煌。人类近现代历史都是以生产方式的跃进为标志的。中华民族延续了五千年的种植、养殖财富，近代开始制造财富，而今是以设计研发为动力创造无形财富。在这三百年中间，生产方式出现了两次大的飞跃。创造无形财富的第三产业很可能像第一产业一样，是人类未来千年创造财富的主要形式，也就是说，人类财富增加的主要形式将是无形产品。所以中国要在生产方式上不落人后，要领先世界。

第三是新的世界地位。我们历经了艰苦卓绝的百年奋斗，当今我们正经历百年未有之大变局。100 多年前，第一次世界大战刚刚结束，在那次大战中，我们连配角都算不上，所以才有“五四运动”。在第二次世界大战中，尽管中国是亚洲的主战场，但在亚洲战场，我们实际上也只是配角。在延续 40 多年的冷战期间，中国逐渐成为关键的配角。百年之后的今天，我们已经是国际舞台中央的两大主角之一。概括起来，中国获得了新的世界地位，从“世界的结果”开始变成“世界的原因”。从这个意义上看，我们确实处于百年未有之大变局。

这里有两层内涵：第一，为了中国和全人类的进步，中国要在高压下生存和发展，要适应充当“世界原因”的角色。第二，物质生产上要独立强大，思想精神上也要独立强大，这两者是相辅相成的。中国共产党的理论与价值观不仅来自马克思主义，也来自中华民族两千多年的小康社会主义与大同理想，来自中华民族三千年大一统的历史传承。我认为，思想的深度与历史的厚度、文明的厚度是正相关的。正是在这个意义上，我们可以理解中国的新时代以及新时代所体现的百年未有之大变局，也就是我们与世界的新的关系。

国际金融形势和中美金融冲突

余永定*

编者按：2019 年以来，世界上多次出现国际金融危机的征兆。新冠肺炎疫情暴发后，全世界经济和金融都出现了很大问题，在世界重要经济体中，唯独中国取得了经济增长。世界主要国家政府都大举借债，但多数是采取财政赤字货币化的政策，而不是发放国债。通货膨胀是否会卷土重来？我们是美国重要债主，长期看，美元资本价值已被稀释，确有发生通货膨胀的危险，在中美金融冲突中，设法减持美元资产是我们的基本方向。

金融形势有惊无险，经济严重衰退

2019 年以来，国际金融市场状况频出，其中比较重大的是 2019 年 8 月美国国债收益率倒挂。根据经验，出现这种情况往往预示着可能发生经济危机。更大的事情是 2020 年 3 月美国股市暴跌，道琼斯工业指数 2019 年 12 月 12 日达到最高点，到 2020 年 3 月 20 日，道琼斯工业指数跌了 35.1%，这是历史上没有过的。当时很多人认为这是又一次金融危机的前兆，但股市暴跌没有出现重要金融机构连锁式破产的情况，所以不能认为已经出现了金融危机。

由于新冠肺炎疫情的冲击，2020 年全世界的经济和金融都出现了很大的问题。5 月份，美国一些大牌经济学家预测将出现通货膨胀，有人发表文章鼓

---

* 余永定，中国社会科学院学部委员，曾任中国人民银行货币政策委员会委员。

吹持有比特币就可以防范通胀。其实2018年高盛就有过这种说法，不断有人说“狼”来了，但是直到现在“狼”还是没有来，美国国债收益率倒挂并没有出现金融危机，股市暴跌后迅速回升反而创了新高；通货膨胀依然无影无踪，基本上还是通缩的形式。

目前世界经济最大的问题，依然是新冠肺炎疫情导致的经济衰退。2020年第二季度主要国家GDP同比增速的情况如下：

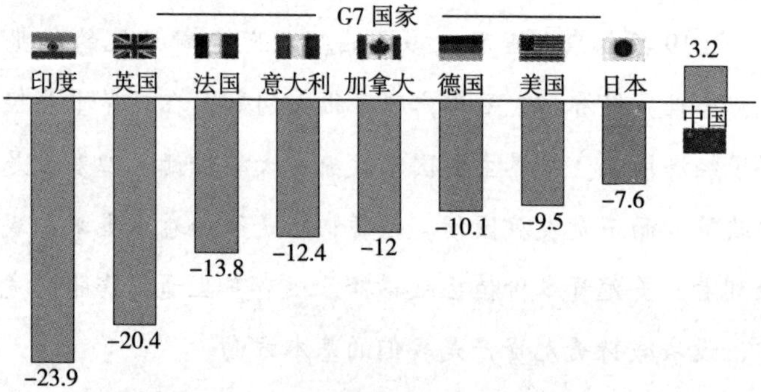

图1 2020年第二季度主要国家GDP同比增速

可见，经济衰退情况是空前的。在世界上所有重要经济体中，唯独中国取得了3.2%的经济增长速度，这是了不起的成就。

各国的扩张性财政货币政策

新冠肺炎疫情暴发前，世界上多次出现国际金融危机的征兆，随后才是疫情的冲击。然而，不论在什么情况下，美联储的政策都是印钞票，以不变应万变。美联储的几个主要招式有：

1. 隔夜基准利率降至0；

2. 无限量化宽松（QE5，美联储资产负债表77天内从4.24万亿美元增至 7.04 万亿美元）；

3. 直接购买（A1/P1）商业票据；

4. 5.4 万亿美元的 3 个月定期回购交易，每天 1 万亿美元的隔夜回购；

5. 设立一级和二级市场公司信贷工具，购买投资级/非投资级公司债券和 ETF（交易型开放式指数基金，高收益债至 BB 一级），以外汇稳定基金分步出资 500 亿美元，其中 250 亿美元用作资本金投资级可 10 倍杠杆（高收益 7 倍）=7500 亿美元购买力，CARES Act（《新冠病毒援助、救济与经济安全法案》）向外汇稳定基金注资 4540 亿美元，用于辅助美联储扩张信贷工具；

6. 全面贷款支持工具：6000 亿美元的中小企业贷款计划；

7. 向各州和市政府提供 5000 亿美元的贷款计划；

8. 与 9 个国家和地区（亚洲、韩国、新加坡）的美元掉期；

9. 对所有国家和地区 FIMA（临时回购协议）定期回购计划。

为了应对新冠肺炎疫情，世界各国采取了极为扩张的财政政策，动用了相当大的财力，我们可以从图 2 看出一些国家在疫情期间所投入的财政支出。德国的财政政策向来比较保守稳健，但为了解决新冠肺炎疫情引发的问题，德国财政支出占 GDP 的比重已接近 25%。福耀玻璃董事长曹德旺先生告诉我，近期他在德国开的工厂已完全停工，但他给职工的工资一分钱不能少发，政府补助 60%。总之就是不让职工因新冠肺炎疫情受到损失。

在世界主要大国里，中国用于应对新冠肺炎疫情的财政开支几乎是最少的。中国人基本是靠动用储蓄过日子。我问过一些农民工、理发师等，都是如此。

由于各国极为扩张性的财政政策，政府债务的上升不可避免。美国的国债近百年来一直在上升，到 2020 年已进入急剧上升时期。美国国会预算办公室估计，从 2020 年 10 月 1 日开始的财政年度，公众持有的联邦债务预计将达到

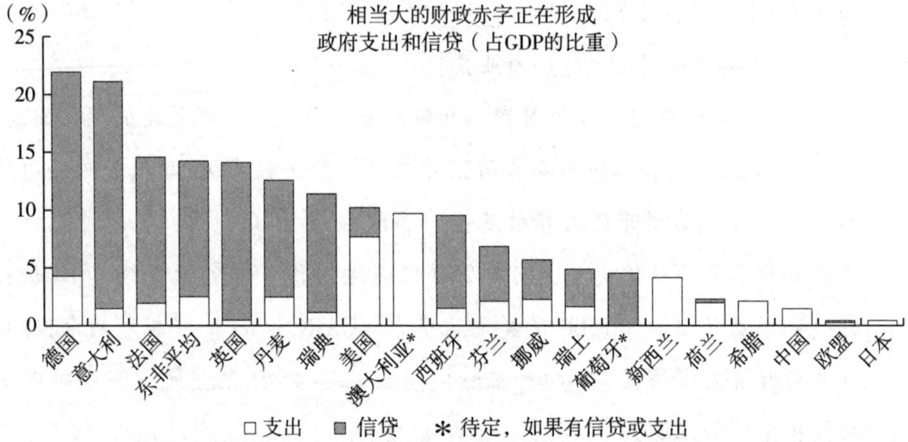

图 2 一些国家政府在新冠肺炎疫情中财政支出占 GDP 的比重

或超过美国 GDP 的 100%。如果再加上养老金等部门，债务总额对 GDP 的比例将达 130%。这将使美国成为少数债务负担超过其经济规模的国家（日本、意大利和希腊等）之一。

世界主要国家政府都大举借债，但多数是采取财政赤字货币化的政策，而不是发放国债、让金融机构和居民买债的筹资方式。

中国国内对这个问题有争论。很多学者认为，财政赤字货币化不合法，会造成通货膨胀。但实际情况是，美国财政赤字货币化的程度已超过了 25%，日本超过 43%，新西兰明文规定，财政赤字货币化不能超过 GDP 的 50%。

财政赤字货币化会引起通货膨胀。但问题是引发通胀的时间点是今年、明年或 5 年之内？这种不确定周期谁也说不准。2008 年美国引入 QE（量化宽松）、大规模的扩张性财政货币政策，到今天也没见通货膨胀。1996 年日本财政赤字占 GDP 比重超过了 3%，国债余额占 GDP 的比例超过 92%，政府为避免出现资产泡沫或恶性通胀，采取紧缩性财政政策（他们叫“财政重建”），从 1997—1998 年开始征收消费税，导致经济增速下降，国债余额对 GDP 的比重急剧上升，现在已经达到 250%。但 20 年过去了，当时预期可能出现的财政崩溃并没有发生，相反，日本的主要问题还是通货紧缩。

通货膨胀最终可能卷土重来，但由于不知道通胀什么时候发生，所以决策者一般只是先考虑短期内要做什么。目前的主要问题仍然是刺激增长、解决眼前失业问题，这比预期 10 年之后会发生什么更重要些。

扩张性财政政策必须有扩张性货币政策支持。2020 年 3 月以来，美国 M2（广义货币供应量）急剧增长，M2 的增速也急剧加快。美国著名金融对冲基金专家保罗·都铎·琼斯（Paul Tudor Jones）预计，2020 年年底 M2 将比上一年同期增长 20%—40%。上一次 M2 以如此速度增长还是在二战期间。尽管很多人警告会发生通胀，但货币当局并没有收手，反而变本加厉。

总之，西方国家并未因为担心通胀而退出 QE 和负利率政策，而是进一步加大了扩张性财政货币政策的强度。

美国财政货币政策的影响和金融战的形式

我们之所以关注美国，是因为我们是它的重要债主。目前美元是在贬值，但还不要轻易判断美元进入了贬值周期，因为还有很多未知的因素。美国经济好，美元可能升值也可能贬值；美国经济坏，美元也可能升值或贬值。日本央行负责人曾对我说，他在日本管外汇多年，一个重要经验，就是不要预测汇率的发展方向，这是预测不准的。

美国目前的政策对我们的影响，短期看主要是美元流动性，有时流动性紧些，有时流动性松些。长期看，美元资产的价值已被稀释，确实有发生通货膨胀的危险，除非它能及时退出 QE。理论上，为遏止通胀可以提高利息率、收紧货币，但紧缩政策又会造成经济衰退。

作为持有大量美元债权的中国，减持美元资产，应该是未来的一个基本方向。

以上是不考虑中美金融冲突因素的情况。如果发动金融战，情况另当别论。美国如果对中国发动金融战，则可能通过以下几种方式：一是金融制裁，就是根据美国的法律（例如美国制裁伊朗引用的法律），把具体机构和个人列入黑名单。其中一种是SDN名单（特别指定国民名单），中国有150多家实体受到这种制裁。还有一种情况是没有被列入SDN名单，但它发现中国和受到制裁的机构和人有关，也要制裁，如昆仑银行、丹东银行都碰到这种情况。二是金融勒索，就是美国认定中国有罪，但可以私下协商解决，欲敲诈一笔钱；它对我国农行、工行、中行都搞过勒索。美国搞金融脱钩有各种方法，比方设法切断美元流动性，等等。三是把中国的金融机构（大规模或小规模）踢出SWIFT（环球同业银行金融电讯协会）国际结算体系和CHIPS（纽约清算所银行同业支付系统）。四是扣押中国的金融资产。五是对中国发动汇率战，特别是攻击中国汇率操纵，诱导人民币贬值。以上五种情况是大家已经讨论的比较可能发生的。

汇率政策和美元资产

20世纪80年代，中国外汇紧张，所以当时国家鼓励多出口、多储存外汇。但当我们的外汇储备达到几千亿美元、超过必要规模的时候，还在走这条路就有问题了。

我国的对外贸易多年保持顺差，同时资本项目也是顺差。在双顺差情况下，如果汇率仍然不能浮动，央行就必须买进美元，这将导致外汇储备不断增加，国家再拿巨额外汇买美国国债。凯恩斯早就说过：如果你欠银行1000英镑，你就会受银行的支配；如果你欠银行100万英镑，银行就会受你的支配。美国政府欠我们1万多亿美元，谁受谁支配？这很清楚。

2005年，美国布什政府的总统经济顾问委员会主席是曼昆，他的办公室主任菲利浦（马里兰大学教授）发表了一篇文章，文中提道：“有人认为中国向美国倾销，应该征27%关税。但如果我们不这么征税，就意味着中国的产品以低于市场价格27%卖给我们，又把赚到的外汇又拿来买美国的金融资产，使美国资本市场维持低利率，这样我们得到廉价的商品和资本市场繁荣这两个好处，为什么我们要跟中国过不去？中国的特点是，你越让他干什么，他就越不干什么，所以我们不断押人民币升值，人民币就不升值了。这样我们的好日子就可以永远过下去。”这就是美国精英当时的思维。

今天中国已持有大量的美元国债，很多事情就比较难办了。2013 年 12 月，英国著名经济评论员马丁·沃尔夫说：“如果中国和美国发生公开冲突，美国完全可以扣押中国的一部分金融资产。这样做的经济后果对全球都是灾难性的，但是可以肯定，对中国比对美国要糟得多。”

我们是否要抛售美债？当然抛售美债不可能悄悄地做，因为我们持有的美债主要由美国的道富、梅隆两大托管银行托管，资金走向很清楚。如果抛售，美国可以以扰乱市场秩序为名，对中国进行惩罚和制裁；我们即使把美债换成现金，也只能存入美国的银行，而美国只需禁止其金融机构同中国机构发生往来，中国货币当局就无法运作在美国的储备资产（比如用所持国债作为抵押借款）。在目前情况下，罗奇的建议是对的，就是以静制动，能做什么就做什么，但不要做得不偿失的事情。

现在美国的国债已经是 22 万亿美元，中国在其中持有 1 万多亿美元，虽然一度是第一国外持有者，但跟美国国债的总量相比，不足以对它造成实质性的伤害，所以不要在这上太冒险。

后悔药是吃不得的。现在只能亡羊补牢，抓紧做些补救工作。主要应该做的是：

第一，停止增加使用美元资产干预汇率。只要汇率能够浮动，就不用始终把重点放在增加外汇储备上，关键是保持贸易平衡。

第二，减少美元存量不意味着必须卖美债。我们可以找各种方法，如在一定时间维持适度贸易逆差（更多进口能源、农产品），或发熊猫债等把这笔钱花掉。

第三，推进人民币国际化是一个漫长的过程。我们可以搞自己的 CIPS

（人民币跨境支付系统），但如果想用它替代 SWIFT 和 CHIPS，短期内是不可能的。我们不要忘记 1997 年亚洲金融危机的教训：跨国资本要想做空一国货币，首先要持有该国的货币。索罗斯在泰国之所以能做空，是因为他能在马来西亚、新加坡找到泰币，然后再去卖空泰币。而索罗斯在香港难以找到足够港币，他们做空就比较难。什么事情都有好坏两方面，人民币国际化是一个自然的进程，需要特别小心谨慎，否则会惹祸上身。

第四，进一步推进金融服务业的开放。全面开放金融服务业是中国加入 WTO 时的承诺，金融服务业的开放可以刺激中国金融企业提高竞争力，而且也很难设想，外资金融企业进入会对中国金融服务业造成怎样的负面影响。但我们需要注意，把开放金融服务业和实现资本项目下人民币自由兑换区分开来。

最近又有声音主张加速资本项目兑换自由化，主张通过金融开放来对冲美国对我们的金融战。这种意愿是好的，但要具体说明金融开放如何就能对冲美国的金融战，中国资本项目下的大部分子项目早已开放，我们现在还要开放哪些项目，开放的路线图是什么，开放这些项目的成本和收益是多少，对中国的金融安全会有什么影响。真理是具体的，切忌空谈。我们必须掌握好度，正确的东西再多走一步就可能变成谬误。

切实贯彻“双循环”，是保证金融安全的根本途径

2020 年 7 月 30 日，中央政治局提出加快形成以国内大循环为主体、国内国际双循环相互促进的新发展格局的战略部署。这是一个非常正确的决定。实行好、贯彻好这个政策，在未来能够更好地加强我们的金融安全。

实际上，中国经济格局一直是“双循环”。只是在改革开放初期，我们比较强调“两头在外”“大进大出”，发展出口加工；此后，随着外汇储备增加，来料加工变成进料加工，之后又进一步上升为一般的加工贸易。与此同时，我

们经济的主要部分依然是国内生产、国内销售。所以两个循环一直是同时存在的，就经济活动在GDP中的比重而言，国内循环一直是占主导地位的，国际循环是国内循环的补充。但国际循环通过各种外溢效应，为整个经济增长注入了难以衡量的活力。

什么事情都要有一个度。当我们经济规模很小的时候（20世纪80年代初中国GDP在全球排第17位），可以说我们的出口和进口对国际市场价格没有什么影响。但我国的经济体量越来越大，2009年中国已成为世界第一出口大国，2010年超过日本成为世界第二大经济体，2013年成为世界第一货物贸易大国，2018年中国GDP总量达到13.6万亿美元，占世界GDP的16%，是日本GDP的2.7倍。中国经济发展到这个程度，对外部的影响就很可观了，买什么什么贵，卖什么什么便宜，而且会冲击人家的国内市场，贸易摩擦就会不断上升。

所以我们的国际大循环出现的问题，恰恰是这个策略的成功造成的。马克思主义认为，在对现存事物的肯定理解中，也包含着对它的否定理解。在成功的时候多想想它会有什么问题，就能及时调整了。因此，即便没有中美贸易战，调整也是不可避免的。不是否定过去，而是要掌握好度。如果不调整，我们的经济发展进程就可能停滞。

我认为可以从以下几方面进行调整：

第一，进一步降低中国经济的对外依存度。我国贸易总额占GDP比重最高时2007年是60%多，现在是30%多；出口占GDP比重原来是30%，现在是17%左右。贸易顺差占GDP比例最多时11%，现在1%左右。将来，某些地方还需要进一步调整，当然不是闭关锁国。

第二，加速对国际贸易失衡的纠正，减少对美国的贸易顺差。我们每年对美国有2000亿—3000亿的贸易顺差，如果对我国经济发展和安全有好处，就可以多买。但中国贸易现在基本平衡，如果减少对美顺差，对其他国家就是贸易逆差。其中需要一些大的调整。在减少对美国贸易顺差的同时，我们可能不得不减少对其他国家的贸易逆差。这样，中国的对外依存度自然就降下来了。

第三，高科技行业和产品要实行进口替代。华为的经历说明了“备胎”的重要性。

第四，引进外资政策、外贸政策、汇率政策要做相应的调整。汇率尽早实现自由浮动。外贸退税政策的着力点，应是让我国企业的竞争力不因税的问题低于美国企业。如果长期把退税作为一般贸易鼓励政策就是不合适的，需要调整。

第五，调整中国的海外资产结构，提高海外资产的安全性和盈利性。中国大约有 5 万亿美元海外资产、3 万亿美元海外负债、2 万亿美元净资产。但 10 多年来，我们的投资收益年年为负，全世界没有第二个国家是这样的。因为我们资产结构中主要是美国国库券，收益率极低（接近 0）；而我们的债务主要是投资，加上资本外逃、谎报瞒报等等。一个国家进入老龄化就会越来越依靠已有资本的收益。日本在 2015 年就是贸易逆差国，但它的海外投资经营项目是顺差，其收益足以弥补它的外贸逆差。中国已迈进老龄化社会的门口，现在钱借出去还给人家付利息，到时候怎么办？

第六，加强对知识产权的保护，依法严厉打击一切侵权行为。侵犯知识产权就是抑制企业的创新能力，应该引起我们的高度重视。不但要保护外国人的知识产权，也要维护好中国企业的权益。

第七，积极参与全球产业链。有人提出“缠抱政策”，就是说要尽可能地“拖着”不走，这是对的。但也要强调本地化、区域化，在关键的环节增加自主可控力，让更多的产业链和终端留在或靠近本国市场。不只是中国在这么做，其他国家也在这么做。

第八，改善内地投资环境，鼓励企业向劳动力成本较低的地区转移。当然这比较困难，比如边疆民族政策问题等。但我们一定要想办法解决这个问题，不要都跑到越南去投资，因为归根结底这还是国家利益的问题。

第九，用财政手段，通过二次分配减少阶层、行业、地区的收入差距。财政方面，该收的税要收，该公布的财产就要公布。几乎所有国家都在这么做，中国也应该这么做。

第十，对外援助和投资要量力而行，尽量避免陷入海外债务陷阱。2019年我到非洲某国访问，它们的外债占 GDP 的 70% 还满不在乎，因为是欠中国的钱。这就是一些非洲国家的心态。莎士比亚的《哈姆雷特》有一句话，“不要借钱，也不要跟人借钱，否则你会失去朋友，失去金钱，人财两空”。我们该做买卖就做买卖，其他因素应少考虑一点。

第十一，构建内循环格局要深化改革，探索在社会主义市场经济体制下所有制改革的新形式，比如改善公司治理结构等。要找到一个平衡，既发挥市场在资源配置中的决定性作用，也要让国家能够发挥矫正市场失误、市场失败的作用。我们必须要有许多个类似“中国制造 2025”这样的发展规划，现在的问题是规划执行得好不好的问题，而不是应不应该做发展规划的问题。

国际贸易、国际金融研究的几个问题

张宇燕*

编者按：2004年，美国著名经济学家保罗·萨缪尔森阐述了一个非常有争议的观点，全球化也许对发达国家来说并不利。它颠覆了国际贸易理论的基础。在此基础上，特朗普把大国关系引进来，从“零和博弈”进一步引入“负和博弈”，即双输都可以。这是对华政策的一个转折点。美国在经贸领域实行“规锁”的新规则，试图将中国锁定在全球价值链的中低端。国际经济形势波涛汹涌。

中美贸易战的美国理论

2004年，美国著名经济学家保罗·萨缪尔森在《经济学展望》（*Journal of Economic Perspectives*）杂志上发表了一篇文章，他讨论了两个国家两种产品的交换，这是最经典的李嘉图国际贸易模型。以往贸易理论认为，两个国家两种产品分工交换，能够使两个国家的福利都得到增加。萨缪尔森在这篇文章里非常严格地用数学模型证明，两个国家两种产品分工交换可能会出现一个国家的利益得到了拓展，另外一个国家却因为参与国际贸易、国际分工，使得它的利益永久性地受到损害。

* 张宇燕，中信改革发展研究院资深研究员，第十三届全国政协外事委员会委员，中国社科院学部委员、世界经济与政治研究所所长。

这篇文章的影响很大，它阐述了一个非常有争议的观点——全球化也许对发达国家来说并不有利。它等于是颠覆了从亚当·斯密、李嘉图到现在整个国际贸易理论的基础。我们对这篇文章进行了深入的分析，看看能不能挑出他的毛病，但是萨缪尔森毕竟是经济学大家，他的论证逻辑非常严密，他从两种商品、两个国家最后扩展到三个国家、N 个国家，N 种商品，都给出了证明。

简单地说，例如中国和美国原来没有贸易，中国在 A 产品和 B 产品上与美国劳动生产率不一样，然后通过分工和交换，两个国家的福利都提高了。而中国在这个交换过程中，由于技术进步得到提升，比较优势中原来比较弱的领域——生产效率跟美国相比没有差距了。美国本来从国际贸易能获得好处，但交换后它在国际贸易中的优势逐渐消失了；而中国的社会福利提高，技术也提高了。所以他认为，美国在国际交换中受到了永久性的损害。我提及萨缪尔森的这篇文章的用意，就是要说明今天的国际贸易中，美国发动贸易战是有理论基础的。

奥巴马执政时期就开始注意萨缪尔森的理论，特朗普这几年基本上是在践行这个理论，但是他把大国关系引进来了。最典型的就是 2020 年 5 月，美国国务院发布了对华战略方针，其中明确提出，他们打压中国是要付出代价的，但是他们愿意付出这个代价。本来特朗普讲的就是“我们赢你们输”，是“零和博弈”，现在他进一步说“负和博弈”，即双输都可以。这是对华政策的一个转折点，就是他真正做好了双输博弈准备。这和全球化理论的发展是有关的。

近期我们已经看到，中美贸易下降的速度很快。波士顿咨询公司 2020 年 7 月做了一个模拟并公布了模拟结果。它认为，未来两年中美贸易要下降 15% 以上。从贸易接着谈到“脱钩”，现在对于“脱钩”有各种各样的研究，麦肯锡全球公司最近发布了一份报告专门谈中美“脱钩”问题。它的一个基本结论是：未来 5 年，全球企业生产的产品将有 1/4 转移到其他国家，受影响的贸易商品总值是 2.9 万亿—4.6 万亿美元之间，这个数字是很大的。

中美“脱钩”的内在基础

“脱钩”的主观原因是政府要求国家提高自给率，这一点我们都看到了。这是美国政府的要求，但还有一些分析值得我们关注，就是“脱钩”本身有内在的基础。

第一，贸易纠纷。打贸易战、气候灾害、网络攻击，这些事情在过去几年经常出现，很有可能造成价值链的断裂，这本身就是企业面临的问题，企业必然要考虑这种风险。麦肯锡对企业进行了几十年研究后发现，任何一个企业平均 3.7 年就会遇到一次持续一个月以上的供应链风险。所以现在企业要重新考虑这个问题。

第二，技术进步。技术进步降低了劳动力对企业的重要性，技术进步使得工资的差异作用越来越小。

第三，消费者对快速配送的需求迅速上涨。我买了东西希望马上寄过来，如果这个商品还在美国或在日本，这太远了。所以市场的变化，使得打造更短的多元化、本地化供应链的需求上升。当然这次疫情也加速了企业对产业链的重新评估。

我们的经济结构正在发生变化，这个变化一方面来自政策的作用，另一方面有内在的驱动。当然各种相反的结论也都有，比如标普咨询公司发布的最新报告说，美国要跟中国“脱钩”，脱得了吗？成本太高了，不可想象。我们可以列举很多的例子，讲“脱钩”的成本，中国这么大市场，全面“脱钩”不可能。

我们前两年提出一个观点。就是中西方之间的关系，特别是美国对华政策，在经贸领域主要的趋向是“规锁”。也就是说，美国人拟采用一套新的国际规则，把中国锁定在全球价值链的中低端，并不想跟你全面“脱钩”，你生产帽子、鞋或玩具，那些东西无所谓，他们担心的是中国做高端产品。所以中美贸易战刚一开始就一定是在高科技领域，而其他的一般产品他们是不太在意的，这也是和美国对中国采取的“规锁”政策连到一起的。

宏观经济学解释不了疫情现象

关于金融，今天国际上争论最激烈的是什么问题？所争论的一个焦点是这次疫情后，全球经济到底将处于一种什么样的状态，是恶性通货膨胀，还是通货紧缩？这个争议非常激烈，现在还没有结论。伦敦政治经济学院研究货币问题的著名学者查尔斯最近在一篇文章中提到，不管疫情之后市场走势是通缩还是通胀，有一点是确定的，各国经济学教科书恐怕需要重写了，因为西方的宏观经济学根本解释不了这次疫情产生的很多现象，它对整个宏观经济学的影响将是持久性的。

现在有两派意见，一派认为将会出现恶性的通货膨胀，其理由是：第一，为了应对疫情，开启了各种救助项目，各国已经投入了 20 万亿美元。国际货币基金组织预测，因为纾困导致债务增加，2020 年全球的债务与 GDP 之比将上涨 19 个百分点。

第二是家庭的财富上升。本来，经济状况不好，资本市场、资产价格应该大幅度下降。为避免下降而采取措施，股市后来又开始涨，现在还在波动，但总体来讲，家庭财富在不断上升。这些都将导致通胀，特别是一些低收入家庭，将得到政府的补贴。

再一个因素是央行的宽松货币政策。欧洲、日本都是负利率政策，美国也是低利率政策，现在美国联邦基金利率是 0%—0. 25%，我们估计美国很可能要进入负利率。美国现在的僵尸企业达到 15%—20%，这个数字相当惊人。

最后是供应链的冲击。疫情期间，很多产业供应链受阻或者断裂，使得一些产品价格迅速上升。以上是支持未来将产生恶性通货膨胀的论据。

另一派认为将会发生通缩，其理由是：第一，虽然货币供应量增加很快，比如2020年7月，美国的M1、M2比上一年同期增长了百分之三十几，这是美国历史上没有过的，但另一方面是流通速度下来了。金融机构的准备金3万多亿美元全放到央行那里，商业银行的企业存款达16万亿美元，贷出去的很少，存款增长很快。钱都淤堵在那里，流通速度放慢了。

第二个理由，就是家庭恐惧，消费恐惧，支出下降。从2009年到2019年，10年间美国居民的可支配收入的储蓄率低于10%，而2020年4月到6月的储蓄率为25%，这可以看出居民的恐惧心在上升。

第三是劳动力市场。现在美国的失业率尽管有所下降，但仍在8%以上，说明它的要素没有充分利用。只有生产要素被充分利用了，才可能出现通货膨胀。

2008年金融危机时，各国也在纾困，当时也讨论说将会发生恶性通胀，后来也没有发生，所以这方面争议是非常大的。国际货币基金组织2020年6月预测，2020年全球经济增长率将是-4.9%，2021年是-5.4%。这对我们未来一年、两年甚至五年的影响都很大。总之，国际经济形势是波涛汹涌的。

中美关系中的国际法问题

黄　进*

编者按：在中美发展新变局下，美国对中国采取一系列违反国际法的遏制打压行动，国际规则、国际法还有效吗？在处理中美关系中，中国要坚守国际法，这是人类的价值共识。真正的多边主义应当坚持联合国宪章宗旨和原则，尊重国际关系基本准则。

当今世界正处于百年未有之大变局。作为世界头号强国的美国，屡屡退群、毁约，退出运行正常的国际组织，如联合国教科文组织、联合国人权理事会等等；退出了正常履约中的国际协议，如《巴黎气候协定》和《伊核协议》，并且频频制裁他国、干涉他国内政，不断违反国际关系的基本准则和国际法。

国际法还管用吗

由于美国对中国采取了一系列违反国际法的遏制打压行动，中美两国的关系仍在进一步滑向危险的深渊。在这个背景下，人们就要问：国际法还是法吗？国际社会还有规矩吗？国际法还管用吗？

法律是具有强制性约束力的规则。毋庸置疑，人类社会，无论是国际社会

*　黄进，中信改革发展研究院资深研究员，中国政法大学教授，中国政法大学原校长。

还是国内社会，都离不开规则，离不开法律，这是常识。

法律分为国内法和国际法两大类。国内法由各国自己制定，主要是处理本国事务，调整国内的社会关系。当然，国内法有时也可以用于调整涉及本国的涉外关系。国际法是由各个国家或者相关国家协商制定，用于处理国际事务、调整国际社会关系。所以简单讲，国际法的形式主要是国际条约和国际习惯法。

近现代国际法的产生，是基于独立主权国家的兴起。在国际关系史上，1643—1648 年威斯特伐利亚公会是一个划时代的事件，标志着近代国际法的产生，以及国家主权原则、国家主权平等原则等国际法原则的确立。此后，国际法历经曲折的演变和发展，时盛时衰、时强时弱、时善时恶、时起时落。中国近代以来，曾深受基于强权政治的国际法规则和制度之害。1842 年中国被迫签订《南京条约》之后，帝国主义国家又陆续通过一系列不平等条约在中国侵占领土、设立租界、驻扎军队、剥夺关税自主权、建立领事裁判权等，这些在帝国主义强权下形成的国际法显然是恶法。在当时的国际秩序中，中国对这样的国际法是有深刻的感受和痛苦的记忆的。

第二次世界大战之后，联合国宪章的产生和联合国等国际组织的建立，标志国际法取得了新的发展、进入了新阶段。战后的现代国际法，就是以联合国宪章的宗旨和原则为核心建立起来的国际法原则、规则和制度体系。战后的国际秩序是建立在现行国际法基础之上的。

战后的国际法总体上还是进步的，它的宗旨是要维护世界和平与安全，推动世界合作与发展，追求公平正义。尽管它有缺陷，而且也没有国内法的强制执行力，还有许多应该改革或改进的地方，但必须充分肯定的是，现代国际法对战后 70 多年世界和平与安全、国际合作与发展发挥了不可替代的作用。

新中国成立以来，特别是改革开放以来，中国是现行国际法的学习者、追随者、适应者，也是现行国际法的遵守者、践行者、受益者，更是现行国际法的维护者、建设者、贡献者。自新中国成立至今，我国对外签订了 27 000 多个双边条约、500 多项多边条约，其中全国人大及其常委会批准和决定加入的国际条约就有 420 多项，而我国全国人大制定的现行立法是 278 项。我认为，中国缔结或者参加的国际条约，是中国特色社会主义法律体系的一个组成部分。中国能够发展成为世界第二大经济体，国家的经济实力、科技实力、国防实力甚至综合国力能够进入世界前列，不仅仅得益于中国特色社会主义道路和改革开放，也得益于学习、建设和践行国际法，发展国际法。中国因加入 WTO 而受益就是一个突出的例子。

当然，在国际关系发展史上，每当遇到世界局势发生重大动荡时（比如两次世界大战对国际法的破坏），人们就会对国际法的存在和作用产生怀疑。但是历史也证明了，在大动荡之后，必定伴随着国际法的重建、复兴、进步和发展。可以肯定地说，国际法在处理当前中美关系中是一个很重要的武器。在国际社会中，国际法不仅在当前是管用的，而且今后还要发挥更大、更积极的作用。

中国对国际法的基本态度

新中国成立后，废除了过去强加给中国的一切不平等条约，取消了帝国主义国家在华的一切特权。与此同时，我们对国际法采取了正确的态度，接受公认的国际法原则、规则和制度，支持联合国宪章的宗旨和原则，而且恪守中国缔结和参加的国际条约，反对国际法中的消极规则和制度，主张对国际法加以改造，并积极为国际法的编纂、创制和发展做贡献。以下事例可以表明中国对国际法的基本态度。

一是 1954 年，中国与印度、缅甸共同倡导和平共处五项原则。中国在同其他国家建交的时候，都将和平共处五项原则放入建交公报文本中，它成为当今中国遵循国际法的基本原则。

二是 1958 年，中国发布了一个关于领海的声明。声明宣布，我国领海宽度是12海里，而且这个规定适用于中国的一切领土，包括中国大陆及其沿海岛屿，和同大陆及其沿海岛屿隔有公海的台湾及其周围各岛、澎湖列岛、东沙群岛、西沙群岛、中沙群岛、南沙群岛以及其他属于中国的岛屿。这就为现在我们解决南海岛礁的问题奠定了基础。

三是在1978年党的十一届三中全会召开之前，邓小平同志在中央工作会议闭幕会上发表了《解放思想，实事求是，团结一致向前看》的重要讲话，在讲话中特别提出，我们还要大力加强对国际法的研究。

四是在改革开放初期，我国制定了《涉外经济合同法》（1985年）和《民法通则》（1986年）。《民法通则》第142条规定，中华人民共和国缔结或者参加的国际条约同中华人民共和国的民事法律有不同规定的，适用国际条约的规定，但中华人民共和国声明保留的条款除外。

五是党的十八大以来，中央高度重视全球治理与国际法制，不仅提出推动构建人类命运共同体这一开创性的国际法价值理念，而且提出了较为系统的国际法的思想。法学界正在学习习近平总书记的一些关于法治的论述和思想，当然也包括国际法的思想。党的十九届四中全会通过的《中共中央关于坚持和完善中国特色社会主义制度　推进国家治理体系和治理能力现代化若干重大问题的决定》特别强调，加强涉外法治工作，建立涉外工作法务制度，加强国际法研究和运用，提高涉外工作的法治化水平。

上述五个典型事例，反映了我国对国际法的基本态度。

美国对国际法的态度

可以说，战后国际体系和国际秩序是在美国主导下建立起来的。显然，构建战后国际体系和国际秩序的国际法原则、规则和制度，美国至少在口头上是赞成和支持的。战后70多年来，美国尽管在不同时期有一些变化，但总的来说，它在表面上、在口头上，包括在一些实际场合当中，还是坚持和维护国际法的。即使它的一些行为、一些行动明显违反国际法，但美国一定要为自己披上符合国际法的外衣，强调其合法性，绝不承认自己违反国际法。

美国对待国际法的态度是以自己的国家利益为依归的，它惯于借维护国际法之名，行谋取一己私利之实，合则用，不合则弃，有时甚至视国际法为玩物，这样的例子太多了。比如说未经联合国安理会的授权发动伊拉克战争；美国不是《联合国海洋法公约》的缔约国，也没有加入这个公约，但是它到处拿着此公约说事，要求其他国家按照公约办事。

2018 年 5 月，美国宣布退出《伊核协议》，现已不是《伊核协议》的参加国，但是它先后两次在联合国安理会提议，要求安理会按照《伊核协议》恢复对伊朗实施全面制裁。结果 15 个安理会理事国投票，2 票反对，11 票弃权，2 票赞成。只有美国自己和多米尼加两国赞成，其他 13 个国家都是投了反对票或者弃权票，包括它的盟友英国和法国。美国已经退出了《伊核协议》，就没有权力要求按照《伊核协议》制裁其他国家。美国对国际法的态度从这个案例也可见一斑。

中国在处理中美关系中持有的国际法立场

当前，美国对中国发动了史上最大规模的贸易战，将新冠肺炎疫情的责任“甩锅”给中国，就台湾、香港、新疆、西藏问题进一步提出质疑，严重干涉中国内政，在中国南海、台湾海峡频频出动舰机，以武力相威胁，制裁中国的华为等高科技企业，限制中美科技人文交流，扬言要全面“脱钩”，把攻击矛头直接对准中国共产党，不一而足。

美国的这一系列操作，凸显其面对中国的崛起和世界大变局的不安、焦虑和狂躁，以其所谓“山巅之城”“灯塔国”的道义制高点和法治经纬，严重违反国际法的原则、规则和制度。

对当前中美关系，我们既要敢于斗争，又要善于斗争，在斗争中要做到有理、有利、有节。一个有效的方法，就是善于运用国际法的思维方式，运用好国际法这个武器。

这里讨论一下新冠肺炎疫情暴发的国家责任问题。

2020 年 3 月以来，新冠肺炎疫情在全球蔓延，美国的疫情尤为严重，这应该是美国政府自身的问题，但美国为了推卸责任、转嫁矛盾，不断就新冠肺炎疫情散布“中国病毒论”“中国责任论”“中国赔偿论”，“甩锅”中国。在其舆论煽动下，美国国内已经有多起就新冠肺炎疫情针对中国政府提起的要求追责或巨额赔偿的法律诉讼。这就涉及疫情暴发的国家责任问题。

按照国家法中的国家责任制度，在国际社会活动中，国家对其国际不法行为或者损害行为应当承担相应的法律后果或国家责任，但要追究某个国家因其行为导致的国家责任，需要两个构成要件：第一，该国的行为违反了国际法、国际公约或国际习惯法；第二，这个行为可归因（归责）于该国的国家行为。

因而，美国抛出新冠肺炎疫情“中国责任论”，可以从两点加以否定：

第一，国际法没有任何关于病毒起源地国对疫情蔓延要承担国家责任的规则。现在在国际公共卫生领域，最主要的国际法是国际卫生条例。按照该条例规定，中国的抗疫行为没有任何违反国际卫生条例的行为，中国当然不应该承担责任。

第二是对华诉讼中的国家豁免问题。新冠肺炎疫情暴发以来，美国多个联邦地区法院先后受理了 20 多起因新冠肺炎疫情针对中国政府提起的索赔诉讼，其中大多数是民间个人作为原告提起的。其中有两起诉讼案是美国两个州的总检察长代表他们的州政府提起的对中国政府的索赔诉讼，这在中美交往史上还是第一次。中美建交以来，美国曾多次发起针对中国和中国国家领导人的诉讼，但只是偶尔的一两起。这次一下 20 多起，很明显，这是美国基于政治目的发动的法律战，是典型的诬告、滥诉，应该说它是严重违反了国际法有关国家主权平等原则和国家豁免原则。

此外，美国的所谓“长臂管辖”问题。美国搞的长臂管辖，是为了实现其经济、政治目的，由美国的行政执法机关和司法机关基于美国具有域外适用效力的国内法，对外国政府、企业、个人及其行为行使的扩张性的行政执法管辖权和司法管辖权。只要外国企业或者个人及其行为与美国有最低限度的联系，它就可以行使长臂管辖权。

过去这个概念是在美国的民事诉讼中提出的，但现在已经扩展到了行政执法领域、刑事领域。华为孟晚舟事件就是长臂管辖的结果。华为即使跟伊朗有商业往来，违反了美国制裁伊朗的法律，但这个行为不是在美国发生的，而是在中国内地或者中国香港。可是按美国的法律，它也有刑事管辖权。

一个国家依据自己的主权，可以对涉及本国的事务，在立法、执法、司法上具有一定的域外管辖权，但是不能侵犯他国的主权，并且要基于平等互利的原则。现在美国无视公认的国际法原则，肆无忌惮地基于本国国内法，在国内法院对外国政府、企业、个人提起诉讼，行使管辖权。所以这实际上是以美国国内法对抗国际法，以国内秩序颠覆国际秩序，以单边主义替代多边主义，是典型的霸权主义行为。

习总书记在中央全面依法治国委员会第二次会议上指出，要加快推进我国法域外适用的法律体系建设[①]，意味着今后我们的法律也要在域外管辖、域外使用方面下功夫。

处理中美关系应坚持的国际法立场

民主和法治是人类经过艰苦探索找到的治理国家的最佳原则，也是全球治理的最佳原则，可以肯定地说，公认的国际法是世界各国共同的行为规范，是

① 习近平主持召开中央全面依法治国委员会第二次会议并发表重要讲话［EB/OL］. 中国政府网，(2019-02-25). http：//www.gov.cn/xinwei/2019-02/25/content_5368422.htm.

全球治理的重器，也是国际社会通用的话语体系，国际法基本原则更是人类的价值共识。在处理中美关系的过程中，我们要使用国际法这个武器，高举国际法治的大旗，占据坚守法治的道义制高点，坚定不移地扩大对外开放，坚定不移地坚守良法善治下的多边主义和全球治理，坚定不移地维护以联合国为核心的国际体系，坚定不移地建设以国际法为基础的国际秩序，推动构建人类命运共同体。

不断激发市场主体创新创造活力

武　力*

编者按：纵观中国共产党的经济治理历程，重视市场主体思想一以贯之。新时代、新形势对市场主体产生新要求，政策需要与时俱进。近年来，中国在产业升级中已从“跟跑者”向“并跑者”及“领跑者”转变，由此给国际供应链和产业链带来新的竞争，国际环境发生根本变化。中国在新发展阶段依据国内发展需要和国际形势提出双循环重要战略，是应对百年未有大变局的关键一招。需要激发市场创新活力，培育面向未来的新型市场主体。

当前，中国正处在“两个一百年”奋斗目标的历史交汇期，改革发展稳定的任务艰巨繁重，而肆虐不已的新冠肺炎疫情与动荡不安的国际局势给中国造成了前所未有的外部冲击。当此之时，各类市场主体作为稳定生产、吸纳就业、创新技术的主力，肩上的担子更加吃重。2020 年 7 月 21 日，习近平总书记主持召开了企业家座谈会，这对于完善和落实纾困惠企政策、明确新形势下企业发展方向、弘扬新时代企业家精神具有重要意义。

保护市场主体就是保护社会生产力

社会进步的基础在于不断解放和发展生产力，各类市场主体是生产力进步

* 武力，中信改革发展研究院资深研究员，中国社会科学院当代中国研究所研究员。

的最主要推动力量，而生产力的发展总是伴随着市场主体数量的增加和质量的提升。

中国共产党有着重视市场主体的传统。新中国成立之前，民主革命时期，广大市场主体处于“三座大山”的压迫之下，中国共产党领导的新民主主义革命不断解放各类市场主体。在农村，土地革命使广大农民摆脱了封建地租和高利贷的盘剥，广大农民成为最积极的生产和革命力量；在城镇，没收官僚资本、公私兼顾的经济政策调动了广大工商业者的积极性，繁荣了商品生产和流通。相比日渐凋敝的国统区，根据地在落后的生产条件下却能兼顾支前、生活和生产，呈现一派欣欣向荣景象。

新中国成立后，中央高度重视保护市场主体。1950 年，毛泽东对资本主义工商业的政策作出批示强调：“应限制和排挤的是那些不利于国计民生的工商业，即投机商业，奢侈品和迷信品工商业，而不是正当的有利于国计民生的工商业，对这些工商业当它们困难时应给以扶助使之发展。”① 在中共七届三中全会上，毛泽东强调农村应“由征收富农多余土地财产的政策改变为保存富农经济的政策，以利于早日恢复农村生产，又利于孤立地主，保护中农和保护小土地出租者”。② 当时，我国采取公私兼顾、劳资两利、城乡互助、内外交流的方针，通过国营经济对私营工商业进行加工订货、组织城乡物资交流等手段，使各类市场主体迅速走出战争创伤，在短短三年里社会生产力便超过了旧中国最好水平。

随着大规模工业建设的展开，中国作为一个落后农业国，为了确保高积累率与人民基本生活，走上了单一公有制计划经济的道路。但是，“增加市场主体数量、调动市场主体积极性”一直是中央所倡导的基本方略。1956 年，毛泽东在《论十大关系》中强调，要给予地方、企业、合作社、农民以更多自

① 毛泽东．毛泽东文集：第六卷［M］. 北京：人民出版社，1999：49.
② 毛泽东．毛泽东文集：第六卷［M］. 北京：人民出版社，1999：70.

主权。他指出，“应当在巩固中央统一领导的前提下，扩大一点地方的权力，给地方更多的独立性，让地方办更多的事情”；“把什么东西统统都集中在中央或省市，不给工厂一点权力，一点机动的余地，一点利益，恐怕不妥”；“在合作社的收入中，国家拿多少，合作社拿多少，农民拿多少，以及怎样拿法，都要规定得适当”。① 在实践中，中央于1958年和1970年对地方、企业进行了两次大规模的经济管理权限下放，虽然没能摆脱计划体制下“一放就乱”的问题，甚至曾经一度造成国民经济比例严重失衡，但“培育更多市场主体”的思路是清晰和一贯的，在客观上也促成了新中国工业的两次爆发式增长，在中国大地上广泛播撒了工业化的种子。改革开放后异军突起的乡镇企业，其源头很多可以追溯到这两次管理权下放。

1978年，中国实行改革开放以后，逐步冲破思想束缚，探索出中国特色社会主义道路，这其实也是一个不断解放各类市场主体的过程。改革的主线是对国营企业逐步进行放权让利，伴之以对非公有制经济发展的不断放宽。

1979年1月，邓小平在人民大会堂宴请胡厥文、胡子昂、荣毅仁、周叔弢和古耕虞五位工商业耆宿，提出“现在搞建设，门路要多一点，可以利用外国的资金和技术，华侨、华裔也可以回来办工厂”；“要发挥原工商业者的作用”；“总之，钱要用起来，人要用起来”。② 这个看似平常的宴席标志着中央开始推动广泛利用各类市场主体。同时，针对城镇青年就业难问题，中央也鼓励待业青年自谋出路，从事商业、服务业等活动，个体和私营经济由此起步；针对农村承包制基础上发展起来的专业经营，中央采取了“放一放、看一看”的宽容态度。此外，我国还陆续开放了四个经济特区、十四个沿海开放城市，实行鼓励招商引资的优惠政策，并逐步将开放政策梯次推广到沿海、沿边和内陆城市，形成全方位对外开放格局。兼容并包的经济政策，激发出一

① 毛泽东．毛泽东文集：第七卷［M］．北京：人民出版社，1999：29—31.

② 中共中央文献研究室．邓小平年谱（1975—1997）：中［M］．北京：中央文献出版社，2004：471.

个以公有制为主体、多种所有制共同发展的崭新格局，各类市场主体在改革开放的大潮中百舸争流，千帆竞发。

党的十八大以来，中国经济步入新常态，过去那种依靠充裕要素进行粗放扩张的时代基本结束，市场主体面临转型升级的历史任务，对市场化、法治化的营商环境提出更高要求。由此，中共十八届三中全会适时提出“使市场在资源配置中起决定性作用和更好发挥政府作用”的改革思路，通过优化营商环境来培育更多更好的市场主体。为此，政府大力推行“放管服”改革，鼓励创业创新，坚持两个“毫不动摇”，推动高水平对外开放。这一切举措的直接目的都是鼓励、引导和支持各类市场主体进一步做优做强。

纵观中国共产党的经济治理历程，重视市场主体的思想一以贯之，政策与时俱进。而新中国经济增速与市场主体数量增速也存在着高度相关性，中国经济高速发展的过程，也是市场主体竞相涌现的过程。这进一步证明了，保护市场主体就是保护社会生产力。

新时代、新形势对市场主体的新要求

近年来，中国大力推动经济高质量发展，已经取得了较为明显的成效。2019 年，中国人均 GDP 突破 1 万美元，迈入中等偏上收入国家行列。但是，从历史经验来看，二战之后仅有少数几个经济体完成了这一飞跃，而多数经济体都长期徘徊在这一水平。从各方面看，中国经济当前正处于“船到中流浪更急”的关键历史时期。

我们的外部环境出现了前所未有的不确定性。首先，产业升级的历史任务艰巨，这意味着，在一些领域中国与发达国家的竞争会加剧。中国过去长期处于全球产业链的中低端，与盘踞高端的发达国家以互补关系为主。近年来，中国大力推动产业升级，由过去的“跟跑者”向“并跑者”和“领跑者”转变，因此难免与发达国家产生竞争，这是我们所处的国际环境发生变化的根本原因。

其次，中国对国际市场和资源的高度依赖，使中国必须确保外部安全。2019年，中国的原油对外依存度达到70.8%，铁矿石对外依存度达到75.5%，货物和服务净出口对国内生产总值增长贡献率达到11%。要确保一个有14亿人口、经济体量世界第二的发展中大国继续保持中高速发展，中国必须保障海外资源供给、市场需求、贸易市场和直接投资的安全，并争取更加公平的国际经济秩序。这是中国发展阶段所提出的必然要求，而当中国主张这些合理权利时，便难免遭受原有国际经济格局下的部分国家和地区的误解甚至猜忌。

最后，中国的产业升级遭遇了美国的“再工业化”。2008年金融危机之后，美国致力于解决自身产业空心化问题，同时要捍卫其在全球产业链高端的主导地位。因此，美国一方面加剧对华经贸摩擦，通过国内减税、贸易壁垒等方式吸引制造业回流；另一方面加紧对中国高科技企业的打压。祸不单行，在防疫中表现糟糕的美国政府试图“甩锅”中国，甚至把摩擦扩大到政治、外交、军事等领域。这使得我国外部环境产生不确定性，国内企业的生存压力巨大，尤其是那些在资源、市场、技术方面对外高度依赖的企业，面临着严峻的挑战。

因此，我们有必要建立一个更加健全的国内市场，为企业提供更为稳定的经营环境。基于这一背景，中国提出构建“以国内大循环为主体、国内国际双循环相互促进的新发展格局”。这是基于国内发展需要和国际形势变化提出的重要战略，也是应对百年未有之大变局的关键一招。需要指出的是，国内大循环为主并不意味着中国将脱离世界或美国，而是要为广大市场主体构建一个更加稳定的国内环境，抵御可能出现的外部冲击。而以国内大循环为主的经济，也将进一步解决国内发展不平衡不充分的问题，带动广大中西部地区发展和低收入群体生活水平提升。

当前，国内企业面临较大困境，发展水平与“双循环”的要求也存在着差距。一是疫情的全球性蔓延，给外向型企业造成了很大冲击。二是国内经济虽然走向复苏，但总体运行水平低于疫前。三是疫情导致消费减少，服务业受到严重冲击，广大个体工商户作为数量最多、与群众生活联系最紧密的市场主体，在租金、税费、社保、融资等方面面临许多困难。

正是为了解决这一系列问题，2020 年 7 月，中央召开了企业家座谈会，倾听企业界的呼声，帮助广大市场主体渡过难关。而这次座谈会的意义，不仅在于应对眼下困难，更是着眼于“双循环”的战略目标，培育面向未来的新型市场主体。因此，我们的战略对不同市场主体提出了不同要求。首先，有潜力的企业要加快核心技术突破，提升产业链现代化水平。其次，外向型企业要以适销对路的产品开拓国内市场。最后，要大力扶持个体私营经济，千方百计保护市场主体。

加大政策支持力度，激发市场主体创新活力

我们的目标是建立一个高水平的产业体系，它既符合我国的资源禀赋特点，又立足于以国内大循环为主体、国内国际双循环相互促进的战略目标。广大企业是实现这一目标的最重要主体，因此，我们的政策应围绕激发企业创新创业活力而制定和实施。

首先，应落实产权保护和要素平等使用的各项制度。高质量发展需要摆脱大干快上、赚快钱的旧习，转向长期投资、精耕细作，这需要落实持久而稳定的产权保护制度，以激发各类要素干事创业的积极性。高质量发展意味着要素利用的价值最大化，唯有各类市场主体平等使用要素，才能确保资源最优配置。当前，各地政府正全力帮助企业渡过难关，这有可能产生行政干预并引发资源配置扭曲问题，要进一步落实市场化资源配置的各项制度。尤其是对资金这一最重要的生产要素，应当加快完善资本市场制度建设，使各类市场主体尤其是高科技企业能够更有效地获得融资支持。

其次，加强新型基础设施建设，加快完善产业体系和创新制度建设。新经济具有信息化、智能化的特征，更加依赖 5G 通信、大数据处理、新能源供给

等新型基础设施，在这些领域需要政府与市场协同发力，加快投资建设。为构建“双循环”的经济格局，需要进行产业链的延伸和关键环节的补充，应充分发挥新型举国体制优势，加强核心技术攻关，尽快实现产业链的完备化和现代化。为顺应中国在一些领域由“跟跑”转向“并跑”“领跑”的新形势，在完善新型举国体制的同时，还要加快构建适应高质量发展的创新体系，逐步形成以企业、科研机构、研发人员为中心的创新体系，形成大企业龙头推广、中小企业广泛创新、各类项目和资本市场支持的协同创新体系。

最后，确保国内市场统一畅通。面对困境，地方政府往往千方百计扶持本地企业，这固然值得肯定，但也容易滋生地方保护主义，造成国内市场分割。应紧扣国内大循环这一目标，以问题为导向，打通生产、流通、分配、消费各环节的堵点，确保国内市场畅通，降低流通成本和交易费用。为此，要健全中央层面的调控制度，完善财政资金调剂、区域补偿和协作等机制，通过二次分配的方式来实现公平，以确保市场能在资源配置中发挥决定性作用。

弘扬企业家精神，推动企业实现更大发展

企业家是市场经济中的关键人才，他们具有组织要素进行更高效生产和服务的才能，是提高资源利用效率、推动高质量发展的重要因素。中国已经告别了过去那种依靠廉价要素赚快钱的时代，当前更需要真正踏实干事的企业家。

正如习总书记所说，企业家精神内在地包涵爱国、创新、诚信、社会责任和国际视野等要素。古今中外，成功的企业家大多兼具爱国情怀与社会责任感。总书记提到的松下幸之助，在 1929 年的经济大萧条中，没有选择裁员求生，而是带领所有员工半天生产、半天销售库存，与员工一起和衷共济渡过了危机，也创造了松下为之自豪的企业文化。无独有偶，曾亲手创办两家世界 500 强企业的稻盛和夫，在 2010 年临危受命，出任负债累累的日本航空公司 CEO，最终力挽狂澜，带领日航走出危局。逐利是市场经济中的正当行为，但

任何成功的企业家都有着超越单纯经济利益的更高追求。对于当代中国的许多企业家来说，其成就早已满足了生存需要甚至实现了财务自由，自我实现成为他们更高的追求。沧海横流方显英雄本色，风险与机遇并存的中华大地，正是企业家施展抱负的广阔舞台。

疫情冲击下，还有许多人迫于生存压力而走上了创业之路。筚路蓝缕的创业岁月充满艰辛，日渐成熟的市场体系也的确更难捕捉商机。但是，新一轮科技革命为新技术、新产业、新业态和新模式的诞生提供了空间。中国仍是一个发展中大国，广大的不平衡不充分发展地区有待进一步开发，人民群众日益增长的美好生活需要也对市场提出了更高要求。这些都意味着即将崛起的新一代企业家不仅要有艰苦奋斗的品质，而且要更富创新精神和广阔视野，才能跟得上新时代的步伐。

还要看到，企业家的经营决策依赖稳定乐观的市场预期，乐观的市场预期能激发投资，具有自我实现的功能，反之亦然。这就是所谓的“信心比黄金更加宝贵”。党的十八届三中全会提出“更好发挥政府作用”，这一作用就包括在危机时刻稳定市场预期，这也是中国特色社会主义经济制度的优势所在。在我国，广义的政府还包括国有经济，在市场低迷、前景悲观的环境下，政府和国有企业应主动作为：一是进行长期投资，发挥龙头企业的带动作用；二是利用国有经济掌握金融、资源、通信、交通运输等国民经济命脉产业，向民营经济更多让利，共克时艰；三是利用好政府购买服务的作用，带动社会生产，提供更加均等的公共服务和更为完善的基础设施，拉动经济重回繁荣周期。

共同塑造未来4年的中美关系

王湘穗*

编者按：美国新政府对华战略与政策将会做出调整，形成与全球战略配套的对华战略框架。明确将中国定位为美国的“战略竞争对手”，遏制中国发展以巩固美国全球领导者地位，对华战略基调将以“遏制为主、接触为辅”。

随着美国大选尘埃落定，拜登当选第46任美国总统，有理由相信，美国内政与外交政策都会有所调整。中美关系在经历了充满不确定、疾风骤雨式的特朗普周期后，目前处在一个重大的历史转折关头。

特朗普遗产：美国分裂、疫情失控与萧条迫近

在4年短暂的执政期间，特朗普狼奔豕突、反建制、反主流，四处出击、广泛树敌，把内政与外交搞得一塌糊涂。如今盘点，面临分裂与混乱的美国、失控的疫情和日益迫近的经济大萧条，成为特朗普给美国留下的遗产。

大选展示美国的深刻裂痕

当选总统拜登自豪地说，他得到了7400万美国人的选票，是美国历史上得票最多的当选总统。同时需要看到的是，特朗普获得了7300万张选票，是

* 王湘穗，中信改革发展研究院资深研究员，北京航空航天大学教授。

获得选票最多的败选总统。7300万人对7400万人，这近乎5：5的对立，构成了美国政治分裂的民意基础。

从地图上看，东西部城市的蓝色地区与美国中部的红色地区形成一条以财富为界线的裂痕，象征美国内部斗争的极化景象。在红与蓝的对立背后，存在着城市与乡村、城里人与乡下人、年轻人与老年人、白人与有色人种、穷人与富豪、靠全球化生存的白领与靠本土就业的蓝领和“红脖子”之间的深刻矛盾与尖锐对立。经济基础的巨大裂痕，引起了建立在其上的美国社会和政治意识形态的对立，这就导致了在大选中本土红与全球蓝的尖锐撕裂。

已经失控的疫情

白宫办公室主任马克·梅多斯在回应记者采访时宣称，特朗普政府已经放弃了对疫情的控制政策。目前美国的疫情已经完全失去了控制。截至2020年11月14日，美国累计确诊1106万人，累计死亡25万人，美国是目前全球新冠肺炎病例确诊最多、病亡最多的国家。

失去控制的疫情，对美国经济、社会造成了巨大冲击和破坏。一场公共卫生危机引发了经济危机，进而又导致了以种族矛盾为焦点的社会危机，并触发了危及宪制的政治危机，一系列危机的叠加对美国机体造成了共振性破坏。在疫情失控情况下的复工和持续的大规模抗议活动，又导致新一波疫情的暴发，“让美国再次病倒”。疫情给美国经济和社会生活带来了连锁性、叠加性的破坏，导致美国综合国力的加速衰落，使美国社会遭受严重的冲击。

疫情大萧条日益迫近

疫情对美国经济造成重创，各项经济运行指标出现断崖式下跌，有可能导致疫情大萧条。美联储祭出史无前例的举措，美国政府推出救援计划，只是勉强稳住了暴跌的股市，却难以改变金融市场紊乱、实体经济下滑和服务业停摆的局面。制造业指数、工业产值环比、设备利用率、零售销售环比等经济指标均出现大幅下滑，剧增的失业人口已经赶上了大萧条时代的水平。美联储发布的美国经济展望褐皮书报告称，美国所有地区的经济活动在陡然急剧萎缩。高盛预计，美国经济将衰退34%，新冠病毒大流行已经使美国经济陷入了衰退；美银美林认为，疫情蔓延将导致美国企业被迫大规模关门，美国经济恐陷入“有记录以来最严重的衰退”；摩根士丹利预计，美国2020年的国内生产总值将收缩5.5%，为1946年以来最大降幅。据统计，标普500指数报告，美国2020年以来，11个行业中有10个净利润率同比下降。许多机构估计，如果疫情得不到有效控制，美国经济可能会经历数年的经济大萧条。

多位华尔街金融家已经发出了有关美国进入经济萧条的警告。分析预计，或将有23万亿美元的国际资金陆续从美国市场撤离。罗杰斯称，“美国最严重的金融危机将来临，美国将是世界历史上最大的债务国”，“下一次金融危机可能比我们今年看到的还要严重，这肯定是我一生中最糟糕的时刻”。

美国国税局预测，美国就业岗位减少的局面可能会持续数年，美国经济复苏前景十分悲观，萧条或将持续至2027年。

内政优先：拜登政府的当务之急

社会对立、疫情冲击和经济下滑，是摆在美国当选总统面前最紧迫的三大内政问题。如何处理特朗普留下的烂摊子，是拜登政府的当务之急，其可能在以下三方面下功夫。

一是稳定政局，减少对抗。美国社会的分裂是冰冻三尺非一日之寒。任何人一时都难以从根本上解决。拜登所要做的，是缓解社会对抗，避免大规模冲突。正因此，拜登在胜选演讲中强调：“我虽然是一个民主党人，但我现在是美国的总统。我看到的没有红州、没有蓝州，我看到的只有美国。”选举尘埃未落，拜登就开始着手弥合被大选进一步撕裂的美国。然而，特朗普不肯承认败选，还在努力煽动支持他的7300万选民积极抗争，为赢得“公正的选举”努力。

如果这种抗争长期化，将进一步激化红蓝对立，导致更持久的社会对抗。

二是努力控制疫情。自2020年11月3日大选投票日后，美国确诊新冠肺炎人数激增，连续10天日增超10万，其中两天日增超15万人，11月13日更是达到18万人。严峻的疫情形势，迫使拜登将控制疫情放在优先事项的首位。据11月8日拜登成立的“过渡网站”发布，新总统任期的四大优先事项，包括应对新冠肺炎疫情、促进经济复苏、恢复种族平等以及应对气候变化。11月9日，拜登组建“新冠肺炎疫情过渡顾问小组”，并任命了12名专家和研究者。同时还宣布，将制订“拜登－哈里斯新冠计划”，在2021年1月上任第一天付诸实施。

三是稳住经济。在社会动荡不安和疫情加剧的情况下，美国经济面临巨大下行压力。为了扭转经济颓势，拜登政府将会加大支持财政刺激计划，并推动基建、科技、新能源产业的发展。拜登计划对气候和环境投资1.7万亿美元。据预测，如参议院仍在共和党控制下，政府将可能推出1万亿美元的刺激计划；如民主党能够控制参议院，政府刺激计划将达到2万亿美元。拜登将提高富人和大企业的税收，增收资本利得税，为美国工作家庭提供税收减免。

为促进经济复苏，拜登计划将“向州、地方政府提供所需的援助，以免教育工作者、消防员和其他重要工作者被解雇”，并将“扩大新冠危机保险的覆盖范围，以帮助那些失业的人”。在就业方面，拜登将扩大短期补偿规模，挽救工作岗位。采取提高最低时薪，为家庭、小企业和社区提供即时救济、扩展失业保险，调动美国企业制造和创新提供新就业机会。

拜登政府对华政策的基本框架与走势

外交是内政的延伸。美国新政府对外政策将根据美国内政的需要做出相应的改变和调整。从目前的已有信息和情况分析，拜登政府的对华战略与政策将会做出调整，形成与民主党理念和全球战略配套的对华战略框架。其主要包括以下九点：

其一，明确将中国定位为美国的“战略竞争对手”。与中国进行大国竞争，遏制中国发展以巩固美国全球领导者的地位，是美国民主党与共和党两党政治精英的共识。拜登在选举前发表的文章中、在大选中接受采访时多次强调，中国不是美国的敌人，而是美国的竞争对手。拜登团队对中国的战略定位，不会是奥巴马政府早期的“伙伴”或“利益攸关方”，也不会是特朗普政府后期的“敌手”，而是处于两者之间的“竞争对手”。

其二，对华战略的基调：“遏制为主、接触为辅”。针对中美关系恶化，拜登团队认为主要原因是中国放弃了克制政策，美国对华“接触战略”已经失败。因此，美国必须改变对华“接触战略”，要对中国的“掠夺式发展”和“外交扩张主义”予以坚决遏制。基于中国长期发展对美国带来了全面挑战，加之目前美国社会反华情绪高涨，拜登政府将不会全面重置（reset）已严重恶化的美中关系。拜登会在保持“遏制为主”的基调下，在抗击疫情、恢复经济、维持人文交流等美方迫切需要中国帮助的方面进行有限的接触，既作为博弈手段，也争取获取实际利益。

其三，继续与中国展开全方位、多领域的竞争。中美战略竞争的核心，是美国不允许中国继续发展以威胁其全球霸权地位。因而，拜登主导的中美战略竞争与特朗普时期一样，也同样会全方位、多领域展开，而且可能表现得更加强硬。

其四，对华竞争将延续全政府方针。拜登政府未必完全照搬特朗普政府的对华战略方针，但有可能吸收其有效部分。其中最有可能的是延续其对华的“全政府方针”，以协调政府各部门对华政策和行动，提高对华竞争的效率。拜登政府可能会使用特朗普现有“已设定桌子”的元素作为自己的工具，以对他们有利的方式追求新政府的目标。同时拜登政府会系统化、多边化地使用另一些工具，寻求与日本和欧盟协调，在商业和安全问题上联合对付中国，包括投资审查，在自由航行和贸易等方面制定规范、标准和规则。

其五，推进有选择的部分“脱钩”。拜登最信任的外交政策顾问布林肯认为，中美彻底“脱钩”是“不现实”的，也是“彻底有害的”。从一些智库的建议来看，拜登政府可能采取有选择的部分“脱钩”，主要是在高技术产业方面。

其六，利用台湾问题向中国施压。拜登曾经是投票赞成“与台湾关系法”的初始参议员之一，他习惯在中美关系中打台湾牌。近年来，民主党主导的众议院通过多项涉台法案。民主党在大选前修改其党纲，删除了“一个中国”原则。拜登外交政策顾问把台海局势的紧张归结于中国大陆。从以往拜登涉台政策表述中可以看出，拜登涉台政策的目标将是维持台海现状。他曾表示，“若台湾宣布‘独立’，挑起战争，美国就不该出手相助”。利用台湾而不被台湾所利用，这应该是拜登政府涉台政策的底线。

其七，运用人权大棒全面打压中国。人权问题一定会是拜登政府攻击中国的重要武器。近期美国最有可能做的，是拉拢西方国家，利用新疆问题向中国发难；他们将罗织各种莫须有的罪名，力图给中国带上“种族清洗”的帽子，借机推动各种制裁活动，遏制中国的发展。拜登政府也可能支持达赖集团在美国的政治活动，对西藏问题进行干预。香港是美国推动亚洲“颜色革命”的重要基地，香港国安法实施后，重挫了美国在香港的政治势力，但拜登上台后不会放弃对香港的干预。香港、新疆、西藏等问题都会成为中美博弈的焦点。

其八，积极构建反华遏华的“民主国家联盟”。拜登长期担任美国参议院外交政策委员会主席，主张美国积极发挥全球领导者的作用。他在《外交事务》发表文章表示，“我若当选总统，将让美国重新领导世界”。他宣称，在执政第一年，美国将组织主办一次全球民主峰会，以重振“自由世界”各国精神和共同愿景；为了应对中国的挑战，美国及其盟友要建立一个统一战线，使“自由世界”国家能够获得中国无法忽视的影响力和全球事务的塑造能力。

其九，保持对中国的军事威慑。民主党政府历来有对外动武的传统。事实上，在奥巴马—拜登时期，美国发起了多次对外战争和军事行动。因而有评论指出，拜登有可能成为新的“战争总统”，在拜登团队中也有极端鹰派，在与中国的战略竞争中，美国仍会依仗其军力优势，保持并加强对中国的军事威慑，中美之间发生局部性、低烈度的混合型战争的可能性不能完全排除。

中美关系未来可能走势

综合目前的各种信息，我们有理由相信，拜登政府有可能调整特朗普时期的对华政策，阻止中美关系走向无底线的恶化。同时，拜登政府的对华政策受到多种因素的制约，不应期待中美关系在短期内就会发生重大改善。

其一，难以摆脱的特朗普遗产。特朗普政府把中国视为“主要战略竞争对手”，对华采取全政府方针，实施全面打压，严重破坏了中美关系的基础。面对特朗普的反华遗产，拜登肯定不会照单全收，但也存有机会主义的想法，会利用特朗普打下的博弈空间与中国进行新一轮的战略竞争。

其二，美国内政问题的制约。恢复美国团结、控制疫情和稳定经济是拜登政府面对的紧迫问题。批评中国、打压中国可强化和渲染外部威胁，对团结美国内部有正面作用，因此拜登不会把恢复中美关系正常化作为自身紧迫任务。但是，美国要控制疫情和稳定经济，则离不开中国的配合支持。这就使得拜登在对华关系上必须保持平衡，至少要阻止中美关系的继续下滑，以换取中国对其实现内政目标的支持。

其三，外交团队对华政策理念和目标的导向。拜登外交团队的骨干人物把中美关系恶化的原因，基本归结于中国的“不克制”和“扩张主义经济政策”，认为“接触”政策已经失败，对中国要采取遏制政策。

其四，美国国力的制约。能够干什么，对于想要干什么是最基础的制约。相信拜登政府可以看到，美国的国力是不足以支撑其彻底打垮中国的目标。其对华政策和战略目标，应与其实力相匹配。

其五，世界格局的变化。拜登十分重视团结盟国，一再表示会通过结成“民主国家同盟”来组团制约中国。在新冠肺炎疫情暴发后，世界力量格局发生了巨大的改变。世界许多国家特别是亚太地区的国家不愿意按照美国的意愿“选边站”。2020 年 11 月 15 日，区域全面经济伙伴关系协定（RCEP）的正式签约标志着东盟主导、中日韩澳新等 15 国参加的世界最大的自贸区启动。可以预见，美国要组团遏制中国发展的做法，越来越难得到更多国家的支持和响应。

其六，美国国会法案的影响。近年来，美国国会通过了 12 个涉华法案。这些法案与总统行政令不同，具有超越行政当局任期和权力之上的约束力。国会的这些法案，对拜登政府制定对华政策形成了重要制约，限制了行政部门的权力。特别是如果共和党继续控制参议院，拜登政府在对华政策调整的自由度上将大受影响。

其七，中国的意愿、能力与行为。中国对美政策和行动，对美对华政策具有一定的影响力。实际上，两国政策具有相互塑造的能力。如果拜登政府决心对特朗普对华政策改弦易辙，释放善意，表现出行为的可预见性，中方也会相向而行，双方政策将实现建设性互动，保持稳定性，无疑有利于中美关系的逐步改善。

可以预见，拜登政府的对华政策是受内外多种因素制约的复杂决策，难以一蹴而就、一键重启。我们对拜登政府对华政策的调整，不应抱有过高、过急的期待，而应保持耐心和定力。从目前已知的信息分析，拜登政府的对华政策和中美关系有可能出现以下趋势。

一是内政优先，对华政策服从并服务于内政。外交服从并服务于内政。就任初期，拜登政府会集中精力和资源解决美国内部问题，对华政策有可能出现 1—2 年相对缓和的空窗期。在内政的制约下，拜登政府会倾向对中国采取实用主义的态度，根据美国内政和利益的需求，去塑造中美关系。

二是降低对抗，保持遏制。从美国全球霸权地位和国家利益角度衡量，中国就是美国的战略竞争对手。拜登政府不会像特朗普政府那样把中国当作敌人，并挑起走向失控的中美对抗；新当选政府可能会调整对华策略，但仍会坚持把中国视为战略竞争对手，采取以遏制为主的对华战略。

三是中美战略竞争将长期化。从当前起到2049年，是中国实现民族复兴的30年，也是中美综合国力发生交错的30年。中美战略博弈与竞争，将贯穿中国实现民族复兴的全过程。

四是寻求中美的竞争性共处。美国较为理性的政治精英已经认识到，靠强力打压、完全遏制中国的发展，是无法实现的政治目标。他们提出通过与中国的“稳定竞争”，阻滞中国发展，减缓美国衰落，更持久地维护美国在全球的首要地位。

五是中美有可能共同塑造未来的中美关系。长期以来，美国是中美关系的主导方，是中美矛盾的主要制造者。随着中国国力的增强，特别是中国在抗击疫情、恢复经济中的优异表现，使拜登政府在解决美国国内问题中更需要与中国合作，这无疑增加了中国对中美关系的塑造能力。未来的中美关系，需要中美双方共同去塑造。

“中美博弈”与“美苏冷战”的差异比较及趋势分析

王晓泉*

编者按：在中美博弈中，美国正在重建国际对抗中国的联盟，政治上搞意识形态化，经济上搞“脱钩”，准备将中国推到世界经济体系的边缘。美国对付苏联的冷战手法很难在中美博弈中奏效，因为时代背景不同，“新冷战”的图谋是否能实现并非由美国单方决定。中国并不想在世界上争霸，而是以多边主义合作应对单边主义挑战。中国一直倡导构建人类命运共同体。在中美博弈中，中国以“道”化“术”，借“势”化“力”，以包容性合作化解排他性对抗竞争。

当前，美国图谋对华挑起“新冷战”是新时代中国面临的最重要外部挑战。美国试图在政治上搞意识形态化，重建反共联盟；经济上搞“脱钩”，将中国推到世界经济体系边缘；科技上搞封锁，极力削弱中国高科技能力；外交上搞霸凌，挤压中国战略空间；军事上搞近岸威慑，在南海和东海开展军事挑衅活动；舆论上污名化中国和炮制“中国威胁论”，到处煽动疑华反华情绪，等等。

美国的“新冷战”手法源自美苏冷战。苏联对人类社会发展做出过历史性贡献，但是其最后走向了争霸，而争霸的主要方式是冷战。冷战既不利于世界和平稳定与发展，也不利于苏联广泛地团结世界各国人民，使苏联陷入了战

* 王晓泉，中信改革发展研究院资深研究员，中国社会科学院大学政府管理学院教授，中国俄罗斯东欧中亚学会秘书长。

略困境。

中国吸取了美苏冷战的历史教训，在习近平外交思想引领下坚守正道，不会重蹈苏联与美国争霸的历史覆辙，而是联合世界各国开展反霸斗争。因此，美国对付苏联的冷战手法无法在中美博弈中取得当年的效果，中国将在"具有许多新的历史特点的伟大斗争中"不断强大。

中美博弈与美苏冷战的背景比较

习近平指出，"中国将高举和平、发展、合作、共赢的旗帜，恪守维护世界和平、促进共同发展的外交政策宗旨，坚定不移在和平共处五项原则基础上发展同各国的友好合作，推动建设相互尊重、公平正义、合作共赢的新型国际关系"。①相比之下，抱守"冷战思维"的美国对外政策完全不合时宜。习近平指出，"要跟上时代前进步伐，就不能身体已进入21世纪，而脑袋还停留在冷战思维、零和博弈的旧时代"。②中国对外政策符合时代潮流和世界发展趋势，有助于中国在中美博弈中赢得先进地位。

首先，美苏冷战爆发于二战结束初期，而中美博弈发生在远离世界大战的和平时期。二战彻底打破了旧有世界秩序。当时，美苏作为两大战胜国具有构建世界秩序的能力，雅尔塔体系应运而生。德国、日本、意大利及其仆从国作为战败国必须接受战胜国的命令，而其他国家也不得不服从美苏安排，世界因此走向两极格局。

中美博弈加剧处于美国极力维系单极世界但其霸权却加速衰落之际。"世界正处于大发展大变革大调整时期，和平与发展仍然是时代主题"，"和平发

① 习近平提出，坚持和平发展道路，推动构建人类命运共同体［EB/OL］. 中华人民共和国中央人民政府网，(2017-10-18). http://www.gov.cn/zhuanti/2017-10/18/content_5232664.htm.

② 习近平：不能身体已进入21世纪　脑袋还停留旧时代［EB/OL］. 新华网，(2014-05-21). http://www.xinhuanet.com/world/2014-05/21/c_126528334.htm.

展大势不可逆转”。[①] 没有世界大战的威胁，美国无法像当年那样携战胜国之威驾驭西方和发展中国家，而二战战败国德国与日本试图摆脱美国的控制，美国对委内瑞拉、叙利亚政权的颠覆行动均铩羽而归，在当前伊核问题上亦未得到包括一些盟国在内的世界绝大多数国家支持。[②] 习近平指出，“中国坚定奉行独立自主的和平外交政策，尊重各国人民自主选择发展道路的权利，维护国际公平正义，反对把自己的意志强加于人，反对干涉别国内政，反对以强凌弱”。[③] 在世界绝大多数国家珍爱和平、谋求发展的历史潮流下，美国难以通过战争等手段迫使他国打压主张和平发展的中国。

其次，美苏冷战处于两极世界时期，而中美博弈处于世界走向多极化的时期。美苏作为当年的世界超级大国，其实力远超其他世界大国，有能力以本国为中心构建霸权体系。在当前中美博弈加剧时期，世界格局朝着多极化方向演进，美国已无法维系单极世界。习近平指出：“新世纪以来一大批新兴市场国家和发展中国家快速发展，世界多极化加速发展，国际格局日趋均衡，国际潮流大势不可逆转。”[④]

1973 年，苏联 GDP 占美国 GDP 比重达到历史最高值，为 42.8%。[⑤] 2020

---

① 习近平提出，坚持和平发展道路，推动构建人类命运共同体［EB/OL］. 中华人民共和国中央人民政府网，(2017－10－18). http：//www. gov. cn/zhuanti/2017－10/18/content_5232664. htm；习近平：决胜全面建成小康社会　夺取新时代中国特色社会主义伟大胜利——在中国共产党第十九次全国代表大会上的报告［EB/OL］. 新华网，(2017－10－18). http：//www. xinhuanet. com/2017－10/27/c_1121867529. htm.

② 2020 年 8 月，联合国安理会 15 个理事国对美国提交的针对延长对伊朗武器禁运的 2231 决议进行投票表决，最终以 2 票赞成、2 票反对、11 票弃权的结果否决了该协议。

③ 习近平：决胜全面建成小康社会　夺取新时代中国特色社会主义伟大胜利——在中国共产党第十九次全国代表大会上的报告［EB/OL］. 新华网，(2017－10－18). http：//www. xinhuanet. com/2017－10/27/c_1121867529. htm.

④ 习近平：放眼世界，我们面对的是百年未有之大变局［EB/OL］. 中国新闻网，(2017－12－29). http：//www. chinanews. com/gn/2017/12－29/8412268. shtml.

⑤ В. М. *КУДРОВ*: Экономика России в Европе и мире: прошлое, настоящее и будущее, ОБЩЕСТВЕННЫЕ НАУКИ И СОВРЕМЕННОСТЬ, 2011 · № 5, http：//ecsocman. hse. ru/data/2014/01/16/1251303785/Kudrov. pdf.

年，中国GDP已超过美国GDP的70%。[①] 中国正在“前所未有地走近世界舞台的中心”。西方国家对美国的离心倾向明显加大，政策独立性明显增强。俄罗斯作为世界力量中心之一，在军事、安全、能源等领域对美国形成有力制衡。此外，当年地处欧洲的苏联使美国的欧洲盟国倍感军事压力，而现在远在亚洲的中国并没有给欧洲军事压力，以中国制衡美国符合欧洲的战略利益。推动世界多极化成为中国、俄罗斯、印度、日本、欧盟等未来世界重要力量中心和世界强国的共识，中国有条件将这种战略共识转换为瓦解美国单极世界的行动默契。

再次，美苏冷战处于殖民主义世界经济秩序与新殖民主义世界经济秩序转换时期，而中美博弈处于新殖民主义世界经济秩序与公平合理的世界经济新秩序转换时期。二战后民族解放运动中涌现出一大批新独立国家，旧殖民地体系随着英法等宗主国在二战中衰落而瓦解。美苏都曾支持民族解放运动，并采用提供援助和干涉内政的软硬两手方式争取新独立国家加入本国阵营。美国在市场经济基础上实施新殖民主义政策。苏联虽然对很多发展中国家进行了经济援助，但是其通过在计划经济基础上实施社会主义阵营分工协作政策获得了最大的经济利益。美苏两国都在本国阵营内构建了不平等的产业分工体系，利用其垄断权来谋取超级利益，并以此为支撑争霸。虽然大量新独立国家通过“不结盟运动”基本实现了政治独立，但是难以完全实现经济独立，只能在分别以美苏为中心的两大世界经济体系之间“选边站”。

在当前中美博弈加剧时期，美国试图滥用世界秩序垄断权实现利益最大化：首先，通过发行美元赚取高额的“铸币税”，并通过操控美元汇率和供需矛盾制造经济动荡乃至危机，从而获取巨额投机性利益。其次，对外转嫁经济危机，推出无限量化宽松政策，导致美元严重超发，全球美元资产大幅缩水，

① 中国gdp2020年超美国_中国GDP首次突破100万亿，超过美国的70%，创造前所未有的记录[EB/OL]. 世界经济网，（2021－01－25）. https：//www. shijiejingji. net/redianxinwen/20210125/278742. html.

给很多国家带来了输入性通货膨胀的压力。再次，获取国际经贸情报。CHIPS以及美国对SWIFT的控制力保证了美元的可追溯性以及美国的全球清算控制权。使用美元进行的军品交易亦难逃过美国的监控。最后，对外施加制裁。世界上绝大多数金融机构慑于美国的金融霸权，不得不遵从美国的长臂管辖政策，按照美国的指令冻结被制裁对象的资产。美国的做法是对发展中国家资源的巧取豪夺和经济主权与安全的巨大破坏，严重阻碍了许多国家的生产力发展。

中国主导发起的“一带一路”倡议强调“共商、共建、共享”原则，谋求平等互利、共同发展，能够克服美国新殖民主义政策的弊端，激发发展中国家发展潜力，推动世界经济实现可持续发展。习近平指出，“发展不平衡是当今世界最大的不平衡。在共建‘一带一路’过程中，要始终从发展的视角看问题，将可持续发展理念融入项目选择、实施、管理的方方面面。我们要致力于加强国际发展合作，为发展中国家营造更多发展机遇和空间，帮助他们摆脱贫困，实现可持续发展”。[①] 习近平表示，“要推动开放、包容、普惠、平衡、共赢的经济全球化，建设开放型世界经济，支持多边贸易体制，反对保护主义。要推进全球经济治理改革，提高新兴市场国家和发展中国家代表性和发言权，为解决南北发展失衡，促进世界经济增长提供新动力”。[②]

因此，中美博弈必然表现为，美国维护新殖民主义体系，而中国推动构建公正合理的世界经济新秩序。中国的主张符合绝大多数国家的利益，并且是在融入和利用美国主导的世界经济秩序的基础上进行的，这使美国难以与中国经济“脱钩”或将中国排挤到世界经济体系的边缘。

---

① 齐心开创共建“一带一路”美好未来——在第二届“一带一路”国际合作高峰论坛开幕式上的主旨演讲［EB/OL］. 新华网，(2019-04-26). http://www.xinhuanet.com/politics/leaders/2019-04/26/c_1124420187.htm.

② 习近平：金砖国家要致力于推动建立更加合理公正的国际秩序［EB/OL］. 新华网，(2017-09-04). http://www.xinhuanet.com/world/2017-09/04/c_129695717.htm.

最后，美苏冷战处于第三次工业革命时期，而中美博弈处于第四次工业革命时期。美苏争霸与军备竞赛直接刺激了以原子能技术、航天技术、电子计算机技术、新材料技术、生物技术为代表的第三次工业革命，而第三次工业革命又推动了第三产业发展，也造成了世界经济体系发展的不平衡。苏联在原子能和航天领域成绩斐然，但是没有很好地将科技成果转换为产业发展动力，最终在与美国的工业竞争中败下阵来。

中美博弈处于以大数据、云计算、人工智能、物联网为代表的第四次工业革命时期，人类社会进入信息时代。习近平指出：“未来 10 年，将是世界经济新旧动能转换的关键 10 年。人工智能、大数据、量子信息、生物技术等新一轮科技革命和产业变革正在积聚力量，催生大量新产业、新业态、新模式，给全球发展和人类生产生活带来翻天覆地的变化。我们要抓住这个重大机遇，推动新兴市场国家和发展中国家实现跨越式发展。”①

中美处于第四次工业革命的同一起跑线上，在不同领域各有优势，能否抓住机遇主要取决于创新能力的强弱。习近平指出，“世界经济面临的根本问题是增长动力不足。创新是引领发展的第一动力。与以往历次工业革命相比，第四次工业革命是以指数级而非线性速度展开。我们必须在创新中寻找出路。只有敢于创新、勇于变革，才能突破世界经济增长和发展的瓶颈”。② 中国能够利用先进信息技术更好地制定战略规划，实现国家治理体系和治理能力的现代化。美国实施自由市场经济政策，信息技术在经济规划方面的优势无法得到充分发挥。信息时代将形成主流话语体系和新媒体话语体系并存的双重话语体系，必然严重冲击美国话语权。中国政府执政为民，可以通过新媒体监督施政和宣传政策，从而提升政府的能力与威信。美国政府归根结底服务于垄断资本，对媒体实

① 习近平．金砖国家要为构建人类命运共同体发挥建设性作用（2018 年 7 月 25 日）［M］//习近平．习近平谈治国理政：第三卷．北京：外文出版社，2020：444.

② 习近平主席在世界经济论坛 2017 年年会开幕式上的主旨演讲［EB/OL］．中国新闻网，（2017－01－18）．https：//www.chinanews.com/gn/2017/01－18/8127455.shtml.

施软约束。在新媒体话语体系下，美国政府公信力必然受到冲击。

中美博弈与美苏冷战的性质比较

美苏冷战的性质是争霸，而中美博弈的性质是称霸与反霸。美苏谋求世界霸权，造成北约与华约对峙、战争不断、军备竞赛、主权国家政权被颠覆等问题。古巴导弹危机事件后，美苏形成了互不直接开战的战略默契，因为直接开战意味着世界大战，两国都将付出难以承受的代价。美苏争霸以冷战方式进行，双方在第三世界大打代理人战争，也发动针对第三世界国家的战争。比如，美国发动了朝鲜战争和越南战争，苏联发动了阿富汗战争。苏联与美国争霸虽然有利于遏制美国霸权，帮助更多国家摆脱国际垄断资本的控制，但忽视了社会主义阵营内其他国家的主权和发展诉求。因此，美苏无论哪一方在冷战中胜出，不平等、不合理的世界秩序并不会改变。

当前的中美博弈加剧时期，美国极力维系其世界霸权，视中国为霸权威胁，但世界新殖民主义体系行将就木。中国不认同新殖民主义和单极世界，不搞争霸和强权政治，主张世界多极化，谋求建立公正合理的世界新秩序。习近平强调，“中国奉行防御性的国防政策。中国发展不对任何国家构成威胁。中国无论发展到什么程度，永远不称霸，永远不搞扩张”。① 中美的战争观和安全观大不相同：美国将战争视为称霸和谋取暴利的手段，而中国将战争视为维护国家主权与安全的手段；美国谋求“绝对安全”，而中国主张“只有坚持共同、综合、合作、可持续的新安全观，营造公平正义、共建共享的安全格局”。②

---

① 习近平提出，坚持和平发展道路，推动构建人类命运共同体［EB/OL］. 中国共产党新闻网，(2017－10－18). http：//cpc. people. com. cn/19th/GB/n1/2017/1018/c414305－29594530. html.

② 把各国人民对美好生活的向往变成现实——二论习近平总书记中国共产党与世界政党高层对话会主旨讲话［EB/OL］. 中国共产党新闻网，(2017－12－03). http：//theory. people. com. cn/n1/2017/1203/c40531－29682254. html.

中国不是通过争霸实现民族复兴，而是把实现“中国梦”与“世界梦”统一起来。习近平一再强调，“世界好，中国才能好；中国好，世界才更好”。[①]“习近平外交思想将服务民族复兴、促进人类进步作为对外工作的主线，坚持以维护世界和平、促进世界发展为宗旨推动构建人类命运共同体，坚持以共商共建共享为原则推动‘一带一路’建设，坚持以相互尊重、合作共赢为基础走和平发展道路，并提出了正确义利观、新发展观、新安全观、新合作观、新文明观、新全球治理观等理念。”[②]“习近平外交思想是对传统国际关系理论的扬弃超越。习近平外交思想把中国发展和世界发展结合起来，把中国人民的利益和世界人民的共同和根本利益结合起来，超越了一国一域的狭隘范畴，超越了传统现实主义国际关系理论，站在人类社会发展进步的道义制高点上，凝聚了各国人民共同建设美好世界的最大公约数。”[③]中国的主张符合欧盟、俄罗斯及其他世界大国的利益，使美国难以像对付苏联那样构建反华军事同盟体系。

美国为压制中国，以单边主义方式解构亲手建立的世界秩序，试图重新分裂世界市场，制造阵营对抗，使世界秩序出现了由“统”到“分”的演变，并在战略博弈和思潮碰撞中步入大分化和大调整时期。由“统”到“分”的演变蕴含着进步性因素：美国称霸不符合世界潮流，必然导致世界格局由单极向多极演进；世界经济由西方主导向多经济中心主导演进，但这并非所谓的逆全球化，而是多元主导的新全球化；各国文化由被西方文化压制和同化向多样性共生与发展的方向演进。

历史经验表明，“分”而不“统”，天下必乱。“分”的历史使命在于实现

① 习近平出席“共商共筑人类命运共同体”高级别会议并发表主旨演讲［EB/OL］.（2017－01－19）. http：//www. xinhuanet. com/world/2017－01/19/c_1120340049. htm.

② 栾建章．习近平外交思想的鲜明特征［J］. 红旗文稿，2020（1）.

③ 王毅：习近平外交思想是对传统国际关系理论的扬弃超越［EB/OL］. 中国新闻网，（2020－07－20）. http：//www. chinanews. com/gn/2020/07－20/9243233. shtml.

更高层次的“统”。中国为反对霸权和推动世界和平与发展而采取多边主义方式改造世界秩序，解决世界发展失衡等难题。中国不是谋求在旧有世界秩序中改朝换代，而是努力实现“统”而不霸，推动世界秩序实现由“分”到更高层次“统”的螺旋式上升。中国要实现的“统”集中体现在构建人类命运共同体理念中。习近平指出构建人类命运共同体的五大重点：（1）我们要建立平等相待、互商互谅的伙伴关系。联合国宪章贯穿主权平等原则。世界的前途命运必须由各国共同掌握。我们要坚持多边主义，不搞单边主义；要奉行双赢、多赢、共赢的新理念，扔掉我赢你输、赢者通吃的旧思维。协商是民主的重要形式，也应该成为现代国际治理的重要方法。（2）我们要营造公道正义、共建共享的安全格局。我们要摒弃一切形式的冷战思维，树立共同、综合、合作、可持续安全的新观念。（3）我们要谋求开放创新、包容互惠的发展前景。（4）我们要促进和而不同、兼收并蓄的文明交流。（5）我们要构筑尊崇自然、绿色发展的生态体系。[①] 构建人类命运共同体既强调平等互利、尊重主权，又强调各国在世界性问题面前的共同责任与利益，体现出中国社会主义文化的世界情怀和人本思想，符合世界绝大多数国家的利益，具有巨大的包容性，能够支撑中国缔结维护和平稳定与共同发展的国际统一阵线，凝聚构建公正合理世界新秩序的强大合力。

中美博弈与美苏冷战的特征不同

美苏冷战的特征是针锋相对的对抗，而中美博弈的特征是中国巧妙化解美国的对抗性措施，以“道”化“术”，借“势”化“力”，以包容性合作应对排他性对抗竞争。

---

① 习近平．携手构建合作共赢新伙伴　同心打造人类命运共同体（2015 年 9 月 28 日）［M］∥中共中央文献研究室．十八大以来重要文献选编：中．北京：中央文献出版社，2016：697—698.

第一，美苏冷战表现为阵营对抗，而中美博弈表现为中国多边主义合作政策①与美国单边主义对抗政策的较量。美苏展开阵营对抗，政治上结成资本主义阵营和社会主义阵营；军事上组建了北约与华约两大军事集团；经济上分别出台了马歇尔计划（欧洲复兴计划）和莫洛托夫计划（以及后来的经互会），形成了割裂的两大平行世界经济体系。世界市场一分为二，生产力发展受到制约。进入美苏阵营的国家能得到超级大国的安全与经济保障，但付出了让渡部分国家主权的代价。几乎没有哪个国家可以完全置身于美苏冷战之外，处于两大阵营中间地带的国家是美苏争夺重点，遭受了政治动荡抑或战争摧残。

与苏联不同，中国自改革开放后便积极融入和利用西方主导的世界经济秩序，与包括西方国家在内的世界各国都建立了紧密的经贸关系，并且致力于与世界各国共同应对全球性挑战。习近平指出，“世界面临的不稳定性不确定性突出，世界经济增长动能不足，贫富分化日益严重，地区热点问题此起彼伏，恐怖主义、网络安全、重大传染性疾病、气候变化等非传统安全威胁持续蔓延，人类面临许多共同挑战”。“我们呼吁，各国人民同心协力，构建人类命运共同体，建设持久和平、普遍安全、共同繁荣、开放包容、清洁美丽的世界。”②

中国反对单边主义和强权政治，尊重联合国等国际组织的权威和国际关系基本准则。习近平强调，“中国始终支持多边主义、践行多边主义，以开放、合作、共赢精神同世界各国共谋发展”。③ 中美博弈加剧后，“中国对发展中美关系的政策立场没有变化，保持高度的连续性和稳定性。中方愿本着不冲突不

① 2020年7月28日，习近平在亚洲基础设施投资银行第五届理事会年会视频会议开幕式致辞中指出：“中国始终支持多边主义、践行多边主义，以开放、合作、共赢精神同世界各国共谋发展。”

② 习近平提出，坚持和平发展道路，推动构建人类命运共同体［EB/OL］. 中华人民共和国中央人民政府网，(2017－10－18). http：//www.gov.cn/zhuanti/2017－10/18/content_5232664.htm；习近平：决胜全面建成小康社会　夺取新时代中国特色社会主义伟大胜利——在中国共产党第十九次全国代表大会上的报告［EB/OL］. 新华网，(2017－10－18). http：//www.xinhuanet.com/2017－10/27/c_1121867529.htm.

③ 习近平：中国始终支持多边主义、践行多边主义［EB/OL］. 央视网，(2020－07－28). http：//news.cctv.com/2020/07/28/ARTIqjrcp0vjN7b1VkBs7p4b200728.shtml.

对抗、相互尊重、合作共赢的精神，构建以协调、合作、稳定为基调的中美关系”。中方强调，“希望美方一些人顺应时代潮流和普遍民意，采取建设性态度，摒弃冲突对抗思维，走对话合作之路，不搞‘脱钩’、多促交融，遵循中美三个联合公报的精神和两国政府达成的共识，让中美关系回到正常轨道”。[①]由此，其他国家只感受到来自美国要求进入反华阵营的单方面霸权压力，这与美苏冷战时期遭受来自美苏双方霸权压力的情况大相径庭。选择加入反华阵营，则意味着继续接受美国新殖民体系的政治不平等、经济受压榨。因此，绝大多数国家希望同时与中美发展合作关系。

为推动中国和世界经济的可持续发展，习近平强调，“中国开放的大门不会关闭，只会越开越大。要以‘一带一路’建设为重点，坚持引进来和走出去并重，遵循共商共建共享原则，加强创新能力开放合作，形成陆海内外联动、东西双向互济的开放格局”。[②] 2018 年，中国吸收外资创历史新高，达 1390 亿美元，占全球吸收外资总量的 10% 以上，全球排名仅次于美国。2018 年，中国对外投资以 1300 亿美元位居日本 1430 亿美元之后，屈居世界第二。[③]中国多年蝉联世界第一大贸易国，2019 年，外贸进出口总值达 31.54 万亿人民币。2019 年，中国对外直接投资净额为 1369.1 亿美元，中国对外直接投资分别占全球当年流量、存量的 10.4% 和 6.4%，流量列全球国家（地区）排名的第 2 位，存量列第 3 位。[④] 中国是仅次于日本的第二大美国债权国。[⑤] 2020

① 乐玉成．牢牢把握中美关系发展的正确方向（人民要论）[N]．人民日报，2020－09－07（9）.

② 习近平：决胜全面建成小康社会 夺取新时代中国特色社会主义伟大胜利——在中国共产党第十九次全国代表大会上的报告 [EB/OL]．新华网，(2017－10－18)．http：//www.xinhuanet.com/2017－10/27/c_1121867529.htm.

③ 《2019 年世界投资报告》发布 [EB/OL]．搜狐网，(2019－06－15)．https：//www.sohu.com/a/320792519_100020617.

④ 中华人民共和国商务部，国家统计局，国家外汇管理局．2019 年度中国对外直接投资统计公报 [M]．北京：中国商务出版社，2020：3—4.

⑤ 日本成为美国第一大债权国 [EB/OL]．新华社，(2019－08－16)．https：//baijiahao.baidu.com/s?id=1642004107974515880&wfr=spider&for=pc.

年，中美双边货物贸易总值4.06万亿元，增长8.8%。① 因此，美国无法弥补别国由于加入反华阵营而遭受的巨额损失，其拼凑反华阵营将格外艰难，必将以失败告终。比如，美国白宫发表了史无前例的“南海声明”，表态“与东盟站在同一阵线保卫主权”，但响应美国的东盟国家寥寥无几。

第二，美苏冷战双方进行排他性意识形态对抗，而中美博弈表现为中国“各文明包容互鉴”的主张与美国排他性意识形态的较量。美苏冷战时期，双方各自主导一套意识形态，作为意识形态解释国和输出国成为本阵营精神领袖，并将精神主导转换为政治控制，美苏意识形态体系因此具有明显的不平等性特征。杜鲁门主义的出台是美苏冷战爆发的标志，而杜鲁门主义的核心内容是将“遏制共产主义”作为国家政治意识形态和对外政策的指导思想。美国指责苏联搞专制独裁，而苏联指责美国搞剥削压迫。

苏联解体后，美国依然坚持排他性意识形态，推崇价值观外交，试图以西方文明终结世界其他文明。当前的中美博弈加剧时期，美国蓄意挑起对华意识形态对抗。美国政客试图以反华意识形态为纽带构建反华阵营，以中共概念取代中国概念，扬言对所有中共党员及其家属实施签证禁令。

中国是社会主义国家，中国社会主义文化与中华传统文化精髓实现了有机结合。习近平指出，“中国共产党从成立之日起，既是中国先进文化的积极引领者和践行者，又是中华优秀传统文化的忠实传承者和弘扬者”。②“习近平外交思想是对中华优秀传统文化的传承创新。习近平外交思想充分汲取中华优秀传统文化的丰富营养，赋予其新的时代印记和人文内涵，实现了创造性转化和创新性发展。蕴含着‘天下为公’、‘世界大同’的美好愿景，体现着亲仁善

---

① 2020年中美双边货物贸易总值4.06万亿元　增长8.8%［EB/OL］. 中国青年报，(2021-01-14). https://baijiahao.baidu.com/s?id=1688856026412581571&wfr=spider&for=pc.

② 习近平：决胜全面建成小康社会　夺取新时代中国特色社会主义伟大胜利——在中国共产党第十九次全国代表大会上的报告［EB/OL］. 新华网，(2017-10-18). http://www.xinhuanet.com/2017-10/27/c_1121867529.htm.

邻、兼爱非攻的历史传承，借重了和衷共济、协和万邦的传统智慧，秉持了和而不同、立已达人的和谐理念，彰显了弘义融利、扶危济困的道德操守。”①

中华文明经久不衰的内在原因是善于汲取其他文明优秀成果。中国反对将意识形态强加于人，不赞成“文明冲突论”，而是主张尊重文明多样性和不同文明之间包容互鉴。习近平指出，“文明相处需要和而不同的精神。只有在多样中相互尊重、彼此借鉴、和谐共存，这个世界才能丰富多彩、欣欣向荣。不同文明凝聚着不同民族的智慧和贡献，没有高低之别，更无优劣之分。文明之间要对话，不要排斥；要交流，不要取代。人类历史就是一幅不同文明相互交流、互鉴、融合的宏伟画卷。我们要尊重各种文明，平等相待，互学互鉴，兼收并蓄，推动人类文明实现创造性发展”。② “靠冷战思维，以意识形态划线，搞零和游戏，既解决不了本国问题，更应对不了人类面临的共同挑战。”③ “各国都应当致力于建设一个包容的世界，营造共同和谐的氛围。”④ 要“跨越文明冲突陷阱，相互尊重各国自主选择的发展道路和模式，让世界多样性成为人类社会进步的不竭动力、人类文明多姿多彩的天然形态”。⑤

因此，别国并没有感到来自中国的意识形态压力，美国多年来推崇的“价值观外交”日益缺少吸引力，其拼凑对抗中国的意识形态同盟将难上加难。美国政府可以通过污名化中国和编造“中国意识形态威胁论”暂时骗取民众支持反华政策，但是中美经济和社会联系十分紧密，民众难以被长期蒙

① 王毅：习近平外交思想是对传统国际关系理论的扬弃超越［EB/OL］. 中国新闻网，（2020－07－20）. http：//www. chinanews. com/gn/2020/07－20/9243233. shtml.

② 习近平. 携手构建合作共赢新伙伴　同心打造人类命运共同体（2015 年 9 月 28 日）［M］//中共中央文献研究室. 十八大以来重要文献选编：中. 北京：中央文献出版社，2016：698.

③ 习近平在联合国成立 75 周年纪念峰会上的讲话［EB/OL］. 人民网，（2020－09－21）. http：//politics. people. com. cn/n1/2020/0922/c1024－31869742. html.

④ 习近平：建设一个包容和谐的世界［EB/OL］. 新华网，（2018－04－11）. http：//www. xinhuanet. com/politics/2018－04/11/c_1122668177. htm.

⑤ 习近平在第七十五届联合国大会一般性辩论上的讲话［EB/OL］. 新华网，（2020－09－22）. http：//www. xinhuanet. com/2020－09/22/c_1126527652. htm.

蔽，美国反华政策的社会民意基础迟早将瓦解。

第三，美苏冷战是两大工业强国的对抗，而中美博弈表现为虚拟经济大国与实体经济大国的较量。美苏冷战时期，两国都拥有强大的工业体系，并在各自阵营搭建出国际产业链网络。出于军事对抗需要，美苏都不敢轻易将重要产业的关键性环节转移他国。

苏联解体后，由于失去了强大的外部军事威胁，美国金融资本集团为追求利益最大化，不愿在本土维持庞大的实体经济，而是通过金融、科技等手段控制产业链高端，向全世界转移中低端产业链，通过世界经济金融垄断权巧取豪夺。美国经济由此患上了以“实”向“虚”的“富贵病”，而中国则成长为世界头号制造业大国。美国通过搞对华经济“脱钩”未必能实现重振实体经济的目标，从中国转移出来的制造业往往没有回到美国，而是转移到了其他发展中国家，因为美国处于世界经济中心的地位尚未改变，依靠这种地位谋取超额利润的激励机制亦难改变。况且，美国短期内难以建立能够支撑大规模实体经济的人才队伍。卡内基国际和平研究院亚洲项目报告指出，关税升级的最大受益者是越南（越南对美国的出口增长了 35%，即175 亿美元），同时还有欧洲（312 亿美元）和墨西哥（116 亿美元）。而美国工业未能填补这一缺口，工业生产指数出现了自 2015 年以来的首次年度下降。①

中国由于人口众多、市场庞大，具有发展实体经济的持续动力，不但形成了世界最大规模的实体经济，而且可通过“三驾马车”拉动实体经济发展：一是极力避免与西方经济“脱钩”，仍然可在以西方为中心的传统世界经济体系中获利；二是通过共建“一带一路”，搭建以中国为中心、整合发达国家和发展中国家资源的世界经济体系，推动各国互利合作、共同发展；三是加强本

① Yukon Huang, Jeremy Smith. In U. S. – China Trade War, New Supply Chains Rattle Markets [EB/OL]. CARNEGIE ENDOWMENT FOR INTERNATIONAL PEACE, (2020 – 06 – 24). https: //carnegieendowment. org/2020/06/24/in-u. s. -china-trade-war-new-supply-chains-rattle-markets-pub-82145.

国经济建设，依靠国内产业能力和巨大市场实现“国内大循环”①。这“三驾马车”构成了国内国际双循环模式。习近平主席强调，“加快形成以国内大循环为主体、国内国际双循环相互促进的新发展格局，是根据我国发展阶段、环境、条件变化作出的战略决策，是事关全局的系统性深层次变革”。②

中国发展实体经济将获得四大收益：一是完善体系，增强抵御美国对华经济“脱钩”政策冲击的能力；二是巩固基础，支撑经济长期发展；三是扩大规模，使美国及其对华经济“脱钩”政策追随者遭受难以承受的损失；四是保障国防，能够迅速形成强大的军工产能。因此，习近平强调，“中国这么大，必须始终高度重视发展壮大实体经济，不能走单一发展、脱实向虚的路子”。③“我们要秉持开放包容理念，坚定不移构建开放型世界经济，维护以世界贸易组织为基石的多边贸易体制，旗帜鲜明反对单边主义、保护主义，维护全球产业链供应链稳定畅通。”④长期而论，虚拟经济乃无根之木，以其为支撑的美国迟早将在以实体经济立国的中国面前败下阵来。

中美博弈的趋势分析

中美博弈能否走向“新冷战”并非由美国单方面决定，而是被世界发展趋势和时代潮流所左右，大博弈的胜出者必定是与时俱进的一方。中国在习近平外交思想引领下坚守正道、善于斗争，能够赢得主动、避免“新冷战”。中

① 2020年7月30日召开的中共中央政治局会议指出：“当前经济形势仍然复杂严峻，不稳定性不确定性较大，我们遇到的很多问题是中长期的，必须从持久战的角度加以认识，加快形成以国内大循环为主体、国内国际双循环相互促进的新发展格局。”

② 习近平：推动更深层次改革实行更高水平开放 为构建新发展格局提供强大动力［EB/OL］. 新华网，(2020－09－01). http：//www. xinhuanet. com/politics/leaders/2020－09/01/c_1126440786. htm.

③ 十九大后首调研，习近平强调发展实体经济［EB/OL］. 新华网，（2017－12－12）. http：//www. xinhuanet. com/politics/2017－12/12/c_1122100812. htm.

④ 习近平在第七十五届联合国大会一般性辩论上的讲话［EB/OL］. 新华网，（2020－09－22）. http：//www. xinhuanet. com/2020－09/22/c_1126527652. htm.

美博弈将出现以下趋势：

首先，"软实力"较量加剧，美国的国际话语权被削弱。美国对华发动"新冷战"的主要手段是缔结反华阵营，在国际上孤立中国。对此，软实力的运用至关重要。美国掌握着国际话语权，软实力在中国之上。然而，中国的内外政策符合时代精神和历史潮流，符合世界绝大多数国家的共同利益。与美国向他国强加西方"普世价值"不同，中国尊重世界文明多样性，致力于推动全人类"共同价值"。习近平指出，"和平、发展、公平、正义、民主、自由，是全人类的共同价值，也是联合国的崇高目标。目标远未完成，我们仍须努力"。① 美国维护霸权不具道义优势，经常用谎言蒙蔽国际社会和本国人民，炒作"中国威胁论"，对中国情况进行歪曲宣传。中国只要解决信息不对称的问题，就可获得道义优势，使中美软实力较量出现有利于中国的变化。因此，习近平指示，"展形象，就要推进国际传播能力建设，讲好中国故事、传播好中国声音，向世界展现真实、立体、全面的中国，提高国家文化软实力和中华文化影响力"。②

在信息时代，传播技术飞速发展，美国建立在强大的媒体控制能力之上的信息霸权难以维系。中国在支撑国际传播方面的财力、技术、内容、体制机制、方式方法、人才等方面发展迅速，遭到美国封杀的中兴、华为、腾讯、字节跳动等中国公司虽是信息技术公司，但是其所承载的新媒体特别是自媒体有助于以高效的碎片化方法展示真实的中国，揭露美国政客的虚伪和西方制度的缺陷，削弱美国的软实力。

其次，"混合战"攻防加剧，中国在关键领域努力赶超。中美博弈表现为以贸易战、金融战、科技战、信息战为主要特征的多领域激烈争夺。作为

---

① 习近平．携手构建合作共赢新伙伴　同心打造人类命运共同体（2015 年 9 月 28 日）［M］∥中共中央文献研究室．十八大以来重要文献选编：中．北京：中央文献出版社，2016：698.

② 习近平：举旗帜聚民心育新人兴文化展形象　更好完成新形势下宣传思想工作使命任务［EB/OL］．人民网，(2018 - 08 - 22). http：∥cpc. people. com. cn/n1/2018/0822/c64094 - 30244975. html.

美国支撑世界经济霸权的两大支柱，金融和科技是“混合战”的关键领域。习近平指出，“中国要强，中国人民生活要好，必须有强大科技。新时期、新形势、新任务，要求我们在科技创新方面有新理念、新设计、新战略”。①中国为加快科技发展和破解美国的科技封锁，努力完善科技发展规划和“关键核心技术攻关的新型举国体制”②，加大经费投入和人才建设，并“要加强国际科技合作，更加主动地融入全球创新网络，在开放合作中提升自身科技创新能力”。③

实践证明，中国科技发展模式能够保障中国迅速缩小与美国的科技差距，并在某些领域领先。习近平指出，“我国科技事业取得历史性成就、发生历史性变革。重大创新成果竞相涌现，一些前沿领域开始进入并跑、领跑阶段，科技实力正在从量的积累迈向质的飞跃，从点的突破迈向系统能力提升”。④“2019 年，中国发表高质量国际论文为 59 867 篇，占世界份额的 31.4%，排在世界第 2 位。排在首位的美国发表论文为 62 717 篇，占 32.9%。”⑤ 中国在科技投入方面增长速度较快，规模已居世界第二位。⑥

习近平强调，“金融是国家重要的核心竞争力，金融安全是国家安全的重要组成部分，金融制度是经济社会发展中重要的基础性制度。必须加强党对金

① 习近平．建设世界科技强国（2016 年 5 月 30 日）［M］//习近平．习近平谈治国理政：第二卷．北京：外文出版社，2017：267.

② 党的十九届四中全会提出，要“构建社会主义市场经济条件下关键核心技术攻关新型举国体制”。习近平总书记 2020 年 3 月 2 日在北京考察新冠肺炎防控科研攻关工作时强调，要完善关键核心技术攻关的新型举国体制。完善关键核心技术攻关的新型举国体制，对于推动我国经济高质量发展、保障国家安全、不断开辟“中国之治”新境界，具有十分重要的意义。（《光明日报》2020 年 03 月 20 日 6 版）

③ 习近平主持召开科学家座谈会并发表重要讲话［EB/OL］. 中华人民共和国中央人民政府网，(2020 - 09 - 11). http://www.gov.cn/xinwen/2020 - 09/11/content_5542851. htm? ivk_sa = 1023197a.

④ 同上。

⑤ 2020 年中国科技论文统计结果在京发布［EB/OL］. 中国日报网，(2020 - 12 - 29). https://baijiahao.baidu.com/s? id = 1687398482114191660&wfr = spider&for = pc.

⑥ 中国科技投入居世界第二　与美国还有差距［EB/OL］. 中华网，(2019 - 03 - 11). https://news.china.com/focus/2019qglh/bzfs/13002667/20190311/35407128. html.

融工作的领导，坚持稳中求进工作总基调，遵循金融发展规律，紧紧围绕服务实体经济、防控金融风险、深化金融改革三项任务，创新和完善金融调控，健全现代金融企业制度，完善金融市场体系，推进构建现代金融监管框架，加快转变金融发展方式，健全金融法治，保障国家金融安全，促进经济和金融良性循环、健康发展”。[①] 在美国滥用金融霸权和中国经济迅速发展的情况下，人民币国际化日益得到国际支持。2019 年，国家外汇储备余额为 3.11 万亿美元，跨境贸易人民币结算业务发生 6.04 万亿元，直接投资人民币结算业务发生 2.78 万亿元。[②] 中国金融正在成为中国保障经济发展和改造世界经济秩序的有力保障。

再次，全球治理体系重构，美国世界霸权难以维系。中美都主张改造全球治理体系，但是方向截然不同。美国极力通过对国际规则和机构机制的干扰和变动弱化中国的影响和作用，甚至不惜削弱联合国、世界贸易组织、世界卫生组织等国际权威多边机构的作用。中国希望去除全球治理体系的不公平、不均衡的缺陷，使其能够更多地反映发展中国家的利益，更有效地应对全人类面临的共同挑战。

在习近平外交思想引领下，中国与美国的全球治理观完全不同。美国强调“美国优先”原则，按照霸权利益需求改造全球治理体系。中国强调“坚持要合作而不要对抗，要双赢、多赢、共赢而不要单赢，不断寻求最大公约数、扩大合作面，引导各方形成共识，加强协调合作，共同推动全球治理体系变革”。[③] 习近平强调，“全球治理应该秉持共商共建共享原则，推动各国权利平等、机会平等、规则平等，使全球治理体系符合变化了的世界政治经济，满足

① 习近平：深化金融改革　促进经济和金融良性循环健康发展［EB/OL］. 新华网，(2017－07－15). http：//www. xinhuanet. com/fortune/2017－07/15/c_1121324747. htm.

② 2019 年金融统计数据报告［EB/OL］. 中国人民银行网站，（2020－01－16）. https：//www. financialnews. com. cn/sj_142/jrsj/202001/t20200116_175356. html.

③ 习近平．提高我国参与全球治理的能力（2016 年 9 月 27 日）［M］//习近平．习近平谈治国理政：第二卷．北京：外文出版社，2017：448.

应对全球性挑战的现实需要，顺应和平发展合作共赢的历史趋势”。[①]“要坚持为发展中国家发声，加强同发展中国家团结合作。”[②]

未来，中国将积极设置国际议程和议题，“始终做公共产品的提供者”，“坚持联合国的核心地位”，“坚持联合国宪章宗旨和原则”[③]，努力发挥二十国集团、上合组织、金砖国家等国际机构与机制的作用，“积极参与制定海洋、极地、网络、外空、核安全、反腐败、气候变化等新兴领域治理规则”。在冷战思维影响下，美国将构建反华阵营的意图融入全球治理体系构建行动中，而中国将推动各国平等地参与全球治理体系并共享成果，以此夯实构筑全球和平与发展统一战线的基础。

最后，世界格局加快演进，美国对华遏制战略难以为继。中国与美国的盟国在各领域合作都具有巨大潜力，并且中国不对欧洲产生军事压力。与中国对抗不符合美国盟国的利益，其不会充分贯彻美国的意图，美国对盟国在对华政策上施加压力的过程也是盟国脱离美国战略轨道的过程。世界多极化将加快发展，欧洲成为世界一极的进程将加快，并在中美博弈中逐步走向中立。因此，中国将极力争取加强中欧合作。习近平指出，“中欧作为世界两大力量、两大市场、两大文明，越是面对这样的形势，越要牢牢把握相互支持、团结合作的大方向，越要坚定不移推动中欧全面战略伙伴关系健康稳定发展，为国际社会抗击疫情、恢复经济、维护正义注入更多正能量”。中欧要做到坚持和平共处、坚持开放合作、坚持多边主义、坚持对话协商。[④]

---

① 习近平在第七十五届联合国大会一般性辩论上的讲话［EB/OL］. 新华网，（2020－09－22）. http：//www. xinhuanet. com/2020－09/22/c_1126527652. htm.

② 同前页脚注③。

③ 王毅. 坚定捍卫多边主义，维护人类发展进步正确方向——在纪念联合国成立75周年国际研讨会上的主旨讲话［EB/OL］. 中华人民共和国常驻维也纳联合国和其他国际组织代表团网站，（2020－09－02）. https：//www. fmprc. gov. cn/ce/cgvienna/chn/zgbd/t1811362. htm.

④ 习近平同德国欧盟领导人共同举行会晤［EB/OL］. 新华网，（2020－09－15）. http：//www. xinhuanet. com/2020－09/15/c_1126493059. htm.

中国和俄罗斯被美国视为两大全球战略对手，同时遭到美国强力遏制。两国具有应对美国挑战的共同需求和强大合力，都是新兴大国和联合国安理会常任理事国，具有改造世界秩序的共同利益与相通理念。因此，习近平积极推动和引领中俄关系发展，2019 年 6 月 5 日同俄罗斯联邦总统普京签署了《中华人民共和国和俄罗斯联邦关于发展新时代全面战略协作伙伴关系的联合声明》和《中华人民共和国和俄罗斯联邦关于加强当代全球战略稳定的联合声明》，将两国关系提升到新的高度。美国同时应对中俄难以取得优势。

同时，中俄将保持“结伴而不结盟”的新型大国关系，彼此支持又各有侧重，将携手在欧亚大陆共同构建新秩序。中俄“将继续开展共建‘一带一路’同欧亚经济联盟对接，相互支持共建‘一带一路’倡议和大欧亚伙伴关系倡议，协同促进地区一体化和区域经济融合发展”。① 中国提出的“一带一路”倡议与俄罗斯提出的“大欧亚伙伴关系”倡议在地理上相互重叠，功能上相互补充，能够推动形成以中俄为主要支撑，范围涵盖东盟、欧亚经济联盟和上海合作组织的巨大地缘战略合作板块，并与美国的欧洲盟国以及东北亚盟国相连接。在此情况下，美国对中俄的战略围堵注定破产。中俄战略协作必然加大美国对伊朗、朝鲜、委内瑞拉、白俄罗斯等国施加强权政策的阻力，使美国被这些自己制造出来的热点问题反牵制。同时，金砖国家等新兴发展中国家也会在国际舞台上发挥更大作用，对美国的新殖民主义体系造成日益强大的冲击。

① 千磨万击还坚劲——习近平主席访俄之旅继往开来，影响深远，成果丰硕［N］. 人民日报（海外版），2019 - 06 - 08.

应对中美关系恶化要高度重视能源安全

孙耀唯 *

编者按：能源安全是关系国家安全、经济繁荣和社会稳定的全局性、战略性问题。我国油气对外依存度高，更关注油气安全，急需推动能源革命，实现能源结构的战略转型，彻底改变目前的能源格局。

特朗普上台以来，大肆推行“美国优先”理念，强制奉行单边主义和保护主义，与我国相继开打贸易战、科技战、文化战、金融战……有可能直接危胁我国的能源安全，对此我们一定要高度警惕。

能源安全是全局性、战略性问题

能源是经济社会发展的物质基础和重要保障，在国民经济体系中占有重要的战略地位。英国经济学家 E. P. 舒尔茨在 1964 年指出：“能源是无可替代的，现代生活完全是架构于能源之上。”能源安全是关系国家安全、经济繁荣和社会稳定的全局性、战略性问题。

1973 年爆发第一次石油危机后，人们开始意识到能源安全的重要性。20 世纪 70 年代初爆发的第四次中东战争，导致世界石油短缺和油价暴涨，引发了第二次世界大战后最严重的全球经济危机。1974 年，国际能源署成立伊始，

* 孙耀唯，中信改革发展研究院资深研究员，中国投资协会能源投资专业委员会会长。

正式提出了以稳定原油供应和价格为中心的能源安全概念，西方国家据此制定了以能源供应安全为核心的能源政策。20 世纪 80 年代中期以后，随着全球化进程的加快，能源需求和价格快速增长，环境问题也日益严重，使得各国更重视能源安全。国家能源安全不仅包括对能源问题本身的关注，还包括对生态环境、可持续发展战略等问题的关注。鉴于此，能源安全的内涵也应扩展为以增加经济竞争力和减少环境恶化的方式，保证充足和可靠的能源供应。

当前世界所面临的能源安全问题不仅是供应安全问题，而且包括能源供应、能源需求、能源价格、能源运输、能源使用等安全问题在内的综合性风险与威胁。

中国面临的能源安全问题

我国是世界上最大的能源生产国、消费国和碳排放国，但由于资源禀赋不同，又是最大的石油和天然气进口国。亚太地区是全球石油消费主要地区，中国占据了亚太地区将近 40% 的石油消费量，连续多年成为全球最大原油进口国。2019 年，我国原油进口量为 50 572 万吨，同比增长 9. 5%，石油对外依存度高达 70. 8%；天然气进口量为 9660 万吨，同比增长 6. 9%，对外依存度已达 43%。

仅就对外依存度而言，我国能源安全主要表现为油气安全。但从更宽泛的意义上说，我国拥有全球最大的水利枢纽和众多的大型水电站，全球种类最多的大型核电站，全球最多的大型超临界、超超临界火电机组，全球最高电压等级和最长里程的输电线路，以及远距离的原油管道、成品油管道和天然气管道等。其中许多大型设备的关键部件和继电保护、安全自动装置、调度自动化和通信等二次系统均需要大量的进口，这就直接关系到工业控制系统的网络安全等问题。一旦战事降临，遭到袭击的后果不堪设想。在中美关系严重破损、国际商业环境日趋恶化的特定时期，一定要高度重视能源领域的安全问题。

通常，能源安全的判定标准主要有可靠的供应、合理的价格、充分的石油战略储备、可靠的运输通道和合理的能源结构，这些因素共同构成能源安全的基础。但从国家安全角度看，能源安全应有更宽广的视角、更深层的理解和更丰富的内涵。

确保国家能源安全的几项重点工作

遵循总体国家安全观，确保能源安全，应做好以下几项工作：

一是立足国家安全，全面审视规划能源安全。在编制“十四五”规划过程中，要突出重点、谋篇布局，统筹做好能源安全专项规划，以应对百年未有之大变局，明确我国能源安全目标、重点和实施路径。美国借助能源独立，对全球石油市场的掌控力和影响力不断增强，成为国际石油市场又一只“看得见的手”。欧佩克（OPEC）石油市场份额被美国挤压，内部凝聚力和整体影响力逐年下降。因此，要充分考虑国际政治因素，既研究能源对国际政治的影响，又要研究国际政治对能源的影响，尤其是要关注在美国单边主义影响下国际能源地缘政治的变化，主动参与全球能源治理，与世界能源大国包括输出国和输入国形成良好的沟通协商机制。积极参与“一带一路”建设中油气资源的开发投资，参与基础设施互联互通建设，推动亚、欧、非三地能源市场融合，互赢互利。打好“战略买家”这张牌，准确把握好与石油输出国的能源外交，密切关注海上运输安全，建立多元、多点、多渠道的油气供应基地，构筑好我国能源安全的海外屏障，保持全球能源市场的稳定性。

二是强化国内资源勘探开发，确保油气基本供应。全球石油资源主要分布于中东和美洲地区，我国石油资源相对匮乏。随着石油消费的不断增长，我国不得不大量依赖进口，对外依存度逐年上升。2014 年以来，我国原油产量呈现先升后降趋势；2019 年，实现止跌回升至 1.91 亿吨，仍低于 2 亿吨。从石油资源探明程度看，我国石油和天然气的勘探潜力依然很大，石油探明储量的增长处于高基值发展期，天然气勘探处在早期阶段，海相地层具有丰富的油气资源，探明率仅为5%左右。2019年，我国三大石油公司加大了国内油气资源的勘探开发力度，勘探开发形势明显好转。我国油气资源开采技术条件复杂、成本高，与国际市场相比，虽然不具有更好的竞争优势，但可以成为稳定的基础性资源。因此，要加大油气勘探力度，尽快摸清基础资源的家底，做到心中有数。此外，要结合国际市场的价格波动，适时做好石油战略储备和商业储备；利用我国煤炭工业的资源优势，保持煤制气、煤制油的领先优势；加大煤层气、页岩气、页岩油的开发利用。以上都是应对油气危机的正确选择。

三是推动能源革命，加快能源结构的战略转型。2015年，《联合国气候变化框架公约》近200个缔约方一致同意通过的《巴黎协定》提出：若将全球变暖温度控制在2摄氏度或1.5摄氏度以内，全球需要21世纪中叶左右实现净零碳排放。2003年中国碳排放超过欧盟，2006年超过美国，2015年超过美国与欧盟之和。按照发达国家2050年、发展中国家2060年实现净零碳排放的要求，2050年中国达到中等发达国家时也应推动实现净零碳排放。2010年以来，国内光伏发电成本下降84%，风电成本下降50%，锂电池成本下降85%。如果光伏发电、风电、锂电池成本都能够持续下降，加之氢能和生物质能的开发应用，完全可以逐步替代煤炭、石油等传统高碳的化石能源，实现我国能源结构的战略转型。因此，在能源革命的背景下，需要树立新的能源安全观，加快能源领域的科技创新步伐，提高能源领域的学科交叉与融合，依托重点企业、科研院所开展协同创新。围绕高效太阳能、海上风电、高效储能、燃料电池、氢能开发等关键领域，抢占技术制高点，加速科技创新与成果转化。聚焦大数据、云计算、人工智能、量子信息等新一代信息技术，推动能源领域的自动化、数字化和智能化水平。可以预见，随着氢能、生物质能、天然气脱碳技术的发展，气体能源+新能源+能源互联网将彻底改变目前的能源格局，将从根本上改变我国能源不够安全、不够高效、不够绿色的被动局面。

四是持续提高能效，实现传统化石能源的减量发展。与国际能源发展相比，我国能源发展的最大短板是浪费大、能效低。按照世界平均能源效率计算，我国目前能源消费量可创造比现在多一倍的 GDP；以美国能源效率计算，可以创造相当于现在三倍的 GDP；与日本、英国相比，能效差距还要更大。能效差距除了体现出我国产业结构偏重的影响外，在很大程度上与能源的生产和利用方式有关。也就是说，只要持续地提高能效，即便不增加能源投入也可以支撑经济发展。因此确保能源安全，迫切需要加快发展动力的转换，提高产品、产业和系统能效，包括推行国际先进能效标准和节能制度，推动形成全社会节能型生产方式和消费模式；综合运用经济、法律等手段，切实推进工业、建筑、交通等重点领域的能源转型；以智能高效为目标，加强能源系统的统筹协调和集成优化，推动各类能源协同协调发展。城市是综合智慧能源关注的重点，城市能源消费量约占全部能源消费量的 85%，其中建筑耗能占比为 30% 左右，交通耗能占比 20%。因此，要及时总结我国近年来在多能互补、分布式能源、绿色建筑、绿色交通、低碳城市、零碳园区、微电网等方面的积极探索和成功案例，加快建立清洁低碳、安全高效的现代能源体系。试想，随着电动汽车、无人驾驶、智能充电以及氢燃料电池的快速发展，交通领域的石油消费将大大减少，从而可以在替代能源的基础上进一步提高能源安全的保障程度。

五是未雨绸缪，确保能源生产运行安全和网络安全。在确保能源经济安全的同时，须臾不能放松对能源重大安全事故的防范。不仅要关注煤矿爆炸、原油泄漏、危化品和输油管道爆炸、水电溃坝、火电厂爆炸、电网瘫痪等传统重大安全事故，在现代网络信息技术高度发达的环境下，更应关注能源网络安全工作。

2010 年 9 月"震网"病毒袭击伊朗核电站，约 30 000 个终端被感染导致放射性物质泄漏，其危害不亚于切尔诺贝利事故。2015 年 12 月"乌克兰电网攻击事件"，黑客利用欺骗手段，植入"Black Energy"恶意软件，引发电网主机系统崩溃，造成 80 000 用户大规模断电。因此，我们要全面贯彻落实习近平总书记关于网络强国战略的重要论述，按照《国家网络空间安全战略》《网络空间国际合作战略》《网络安全法》等文件，切实完善网络安全监督管理体制机制，落实好网络安全主体责任，加强全方位网络安全管理。加强行业网络安全基础设施建设，推进网络安全军民融合深度发展。支持网络安全自主创新与安全可控，按照“安全分区、网络专用、横向隔离、纵向认证”的基本原则，完善结构安全、本体安全和基础设施安全。建立行业、企业网络安全态势感知预警平台和行业网络安全应急指挥平台，提高网络安全态势感知、预警及应急处置能力。推进能源网络安全核心技术突破，重点在关键系统、重大装备、防护体系、专用芯片、密码应用、攻防对抗和检测技术等领域，加强自主创新与应用突破。关注能源生产、经营、消费等领域发展带来的网络安全问题，加强对“大云物移智”等新技术以及微电网、充电基础设施、车联网、“互联网＋”等新业务的网络安全风险研究，为行业发展提供网络安全保障。

积极应对全球价值链重构中的“去中国化”倾向

胡正塬*

编者按：在当今全球化逆潮中，为应对美国在全球价值链重构中推行的“去中国化”战略，中国将积极推动多边主义发展，形成新型全球化。

新冠肺炎疫情的全球流行，重创了全球价值链、供应链，冲击了全球贸易和投资，逆全球化呈现加速趋势。各国基于抗疫供给安全、减少对其他国家依赖的考虑，将可能采取重振制造业、将海外投资转至国内等措施，从而引发全球政治经济格局的重大变化。逆全球化思潮下的价值链重构势必对中国经济产生巨大影响，所以，我们应主动发挥中国制造业大国和全球产业链中间地位优势，保持稳健的定力和适度的张力，夯实引领新型全球化的基础，全面深化“一带一路”建设。

新冠肺炎疫情蔓延重创全球经济，催生全球化的逆潮

当前，新冠肺炎疫情在全球的蔓延尚没有明显减缓迹象，各国为控制疫情采取的封锁措施，不可避免地影响到全球经济贸易发展。2020 年 3 月初，OECD（经合组织）发布中期报告指出：若中国疫情于第一季度达到高峰，且

---

* 胡正塬，中信改革发展研究院资深研究员，国家智库专家兼国家创推委创新总监/区域规划委员会主任。

假定其他国家和地区疫情受到遏制的情况下，2020 年全球经济增长较 2019 年 11 月的预期将下降约 0.5 个百分点，即从此前预计的 2.9% 下降到 2.4%；若疫情持续蔓延，预计 2020 年全球经济增速可能会减半至 1.5%。根据 WTO 4 月的预测，2020 年全球货物贸易量将下降 13% 至 32%，萎缩幅度远超过 2008 年国际金融危机时的 12.5%。跨国公司及其境外子公司延迟资本支出，推迟或搁置现有投资计划，导致停工停产和大量中小企业破产。国际劳工组织（ILO）的最新评估显示，疫情带来的经济危机和劳动力市场危机，可能会导致全球新增约 2500 万失业人口。疫情蔓延造成的全球经济衰退，正严重打击生产者、消费者的信心。

近几十年，全球化进程促使各国经贸联系和产业融合程度不断加深。国际分工促使国际贸易和跨国投资迅速发展，提高了各国劳动专业化程度和效率。同时，国际分工也带来了巨大的脆弱性，一旦某个环节出现问题，就会牵一发而动全身。各国针对新冠肺炎疫情采取停工停产措施，直接冲击着东亚、欧洲和北美全球三大生产网络，单一来源的供应商或专门生产特定产品的区域，可能在危机时期暴露出意想不到的脆弱性，使得高度依赖进口的国家和地区出现物资供应危机。

2008 年国际金融危机后，贸易保护主义抬头。近两年，美国推行的“美国优先”和单边主义，进一步催生逆全球化趋势。疫情促使各国反思国际分工的代价，基于国家安全的目标，一些国家和地区将加快政策转向，强调内向发展和自主发展。

积极应对，加快布局新型经济全球化

疫情不一定导致全球化逆转

正如贸易保护主义始终伴随着贸易自由化过程一样，全球化和逆全球化也是相辅相成的。19 世纪以来，多次全球化浪潮都曾因危机导致短暂倒退，但危机之后则是更加强劲的全球化进程。

全球化本质上源于资本的驱动性。当一国资源、市场满足不了资本最大限度地追逐利润的要求时，资本就会超越国界，到全球其他地方去寻找新的投资机会，不断地在世界各地流动，经济全球化的动力源就不会消失。

当前的全球化不同于以往任何时期。20 世纪末，全球价值链尚未形成。在 21 世纪，全球价值链紧密结合，创造了一个复杂的相互依存的全球经济网络。跨国公司产品零部件经常由全球数十个国家或地区生产，各国之间的经济联系越来越紧密。由于没有一个国家可以控制其经济所需的所有商品和组件，这种高度的专业化生产使得替代变得非常困难。由此，疫情之后，尽管各国力图将生产集中在本国，但企业也会选择供应链的多样化，引入更多参与方。

全球格局的大调整或迎来新型全球化

半个多世纪以来，全球化进程基本是由西方国家特别是美国推动的。21 世纪以来，发达国家和发展中国家在全球经济贸易中的地位发生了较大变化。过去 10 年间，以中国为代表的金砖国家迅速崛起，其对世界经济增长的贡献超过 50%。在美国之外，陆续出现了多个力量中心，改变了长期由欧美主导世界经济的格局。美国感到自己从全球化中获得的好处，远不能抵偿本国制造业的衰落和中产阶级的损失。基于这种认识，特朗普上台后不断干扰全球产业链正常运行，谋求全球化利益的重新分配。

但是，美国未必能够轻而易举地退出全球化。一方面，美国国内支持全球化的利益集团仍具有较大影响力，全球化对美国安全和繁荣至关重要；另一方面，美国对世界的依赖程度在过去 20 年间大幅提升，无法真正地退出全球化而自我孤立。现在美国更多的是通过综合优势地位，改变自认为对其不利的国际经贸规则，实现全球化利益的再分配，外在则表现为美国政府的反全球化倾向。

随着中国在全球经济贸易中的重要性日益提升，以及以中俄印巴为代表的新兴国家经济迅速发展，经济全球化开始偏离美国与西方设计的轨道。美国和西方国家纷纷转向贸易保护主义，社会分裂日趋严重，保守主义、孤立主义呼声四起的同时，中国和其他新兴经济体开始成为全球化的推动者。新冠肺炎疫情以来，由于中国较早地控制了疫情并恢复了生产，对西方国家的刺激更甚。在此背景下，由美国主导并创建的全球化体制困难重重。疫情之后，我们将迎来新型全球化。

布局全球政治经济新格局

逆全球化思潮将对中国经济贸易产生重大影响

改革开放和加入全球化，为中国经济提供了良好的环境，激发了中国经济的活力。2003 年，中国工业增加值在全球占比仅为 6. 8%，2017 年已经提升至 23. 9%；其间对外贸易额增长了约 6 倍；电子、机械和设备领域的产出占全球份额的 38%—42%，2019 年中国是全球 120 多个经济体的最大贸易伙伴。

新冠肺炎疫情暴发后，中国以极大的代价基本控制了国内疫情，开始复工复产、复苏经济。但因上述种种因素带来贸易保护主义回潮，原有国际经贸秩序和全球生产网络受到极大干扰，中国经济发展的外部环境趋于严峻，并影响中国在全球产业链中的地位。

新冠肺炎疫情之后，全球主要经济体可能调整全球产业布局。一些海外加工企业转移或回流，将可能降低中国在全球产业链中的分工地位，也将对中国产业结构调整带来较大压力。

当前，“一带一路” 建设正处于关键时期，逆全球化趋势将增加中国对外经济关系的不确定性。新冠肺炎疫情在全球蔓延，已经对“一带一路” 沿线一些经济发展相对落后、政治形势复杂的国家带来严重影响，逆全球化将会使这些沿线国家雪上加霜。近年来，中国与周边国家关系较为复杂，中美关系趋于恶化也会给中国与周边国家的经贸关系带来更多不确定性。中国经济增速如放缓，将给周边国家产生较大影响，对东盟的影响尤为突出。相关机构预测，若中国经济增幅下降1.0%，中国对东盟的直接投资总额将下降约2.8%，直接造成东盟经济损失24亿—34亿美元，占东盟国内生产总值的0.07%—0.11%。

全球政治经济格局调整是提升我国影响力的机遇

充分发挥制造业大国的优势地位作用，通过协助全球抗疫提升影响力。中国目前是全球第一制造大国，2018年，中国制造业增加值占世界的份额高达28%，是全球唯一拥有联合国产业分类中全部工业门类的国家。在疫情蔓延时期，中国积极向全球提供抗疫和维护社会正常运作的物资，协助抗疫，充分发挥了中国制造业在全球产业链中的重要作用。

从全球产业链中的相互关系看，中国对国际市场的依赖程度逐步减弱，而同时国际市场对中国的依赖程度不断提升。根据麦肯锡全球研究院的分析数据，从贸易、技术和资本的依存度指数看，2000年，世界对中国经济的综合依存度指数为0.4，中国对世界经济的综合依存度指数为0.8，2012年时这两个数据分别为0.7和0.9，到2017年时则分别为1.2和0.6。面对全球新冠肺炎疫情的冲击，中国基于基本控制本国疫情的现实，将充分利用自身在全球产业链的重要地位，坚持开放，积极维护全球供应链，化解某些经济体的“脱钩”倾向。

抵制全球价值链重构中的“去中国化”倾向

随着中国综合国力与美国逐渐接近，美国民主党与共和党就遏制中国的发展形成共识，营造中美间的紧张局势。美国在科技和知识产权领域推动与中国的“脱钩”，特朗普政府出台了“由国家全包成本费让美企从中国撤回”计划。在美国的推动下，欧洲和日本也开始强调自给自足、重视区域市场。虽然短期内“脱钩”有较大难度，但假以时日，美欧将可能各自建立相对独立的合作圈，这对中国外向型经济会造成重大影响。加上国内劳动力成本上升，出口加工型外资企业正加快向东南亚转移，如果国内产业调整升级步伐跟不上，其对中国经济的影响不可低估。

美国打压中国的一个重要目的是阻断中欧间的经贸合作。从全球经济版图看，各区域间的经济贸易联系日益密切，但各区域贸易占全球总贸易的比重存在较大差异。1995—2007 年间，全球发达经济体消费了 81% 的全球商品，在 2017—2030 年间，预计发达国家在全球消费总额中的比重将下降到 49% 。与此对应的是，发展中经济体的消费占比将由 19% 提升到 51% ，其中，中国将由 10% 提升到 16% 。全球化让世界各地区间的关系越来越紧密，对美国的依赖程度越来越低，如果亚太地区和欧洲地区紧密结合，将使以美国为中心的北美地区成为真正的孤岛。

强化区域性合作

当前，中国制造业处于全球产业链的中端位置，前端对欧美日等发达国家的技术依赖严重，后端对发展中国家和地区的市场、人力的依赖不断提升。我们需要从价值链两端着手，应对美国推行的“去中国化”企图。

强化与欧日的经贸合作与联系。美国强迫其欧日盟友一起与中国“脱钩”，我们应该反其道而行之。虽然中国对美国的高科技有很大的依赖，但在很大程度上可以通过与欧日合作来替代。首先，加快推进自 2013 年就已经启动的中欧投资协定谈判①，争取尽快签订协议，进而启动中欧 FTA（自由贸易协定）谈判，以强化中欧双边经贸合作的基础。其次，在欧洲寻找新的具有价值的自由贸易协定签署伙伴，深化中国与欧洲的经贸关系。英国已正式脱欧，其加强与其他国家经贸合作的意愿强烈。最后，加快推进中日韩 FTA 谈判进程，基于签署的中韩自由贸易协定、完成谈判的 RCEP 法律文本，尽快签署中日韩

① 2020 年 12 月 30 日，中欧领导人共同宣布如期完成中欧投资协定谈判。

FTA，筑牢东亚区域经济合作的基础。

加快推进“一带一路”建设进程，巩固全球价值链下游的需求。首先，深化与RCEP签署国的经贸合作。目前RCEP文本谈判已经完成，16国中仅印度没有加入，应进一步巩固与东亚、南亚、东南亚的经贸联系。其次，探讨推进中蒙俄FTA谈判，强势构筑以周边国家和地区为主的自由贸易区网络。最后，通过“一带一路”建设，将东南亚地区与欧洲紧密连接，构筑庞大的亚洲经济板块，共同应对逆全球化的挑战。

发挥建设性作用，进一步推动多边主义发展

推动多边主义发展形成新型全球化，符合中国的利益。在以WTO为代表的多边主义面临困境之际，中国应该发挥建设性作用，推动多边主义发展，首先应推动以WTO为代表的多边贸易体制改革和谈判。

WTO体制所遭遇的困境，不仅源于国际政治经济环境的变化，也源于其自身的规则缺陷。美国政府孤立主义倾向日益鲜明，多边贸易体制面临极大危机，而中国在WTO中的影响力不断上升。我国应主动针对具体问题，提出建设性方案，在现有框架内探寻渐进式改革路径，通过程序性、技术性改进，推动多边贸易体制走上正轨。

以“一带一路”建设为平台推动构建新型全球经贸规则体系。“一带一路”倡议与WTO基本原则是相互吻合的，当前“一带一路”建设不仅遭到一些西方国家的质疑，也由于缺少通行规则，其风险和不确定性不断加大。规则的构建应尽量符合已有国际经贸规则，再加上“一带一路”沿线国家基本都是WTO成员，WTO有资格成为“一带一路”倡议规则构建的借鉴对象。在WTO改革和谈判陷入困境之际，推动“一带一路”倡议相关规则的构建，正可充当WTO改革中国方案的规则试行平台，进而推动构建新型全球经贸规则体系。这不仅有利于提升中国在全球经贸规则中的话语权，也有助于推动多边主义发展。

后疫情时代中国城市运营趋势观察

林　竹*

编者按：中国经济内循环将促使中国城市产业供应链重构，尤其是开放度更高的沿海城市。中国的城市与都市圈运营正在逐步形成具有中国特色的智慧城市文明。

新冠肺炎疫情暴发后，世界银行预测显示，2020 年全球经济预计将负增长 5.2%，公共卫生危机正在演变为全球性的金融危机和经济危机。近期全球主要经济体谋求重启经济，但是各国的疫情走势并不同步，尤其中美博弈带给全球经济复苏和产业供应链的不确定性增加。在上述大背景下，中国的城市和都市圈运营或将呈现以下六个值得关注的趋势。

趋势一：都市圈集聚进程加快

城镇化初期，在虹吸效应和集聚效应的共同作用下，人才、资本等要素不断向城市集聚，都市圈已经成为中国城镇化的新趋势。疫情的发生是对大城市和都市圈的一次“暴力检验”。相对于乡村或者小城镇，大城市资源更为集中，运行效率更高，对突发公共卫生事件的处置能力更强，在疫情中展现出了更强的吸

* 林竹，中信改革发展研究院资深研究员，华晟基金管理有限公司董事长兼首席执行官，中信城市运营研究中心执行主任，中国城市运营联盟理事长。

引力。国家统计局数据显示，2020 年 2 月，30 个大中城市商品房销售面积同比下跌超过 80%，但是一线城市房地产市场的改善速度显著高于二、三线城市。截至 2020 年 7 月底，一线城市新建住宅和二手住宅销售价格同比上涨 3.6% 和 5.7%，涨幅相对于上月增加 0.3 个百分点和 0.5 个百分点；二线城市新建住宅和二手住宅销售价格同比上涨 5.1% 和 2%，涨幅相对于上月回落 0.2 个百分点和保持不变；三线城市新建住宅和二手住宅销售价格同比分别上涨 4.5% 和 1.8%，涨幅比上月分别回落 0.1 个百分点和 0.2 个百分点，连续 16 个月保持不变或者回落。疫情过后，随着未来城市建设的不断完善，大城市和都市圈将会获得更多动能。

都市圈郊区化日渐明显并成为大都市圈集聚加快的重要特征。从都市圈内部结构看，人口过分集中于核心城市，居民普遍受到交通出行、住房价格、环境恶化、物价高企等问题的困扰，且在疫情期间容易产生群体性感染，更加影响了居民的生活体验。

58 同城和安居客 2020 年 3 月发布的《疫情期间楼市报告》数据显示，超过 50% 的受访购房者表示，受疫情影响更加倾向于购买人口密度低、社区环境好的小区住宅，48.4% 的购房者更加倾向于购买郊区住宅。疫情过后，居民对住宅的偏好发生改变，对物流条件好的社区、中大户型的产品更加青睐。在疫情后通货膨胀的预期下，大部分高净值人群仍将购置不动产作为对抗通胀的有效投资途径，从而更加推升了别墅的需求。

趋势二：城市交通出行方式回归保守

疫情期间，为减少人员出行，各地纷纷降低公共交通满载率；大量居民居家办公，各类学校停课，居民出行需求进一步下降。如图 1 所示，2020 年上半年，北京、上海、广州、深圳四地轨道交通客运量同比分别下降 58.45%、41.85%、43.08% 和 38.45%，日均客运量同样有较大幅度下降。随着疫情的稳定，轨道交通载客量有所恢复，但是相对于2019年仍有较大差距。

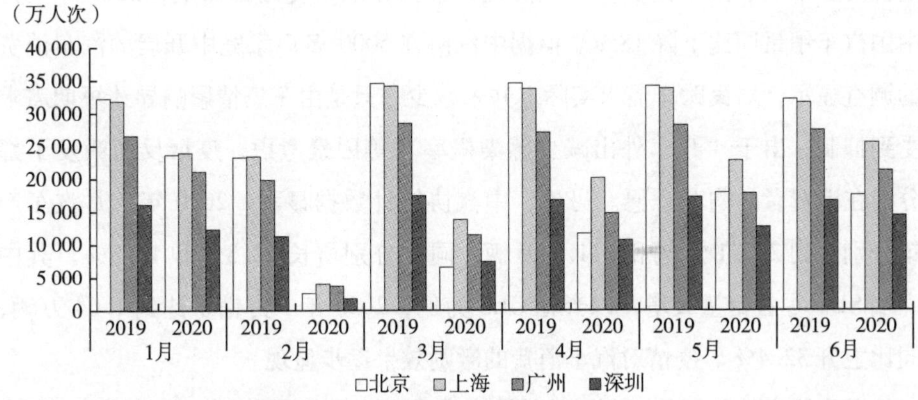

图1　2020年上半年北上广深轨道交通客运量与2019年上半年对比

从公共汽电车运营的角度看，其趋势与轨道交通基本一致，北上广深四地公共汽电车客运量相对于2019年都出现了明显下降。以疫情最为严重的2月份为例，北上广深四地公共汽电车月度客运总量同比分别下降77.88%、81.19%、79.34%和84.58%（见图2）。在疫情趋于稳定的6月，四地客运量仍未恢复到2019年同期水平。

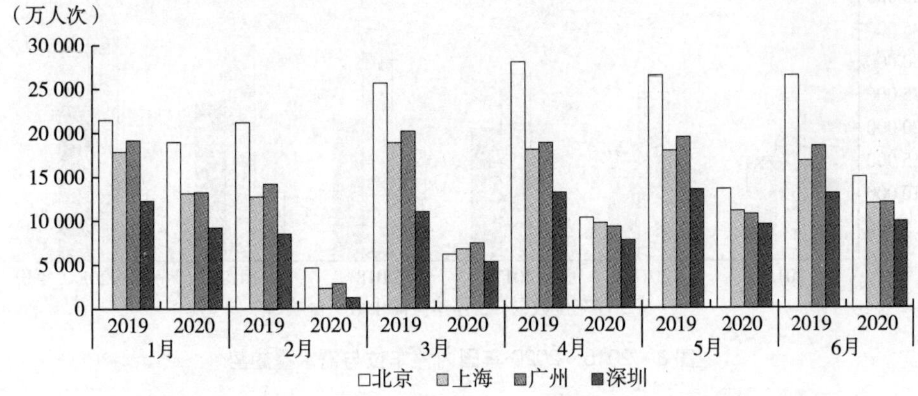

图2　2020年上半年北上广深公共汽电车客运量与2019年上半年对比

疫情期间，通过高速免费、暂停单双号限行等方式鼓励私家车出行，在一定程度上带动了汽车消费。中汽协统计数据显示，受疫情影响，2020 年 1 月中国汽车销量同比下降 18%。但据中汽协在 5000 多户家庭中开展的汽车消费的调查显示，居民购车需求实际上并未减少，只是由于疫情影响导致短期需求受到抑制。出于"开车外出减少感染概率"等因素考虑，疫情反而激发了部分潜在消费者的购车意愿。另外，中汽协统计数据显示，2020 年 7 月汽车产销分别达到 220.1 万辆和 211.2 万辆，同比分别增长 22.3% 和 16.8%。其中高端 SUV 零售销量大增，以奔驰 GLC 为例，2020 年 1 月销量达到 1.64 万辆，同比上升 32.4%。疫情对汽车消费的激励效果逐步显现。

需要注意的是，与不断增长的购车需求和汽车保有量不相适应的是，国内停车位与停车需求量之间的缺口在不断扩大（见图 3）。公安部交通管理局数据显示，中国城市汽车与停车位的平均比例为 1∶0.8，远低于发达国家 1∶1.3 的水平。与此同时，ETCP 停车数据显示，北上广深四地停车场空置率达到 44.6%，全国城市超过九成的停车位使用率低于 50%。究其原因，主要在于停车信息不畅，解决之道就在于智慧停车的发展。

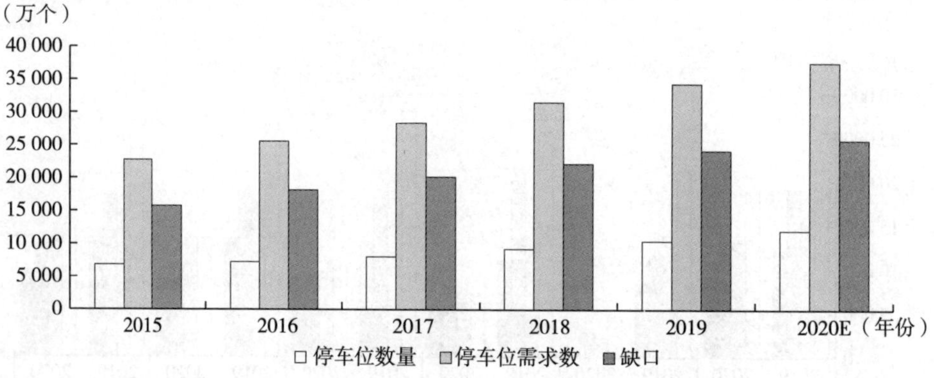

图 3　2015—2020 年国内停车位与需求量趋势

趋势三：互联网+新兴产业脱颖而出

远程办公模式

疫情期间，为降低人员集中和交叉感染风险，以阿里、腾讯为代表的大批互联网公司开启了远程办公模式，并研发了相应的远程办公软件，腾讯会议、钉钉等 App 注册用户量激增。艾瑞市场咨询数据显示，2020 年效率办公类 App 数量环比涨幅超过 72%，而 2019 年环比涨幅只有不到 6%，日均独立设备数从 2020 年 1 月的 700 万台跃升至 7 月的 3000 万台。从横向对比看，中国远程办公软件服务渗透率仍然处于较低水平。阿里云、互联网数据中心等机构统计显示，目前中国各行业远程办公软件服务渗透率不足 11%，同期美国的渗透率超过 30%。随着疫情防控常态化，企业数字化的重要性被充分显现，远程通信、在线办公等软件服务渗透率将有机会进一步提升。

线上购物模式

疫情暴发前，线上消费已经不断挤占线下消费市场。中国互联网络信息中心统计数据显示，截至 2020 年 3 月，中国网络购物用户已经达到 7.1 亿，同比增长 16.4%，占网民整体规模的 78.6%。随着疫情的暴发，传统的线下消费转到线上，扩大了电商平台用户规模，提升了线上购物的渗透率，使得线上消费对线下消费的替代加速。与此相对应的是，即时物流行业订单规模持续激增。如图 4 所示，中国即时物流行业订单规模从 2013 年的 9.5 亿单激增到 2020 年的 240 亿单以上。其中，中国外卖 O2O（离线商务）市场交易规模从 2014 年的 97.4 亿元增长到 2020 年的近 8000 亿元。巨大的市场为快递公司带来了巨额的利润，2019 年，顺丰、中通、韵达、圆通和申通的利润分别达到了 57.97 亿元、52.92 亿元、26.47 亿元、16.68 亿元和 14.08 亿元，股价也出现了大幅度上涨。

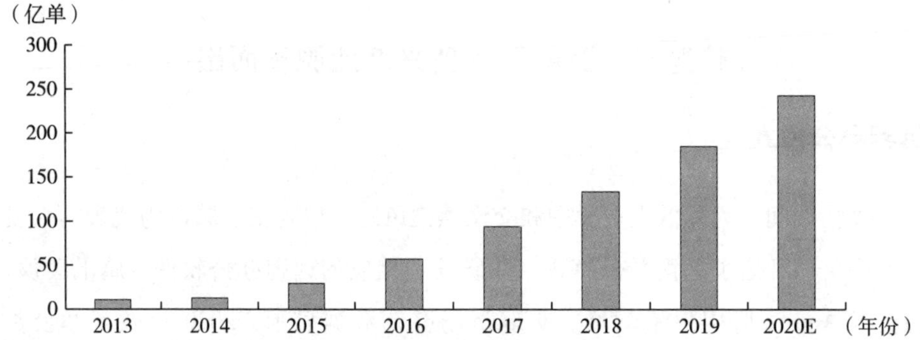

图 4　2013—2020 年中国即时物流行业订单规模

趋势四：城市公共卫生医疗运营能力面临全面挑战

疫情对各国医疗体系的冲击是显而易见的，特别是疫情暴发初期，医疗基础设施不健全等问题被无限放大。《2019 年中国卫生健康统计年鉴》和华夏幸福产业研究院统计数据显示，整体看，我国医疗费用支出占 GDP 的比重仅为 6.6%，而同期美国医疗费用支出占 GDP 的比重已经接近 15%。疾病预防控制中心工作人员更是从 2005 年的接近 21 万人减少到目前的不到 19 万人。从质量来看，中国 ICU 床位占总床位的比例接近 5%，而同期发达国家的平均水平为 15%，其中美国达到了 18%。

如图 5 所示，中国大量的医疗资源集中分布于特大城市。在全国 773 家三甲医院中，北京、上海和广州占据了其中的 206 家，占比达到 26.6%，但是上述三地的人口仅占全国人口的 4.2%。相比而言，部分中小城市医疗资源严重不足。以湖北黄冈为例，其新冠肺炎确诊病例仅次于武汉，但只拥有 2 家三甲医院，无法有效应对新冠肺炎疫情等突发公共卫生事件。即使拥有 36 家三甲医院和 34 684 位专业医生的武汉市，在新冠肺炎疫情暴发初期，其医疗资源依然无法满足救治需求。据不完全统计，疫情期间，全国超过 340 支医疗队、4.26 万人支援武汉，助力新冠肺炎患者救治。随着疫情趋于稳定，国家势必加速补齐医疗资源在总量及分布方面的短板。未来一段时间，中国医疗卫生领域将会出现重大变革，“重治轻防”的思路将得到扭转，预防医学和健康产业将获得大发展。

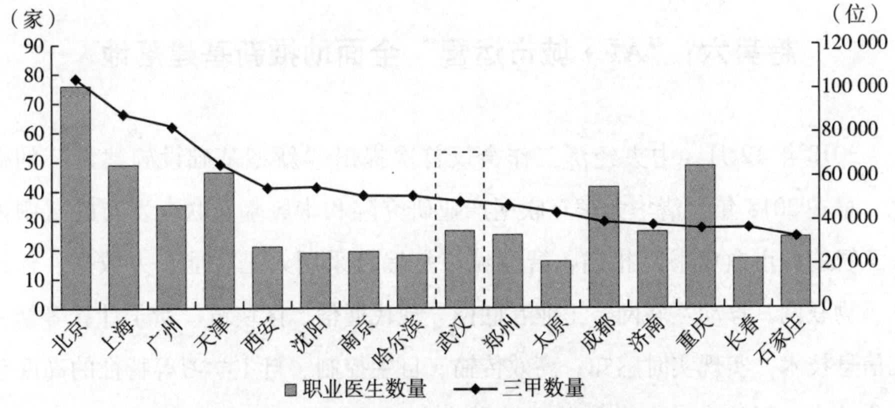

图5　全国部分大中城市医疗资源分布情况

趋势五：城市大数据技术助力疫情防控

在疫情防控过程中，城市大数据发挥了重要作用。以“健康码”为例，出于疫情防控的需求，2020 年 2 月 9 日，杭州市余杭区率先推出基于大数据技术的“健康码”。2 月 22 日，武汉市“健康码”上线，随后全国各地都相继上线各自的“健康码”，逐步以最小接触实现数据实时更新，克服了手工登记信息的不便。3 月 31 日，国家政务服务平台升级“防疫健康信息码”，关联全国 31 个省（区、市）及新疆生产建设兵团防疫“健康码”，实现全国防疫信息共享和互通互认。“健康码”真正成了居民出行的有效数字通行证，有力助推了疫情防控工作。除了“健康码”之外，其他城市大数据技术也在本次疫情防控中发挥了重要作用。电信大数据记录分析用户位置及轨迹数据，有效跟踪统计重点人群人员流动情况，服务疫情趋势预判和精准防治。通过电力、自来水、燃气等大数据的细微变化分析，精准判断所辖区域人员流动和分布，对居家隔离人员进行实时监测，助力社区精准排查。受本次疫情影响，城市大数据激发了各级政府的重视，其数据有效收集、储存和应用成为未来一个时期内的发展重点。

趋势六："AI + 城市运营"全面助推新基建落地

2018 年 12 月，中央经济工作会议首次提出"新型基础设施建设"的概念。早在 2018 年，清华大学互联网产业研究院和华晟基金联合发布的《中国人工智能城市白皮书》指出，智慧城市是综合采用人工智能、大数据、云计算、物联网、移动互联网、工业互联网、现代通信、区块链、量子计算等新一代信息技术，实现实时感知、高效传输、自主控制、自主学习等特征的高度智能化城市，新基建内容已经被涵盖其中。关于新基建的一些政策提法如图 6 所示。

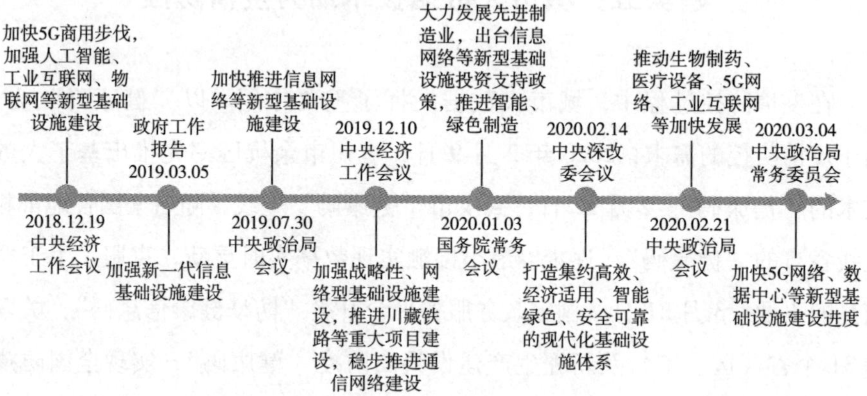

图 6　政府关于新基建的表述

基础设施是智慧城市建设的重点，智能基础设施包括数据收集、传输、存储和处理等。数据收集阶段主要依赖于传感器实现，大量的传感器放置于智慧城市的各个角落，不断以各种形式收集各个类型的数据。传感器信息有利于城市运营者在任何情况下都能及时获得信息并做出正确决策。高速网络通信是实现信息传输的重要保障，低延迟的5G等新一代传输技术的应用对于处理智慧城市的海量数据至关重要。大数据平台实现了大容量数据存储，确保数据存储达到足够时限，支撑智慧城市日常运营和未来战略的制定。实现海量数据快速处理，从中获得洞察力是智慧城市运营的关键，进而通过手工或者机器实现快速响应。物联网执行器是智能基础设施的一部分，用以自动执行部分行动以响应智慧城市环境变化，提升城市回应度。

2020年两会期间，新基建和医疗健康成为关注的重点，在政府工作报告中多次出现。疫情稳定之后，为加速重启经济，我国加大新基建领域投资势在必行，并将以此为契机，促进数字化转型。从各地专项债发行情况看，截至2020年7月底，北京、上海、天津、重庆四大直辖市分别发行专项债871亿元、385亿元、715亿元和674亿元，其中新基建项目发债额度占比分别为14.92%、74.99%、18.85%和1.79%。可以发现，四大直辖市的新基建投资占比都较低（上海的新基建专项债均为轨道交通项目），大量投资仍然投向传统基建项目。新基建项目短期有助于扩大有效需求，长期有助于增加有效供给，将进一步释放中国经济增长潜力。

结语

后疫情时代，伴随着各国经济重启和中美之间的全方位博弈，未来全球政治经济发展充满不确定性。每一次的全球性危机，在冲击既有文明成果的同时，也极大地推动世界未来文明的发展，包括城市文明。从中国国内看，疫情的影响在短期内不会完全消除，部分行业领域的发展轨迹已经被扭转或改变。中国城镇化建设路径、居民出行方式、办公方式、商业模式等都发生了深刻变革，以城市大数据技术为核心的智慧城市运营将是必然的趋势。在外贸受阻的大背景下，中国经济内循环将促使中国城市产业供应链重构，其中开放度更高的沿海城市更加明显。中国的城市与都市圈运营，如能在本质上把握本次疫情危机叠加全球经济危机带来的机遇，逐步形成具有中国特色的智慧城市文明，那么它们必将在全球多元博弈的格局中不断提升核心竞争力和领导地位，最终支撑并主导全球城市产业供应链的重构与重建。

金融资本时代的“混合战争”*

田文林**

编者按：历史表明，资本扩张与战争扩张密不可分。当代，随着工业资本主义转向金融资本主义，美国变得更加好战，“混合战争”成为美国对外战争的新方式。当前，美国已经将中国视为“战略竞争对手”，并通过“混合战争”遏制、削弱中国。中国必须增强底线思维，以总体战应对“混合战争”。

“战争与和平”问题是人类社会的永恒问题。从某种程度上说，人类历史有多长，战争历史就有多长。只是在不同历史时期，战争的方式与特点存在代际差异。当今世界正经历百年未有之大变局，国际政治格局、国际经济格局、全球治理体系、人类文明交往模式均面临前所未有的挑战。这种百年之变绝非线性发展过程，而是暗流涌动、矛盾迭出的波浪式前进过程。和平与发展仍是大势所趋，但战争与冲突从未远去。

资本积累成为策动战争的主要驱动力

在资本主义生产关系下，实现资本积累是超越一切的最高目标。在此情况

* 本文为中信改革发展研究基金会资助课题“金融资本主义时代的混合战争”（项目编号：A190901）的阶段性成果。

** 田文林，中信改革发展研究院资深研究员，中国人民大学国际关系学院教授。

下，策动战争的经济动因，日渐从农耕或游牧时代的侵占土地、掠夺人口和财富，转向谋求资本积累最大化。对外战争为经济扩张铺路，战争是投入，经济是产出，市场决定战争，战场创造市场，这就是资本主义生产方式下战争与经济的关系。

从历史看，资本扩张与发动战争几乎就是“孪生兄弟”。战争是欧洲列强攫取财富、实现经济扩张的惯用手法。在工业化过程中，英国依靠的就是“战争—贸易”循环往复的“战争经济学”。1840—1860 年自由竞争时期，英国当权的资产阶级政治家是反对殖民政策的。到 19 世纪末，英国的头面人物都公开鼓吹帝国主义。桑巴特在其《战争与资本主义》一书中指出，在 14—15 世纪，英国与法国争斗了 100 年，16 世纪，欧洲只有 25 年的太平时光，17 世纪时只有 21 年太平时光。也就是说，在这 200 年里就有 154 年处于战乱。从 1568 年到 1713 年的 145 年中，荷兰有 116 年在打仗。[①] 另有统计表明，从 1871 年到 1914 年，英国人一共打了 30 场殖民地战争。在这段时期，英国人、法国人和荷兰人至少打了 100 场战争。

在这个“战争—贸易”两轮驱动的世界体系中，战争手段被用来推进贸易，赚取更多的商业利润，再用贸易获得的利润来支付战争。为维持这个成本巨大的循环体系运转，就需要美洲的黄金白银（当时的世界货币）、非洲的奴隶（廉价劳动力），以及东方的香料、茶叶、丝绸、棉布、陶瓷和一系列先进手工业技术，由此打造出一个船坚炮利攻占下的巨大世界市场。这个市场的“规则”由欧洲列强制定，利润由欧洲列强瓜分。它们将从美洲掠夺来的黄金白银在亚洲换取手工制品，再运回欧洲赚钱。它们也将欧洲生产的纺织品拿去非洲换取奴隶，将奴隶运到美洲去种植甘蔗和其他经济作物，再将经济作物运回欧洲赚取利润。[②]

---

① 维尔纳·桑巴特. 战争与资本主义［M］. 晏小宝，译. 香港：大风出版社，2016：3.
② 文一. 中国崛起的秘诀与挑战——新制度经济学批判［J］. 政治经济学报，2018，13：52—53.

与殖民主义时期的英国相比，后殖民主义时代的美国谋求霸权的方式更加隐蔽，但好战本性丝毫没有减弱。美国战略文化的核心特征之一，就是对其自身文明的盲目优越感，以及从骨子里对非西方文明的鄙视。由此，美国在对有色人种发动战争时，几乎没有任何道德负疚感。大卫·哈维曾指出：“美国是一个极度宣扬多元文化的移民社会，崇尚竞争的个人主义不断地改变着人们的社会、经济和政治生活。如果不能对多元主义和个人等社会力量进行有效控制的话，将会导致民主长期不稳定和出现问题。”① 而美国解决这一问题的主要办法之一，就是持续对外发动战争，通过损害其他国家来增加国内政局稳定和国民凝聚力。由于战火绝大多数是在别国进行，因而美国人感受最多的是战争带来的收益。在美国人眼里，战争就像做生意，尽可能做到稳赚不赔，产生“大炮一响，黄金万两”的局面。

从历史角度看，美国的建国史就是伴随着军事扩张和种族屠杀的历史。有统计称，美国从1776年建国240年来，有222年的时间都处在战争状态。还有统计称，自1776年独立以来，美国参与了53场军事入侵行动。② 不管按哪种算法，“把美国人视为和平主义者是个幻想，他们是而且一直是历史上最暴力的国家之一”。③ 尤其是二战后，随着美国成为世界超级大国，美国对外军事干涉日益增多。在越南，美国共投下700万枚炸弹，是二战期间在欧洲和亚洲投射炸弹总数的两倍。④

1991年的海湾战争使美国彻底摆脱了“越战后遗症”，此后，其越来越频繁发动或参与对外战争：1999年牵头发动科索沃战争，2001年发动阿富汗战

---

① 大卫·哈维．新帝国主义［M］．初立忠，沈晓雷，译．北京：社会科学文献出版社，2009：14.

② Garikai Chengu, America Created Al-Qaeda and the ISIS Terror Group, *Global Research*, September 19, 2014.

③ 乔万尼·阿里吉．亚当·斯密在北京——21世纪的谱系［M］．路爱国，黄平，许安结，译．北京：社会科学文献出版社，2009：248.

④ 彼得·诺兰．十字路口：疯狂资本主义的终结和人类的未来［M］．丁莹，译．北京：中信出版社，2011：146—150.

争，2003 年发动伊拉克战争，2011 年参与利比亚战争。可以说，美国的建国史和对外扩张过程，就是一段暴力和战争相互交织的历史。有统计表明，二战结束以来，美国到处进行军事干预，共对 37 个国家的 2000 万至 2500 万人的死亡直接负责。①

美国持续发动战争，同样是为资本扩张服务。对美国人来说，战争更多意味着“有利可图的生意”，而不是生灵涂炭的人类灾难。这使美国显得尤为好战。纵贯整个 20 世纪，直到 21 世纪初，美国一直不断地动用其军事力量以及情报系统，来颠覆那些拒绝维护美国利益的政府。美国干涉别国，在很多情况下，主要出于经济原因——特别是要巩固扩张、扩大、保护美国人在世界各地不受干扰地从事商业活动的强权。②

金融资本主义时代的西方列强更加好战

当今，西方大国日趋从工业资本主义时代转向金融资本主义时代。1980 年，全球金融体系中的衍生品交易量微乎其微，到 2007 年末，清偿利率衍生品合同的名义本金高达 400 万亿美元，相当于全球 GDP 的 9 倍。③ 过去 40 年来，全球实体经济增长 4 倍，但基础货币增长 300 倍，全球流动性金融资产与全球 GDP 之比，1980 年为 109%，1994 年为 218%，2005 年为 316%，2013 年为 350%。④ 2007 年的一项调查显示，世界排名前 50 位的企业中，有 45 家企业来自金融业。金融资本在国家政治和经济生活中日趋占据主导地位。

金融资本本身并不创造财富，而是凭借对资本的占有，参与瓜分劳动者创

① James A. Lucas, “US Has Killed More Than 20 Million People in 37 ‘Victim Nations’ Since World War II,” *Popular Resistance and Global Research*, 27 November 2015.

② 史蒂文·金泽. 颠覆：从夏威夷到伊拉克［M］. 张浩，译. 上海：华东师范大学出版社，2007：3.

③ 阿代尔·特纳. 债务和魔鬼——货币、信贷和全球金融体系重建［M］. 王胜邦，徐惊蛰，朱元倩，译. 北京：中信出版集团，2016：22.

④ 向松祚. 新资本论［M］. 北京：中信出版社，2014.

造的剩余价值。金融资本过度膨胀，意味着由1% ~2%的实体经济创造的剩余价值，要由100%的资本来瓜分，由此使平均利润率被金融泡沫急剧摊薄，乃至趋近于零。可以说，金融帝国主义是资本主义“虚胖和浮肿”的表现，也是国家走下坡路、资本主义“进入秋天”的征兆。

相比于工业资本，金融资本更喜欢制造战乱。工业资本建立在社会化大生产基础之上，可以增加社会财富总量，吸纳大量就业，而且工业资本获利要经历采购原料、加工生产、销售产品等诸多环节，需要和平稳定的外部环境，只有资本扩张受阻才会动用武力（如鸦片战争）。相比之下，金融资本牟利不完全依托实体经济，它主要通过“贱买贵卖”“低买高卖”实现盈利。因此，世界局势保持相当程度的动荡与混乱，资本价值变动剧烈，金融资本就有机会浑水摸鱼，从中渔利。

就此而言，金融资本及其控制下的国家，主要通过制造和操控危机的方式，引发金融市场的可控波动和资本的定向流动。金融资本比工业资本更喜欢制造动荡，通过战争等破坏性手段攫取超额利润。

具体地说，金融资本牟利主要借助两大方式。一种方式是进行层出不穷的金融炒作和不断制造推出金融衍生品，由此日渐演变为“空手套白狼”的“赌场资本主义”。[①] 大到汇率、房地产、粮食和石油等大宗商品，小到普洱茶、大蒜、绿豆等普通商品，都可能成为金融资本的炒作对象。然而，令人眼花缭乱的金融炒作和“金融创新”，最终将导致金融泡沫越来越大，直至最后破裂。另一种方式，就是通过“制造灾难”实现国家间财富的再分配。美国芝加哥大学教授米尔顿·弗里德曼（Milton Friedman）宣扬的经济策略就是：“等待一个大危机，然后趁着遭受打击的人民茫无头绪之际，把国家资产一块块变卖给个人，并且迅速让‘改革’永久化。”[②] 这种靠制造灾难掠夺财富的

---

① 苏珊·斯特兰奇．赌场资本主义［M］．李红梅，译．北京：社会科学文献出版社，2000.

② 娜奥米·克莱恩．休克主义：灾难资本主义的兴起［M］．吴国卿，王柏鸿，译．桂林：广西师范大学出版社，2010：4.

生财之道，也被称为“灾难资本主义”，[①] 即通过制造灾难来获取财富，发战争财、国难财。

美国曾长期占据世界第一大制造业大国的位置。1960—2017 年间，美国金融业规模占 GDP 的比重从 14% 增加到 21%，而制造业占比则从 27% 下降到 11%，贸易占比则从 17% 下降到 12%。与此同时，金融业的利润从 17% 增加到 30%，制造业的利润则从 49% 降至 17%，缩减了近 2/3。1973—2000 年间，美国劳动生产率（每小时 GDP）年均增速不到 1%，这仅仅是前一个世纪均值的 1/3。[②] 另有统计表明，1947—2012 年间，美国 GDP 增长了 63 倍，其中制造业增长 30 倍，金融业增长了 212 倍。

经济金融化是“资本主义的秋天”，蕴含着比工业资本主义更大、更严重的经济危机。美国经济学家海曼·明斯基认为，发达资本主义国家经济转向脆弱的金融结构，经济金融化将产生更多危机。他将这种金融化过程分为依次递进的三个阶段：第一阶段是相对健康的“套利金融”；第二阶段是更具风险的“投机金融”；第三阶段是灾难性的“庞氏骗局”。[③]

随着美国经济日趋金融化，美国对外政策变得越来越好战。

首先，维护美元霸权体系离不开军事手段。美国金融霸权的核心是美元霸权。美元霸权本质上是一种信用霸权，一旦世界其他国家拒绝认可和使用美元，美元的世界货币地位将被极大地削弱。因此，军事手段成为维持美元霸权的重要工具。金融战争是最高级别的地缘政治武器。冷战后美国发动的一系列战争，如科索沃战争、海湾战争、伊拉克战争、利比亚战争，多少都带有金融战争的性质。

---

① 娜奥米·克莱恩．休克主义：灾难资本主义的兴起［M］．吴国卿，王柏鸿，译．桂林：广西师范大学出版社，2010：4.

② 迈克尔·曼．社会权力的来源：第四卷［M］．郭忠华，徐法寅，蒋文芳，译．上海：上海人民出版社，2015：408.

③ 同上，第 405—406 页。

其次，维系“债务经济”使美国热衷于制造战乱。1945年，美国公共债务只有2580亿美元，2002年就达到3.2万亿美元。[①] 在这种背景下，美国实现“经济繁荣”，更多是一种“钱生钱”的货币再生产。据美国著名学者安德森·维金推算，美国每获得1美元GDP，必须借助5美元以上的新债务。美国要想维系其经济繁荣，每天至少需要流入20亿美元。资本天性喜欢“低风险、高收益”的投资场所。换言之，只有世界其他国家和地区比美国更加动荡与混乱时，巨额资本才会乖乖地回流美国，用以支撑美国经济发展。在此背景下，美国比历史上任何时期都更喜欢打仗，其动武动机甚至不再是工业资本时期的扩大市场、寻找原材料，而是通过使其他国家或地区陷入动荡的办法，迫使世界资本回流美国，确保美国的经济繁荣。

美国这种基于金融霸权的战争逻辑，彻底颠覆了传统国际经济体系的行为逻辑。对美国来说，“灾难资本主义体系足以媲美新兴市场和20世纪90年代信息科技业的繁荣兴旺”。[②]

混合战争：美国对外战争的新方式

二战结束以来，随着核武时代的来临，大国间首次出现“核恐怖平衡”，军事对抗只会使双方同归于尽。这种高额代价的战争风险，足以令最为好战的西方政客都心存忌惮。在此背景下，战争的对象和形态均发生了重大变化。《五角大楼的新地图》一书，将世界分为“核心国家”和“断层国家”两类，认为对核心国家不需要任何军备控制，但对“断层国家”则不然，说得通俗一点，就是要“看人下菜碟”：对待中俄等军力强大的国家不再轻易发动战争；对待军力相对孱弱的所谓“断层国家”（如伊拉克、利比亚等发展中国

① Jacques R. Pauwels, “Why America Needs War,” *Indy Media Belgium*, February 06, 2018.

② 娜奥米·克莱恩．休克主义：灾难资本主义的兴起［M］．吴国卿，王柏鸿，译．桂林：广西师范大学出版社，2010：11.

家），则可以无所忌惮地继续发动战争。

然而，这并不意味着美国与中俄等核大国的较量到了“刀枪入库、马放南山”的程度。事实上，针对中俄等军力强大的国家，美国越来越多地采取了除热战之外的“混合战争”的方式。混合战争也被称为“第四代战争”“复合战争”“新型战争”“非三位一体战争”“非对称战争”等。《偶然的游击战》（*The Accidental Guerilla*）一书的作者大卫·基尔卡伦认为，“混合战争”是对现代冲突的最好定义。① “混合战争”也是一种低成本、高收益的战争手段。

美国策动“混合战争”，最终目的就是制造“可控混乱”，帮助金融资本实现两大目标。

一是破坏主权国家独立自主基础，借以实现财富再分配。在金融资本主导之下，美欧经济增长不再通过增加产品，而是通过强国与弱国间的财富再分配。因此，它们只有设法削弱和瓦解那些阻止混乱发生的主权国家，使对方丧失作为国际行为体的能力和功能，同时迫使其将国有经济部门私有化、减少社会福利和科教文卫投入等，从而隐蔽地消灭经济竞争者。这一过程经常伴以野蛮的军事入侵。②在后冷战时代，美国在海外的军事和情报行动，很大程度是与“自由市场改革”联系在一起的。美国在东欧、苏联和巴尔干地区鼓励和推进的这类改革，最终导致目标国国民经济遭受破坏，数百万民众陷入贫困。③

二是消灭“垃圾人口”，减少全球人口规模。在西方精英眼里，地球资源十分有限，只有消灭过剩的“垃圾人口”，才能确保西方“黄金十亿”实现可持续发展。因此，在跨国金融资本构想的“世界新秩序”中，消灭“垃圾人

---

① S·A·拜西科夫，A·A·梅列科耶夫. 从军事科学的角度看“混合战争”[N]. 蓝山，编译. 哈萨克斯坦《勇士报》网站，2019-02-12.

② Vladimir Prav, “Controlled Chaos as an Instrument of Geopolitical Warfare and Color Revolutions,” *Global Research*, March 24, 2016.

③ Michel Chossudovsky, “America's War for Global Domination. The Roadmap of Conquest,” *Global Research*, May 06, 2017.

口”是一项不便明说的既定追求目标。不难理解，西方通过倡导新自由主义，极大减少了出生率，增加了死亡率；而宣扬性解放、享乐主义、个人主义、消费主义，可以减少出生率；传播社会达尔文主义，会使政府对被压迫者处境漠然视之，而制造战乱无疑是消灭“垃圾人口”最快捷的办法。自“9·11”事件爆发后的15年里，美国新保守派试图用武力重塑中东和世界其他地区的秩序，由此导致200万至250万人死亡。①

美国知名战略学者布热津斯基、“非暴力抗争之父”吉恩·夏普等，都十分推崇“可控混乱”概念。该理论日渐受到美国决策层的青睐和推崇，同时从理论探讨进入实操阶段，成为美国策动“颜色革命”的指导思想。

从政策实践看，“混合战争”并非什么新生事物。美苏冷战就是一场典型的“混合战争”。二战结束后，美国为遏制苏联共产主义扩张，动用了除发动战争之外的所有手段。时任美国国务卿杜勒斯说过：“斗争舞台是广泛的，它包括整个世界和其中所有的政治、军事、经济和精神力量。代理机构是很多的，国内和国际的，布景经常变换。”②冷战期间，美国及北约对苏联使出各种招数，在思想意识和经济领域实施广泛的颠覆破坏行动。美国还迫使苏联陷入旷日持久的军备竞赛，极大地消耗了苏联的国力。经过近半世纪的较量，苏联最终不战自溃，美国以低成本方式赢得全面胜利。

苏联解体后，美国等西方国家更加肆无忌惮地在全球各地发动“混合战争”。如果说阿富汗战争、伊拉克战争等局部战争是以暴力为主，以心理战、经济战等非暴力为辅，那么它们在东欧地区策动的“颜色革命”，则更多的是以非暴力为主。“颜色革命”是一种“性价比”颇高的混合战争。它谋求通过民众抗议等非暴力方式推翻现行政权，可以使被颠覆对象处于两难境地：如果当权者用武力镇压民众抗议（抗议者并不清楚他们已被政治操控），政府便会

---

① Nicolas J. S Davis, “Will the Neocons' Long War Ever End?,” *Middle East Online*, 2017 - 06 - 07.

② 约翰·福斯特·杜勒斯．战争或和平［M］．北京编译社，译．北京：世界知识出版社，1959：8—9.

遭到西方孤立；如果当权者不镇压民众抗议，政府则可能被推翻。[1] 正是在这种背景下，“颜色革命”日渐取代传统的军事政变，成为美国中情局进行“政权更替”的主要法宝。冷战时期，美国中情局至少推翻或试图推翻超过50个外国政府（中情局只承认干了7起）。

进入21世纪后，西方大国通过策动“颜色革命”推翻原政权的案例越来越多，例如，塞尔维亚（2000年）、格鲁吉亚（2003年）、乌克兰（2004年）、吉尔吉斯斯坦（2005年）、中东剧变（2011年）等等。2014年，乌克兰再次发生政变，西方大国只花费了大约50亿美元，就推翻了亚努科维奇政府，这是武力入侵一个国家并推翻其政权所花费用的零头。2017年特朗普上台后，美国积极支持与其对抗的国家的各种武装团体，如在委内瑞拉策动暴力活动，目的是将马杜罗总统赶下台。而美国支持的这些团体不是什么反对派或学生，而是恐怖分子和准军事人员，他们与服用毒品的杀人犯一起，能够破坏食品商店、公共汽车、地铁站和儿童医院等。[2] 美国这么干的目的就是尽可能扩大亲西方势力的地缘政治经济版图，服务于资本积累目标。

当前，随着美国软硬实力受损、控制国际事务能力下降，西方国家更加青睐“混合战争”这一谋霸方式。美国全球战略正悄然调整，即从充当“世界警察”转向“幕后策划”。美国减少使用大规模军事入侵和空中轰炸，更多使用特种部队和情报雇员，使用间接手段推翻政权，用相对隐蔽的方式推进美国的政策，由此减少了美国与俄罗斯、中国和伊朗等国正面相撞的风险。[3]

2016年3月，兰德公司发布的长篇报告《强制的力量——不战而屈人之兵》指出：硬实力具有高回报、高风险、高成本和高暴力的特点；软实力虽

---

① Andrew Korybko, “Color Revolutions: A New Method Of Warfare,” Information Clearing House, October 12, 2014.

② 美学者：全球资本主义的危机和特朗普向战争行进［EB/OL］.［2017－06－12］. http://www.cwzg.cn/theory/201706/36470.html.

③ 同脚注①。

然低风险、低成本、非暴力，但回报微小、难以捉摸且缓步渐进。相比之下，“颜色革命”、网络攻击、金融制裁等“强制力量”正好介于软硬实力之间，效果可观，风险适当，潜力很大，是美国今后强化与倚重的对外攻击手段。与此同时，世界上多数国家依赖外部世界，这为美国使用强制力量提供了极好机会。美国在世界体系中居于中心位置，拥有全球最强大的情报能力，并有威慑、报复敌对势力的能力，因此美国最有能力使用强制力量。① 这份报告颇能代表部分美国决策层的所思所想。

美国对中国形成“全政府-全社会”战略

事实表明，尽管和平与发展是时代主题，但战争从未远去。“没有硝烟的战争”更是无处不在、无时不在。只要存在新帝国主义，和平与发展问题就无法真正得到解决。尤其在当前，随着金融资本的恶性膨胀，其“灾难资本主义”本性发作，由此导致国际社会越来越不太平。

近年来，随着中国崛起态势日趋明显，美国战略焦虑感日趋加重。美国显然不愿失去霸权地位。对美国来说，通过塑造外敌来强化自身认同，已成为不言自明的战略文化。无论从国内社会整合角度看，还是从国际上维护霸权目标看，美国都会想方设法渲染“中国威胁论”，遏制中国崛起步伐。对美国来说，目前中国“将强未强”，美国“将弱未弱”，正是美国遏制中国的“窗口期”。由此，美国各界加大渲染“中国威胁论”，对华遏制力度日趋加大。

兰德公司在《强制的力量——不战而屈人之兵》的研究报告中，不仅将中国、俄罗斯、伊朗作为三大潜在敌对势力，还列举了使用强制手段的主要方式，包括经济制裁、政治孤立、武器和技术禁运、切断能源供给、海上拦截、

① David C. Gompert, Hans Binbendijk, “The Power to Coerce: Countering Adversaries Without Going to War,” [2017-02-21]. www. rand. org/t/rr1000.

支持敌对国的政治反对派、网络攻击等。[①] 2017 年特朗普政府上台后，美国逐渐形成“全政府—全社会”的对华战略，即各级政府部门为实现共同目标和解决某一特定问题而进行的联合行动，并同时注意与私人部门在行动中的协作。该战略体现在对华政策上，就是整合美国贸易代表办公室、财政部、商务部等部门，对华发动贸易战。国务院、国防部、中情局等部门与经贸部门密切配合，阻挠中国科技、安全、文化等领域发展。[②] 这种“全政府—全社会”的对华战略，已经带有反华总动员和总体战的性质。

正所谓“好战必亡，忘战必危”。在新形势下，中国必须增强斗争精神，以总体国家安全观为思想统领，统筹运用各种资源和各种手段，从全局、系统和普遍联系的角度制定和实施国家战略，以总体战应对“混合战争”，只有这样才可能最大程度维护自身安全与世界和平。

① David C. Gompert and Hans Binnendijk，“The Power to Coerce：Countering Adversaries Without Going to War，” www. randorg/t/rr1000.

② 侯海丽，倪峰．美国“全政府—全社会”对华战略探析［J］．当代世界，2019（7）．

第二篇

贯彻新发展理念

黄平：在百年变局演变中，世界各国要成为合作发展的共同体*

《经济导刊》编辑部

编者按：世界进入一个高风险时代，国际社会须摒弃丛林法则，形成全新的发展理念。世界各国是在同一条船上的共同体，以合作共赢代替零和博弈，寻找新的发展路径。

世界正面临百年未有的大变局，它还在进行当中，哪些是变化的动力，哪些是变化的后果。它将持续多久，最终又将演变成怎样的新格局、新秩序，都充满了不确定性。

在全国政协委员、香港中国学术研究院常务副院长黄平看来，要回答这一问题，需要看清过去百年来的变化轨迹。百年之中，全球发展及权力中心曾先由西欧转移到北美，再逐渐显露出往东亚转移的迹象。随之而来的，则是层出不穷的新问题与诸多待解决老问题。他说："过去的一百年见证了两场世界大战，见证了大萧条，见证了冷战，也见证了发展，却没有见过今天这样的高风险和不确定性。"

世界进入了一个高风险时代，但即便如此，和平与发展，仍是当今时代的主题。尤其是，人类共同面临的挑战越大，各个国家便越是进退与共的共同

---

* 2020 年 7 月 31 日，香港中国学术研究院常务副院长、全国政协委员、中信改革发展研究院资深研究员黄平做客第六十七期"中信大讲堂·中国道路系列讲座"，剖析百年未有之大变局。本文根据讲座内容整理编辑。

体。黄平认为，在生与死面前，在发展还是不发展、安全还是不安全面前，大家会发现，世界各国其实都在同一艘船上。面对惊涛骇浪，首先要保证航行的方向正确，同时要保证行稳致远。因此，面对日益严峻的共同挑战，国际社会须摒弃丛林法则，坚定维护和平与合作。不可否认的是，全球化在给世界带来大发展的同时，也带来了新的不均衡和不平等。“我们该如何与时俱进，让全球化更加公平？这也是百年未有之大变局提出的新问题。”

“在时代的大潮里，中国既是参与者、见证者，也是塑造新秩序的主要力量之一。”黄平认为，无论是中国还是其他国家，都需要形成全新的发展理念，以合作共赢代替零和博弈，开辟新的发展路径。

我们国家于 2018 年做出“世界正处于百年未有之大变局”这个大的判断。从狭义上讲，第一次世界大战结束到 2018 年正好是百年。从广义上讲，百年可以是一个复数，就是近代两百到三百年以来世界格局的变化，最早在西欧发端的以工业革命引领的现代社会和现代国家，后来扩展到其他的国家和地区。它还在进行当中，哪些是变局的动力，哪些是变局的后果，人们正在不断深入地认识，因为我们正身处这个百年未有大变局之中。

透视“百年未有之大变局”：战争、萧条、革命、发展

这个百年大变局，我认为可以从两个角度进行观察：一个是从百年时间的角度，另一个是从世界空间的角度。从时间上说，狭义的这一百年在世界上发生了多少事呢？小事数不清，地方性的事数不清，世界性的大事也很多。20 世纪是一个不平凡的世纪，是动荡的世纪、战争的世纪、革命的世纪，当然也是发展的世纪。

时间维度

进入 20 世纪不久，中国就发生了辛亥革命，推翻了延续几千年的封建帝

制。而欧洲这个最发达的地区，在 20 世纪的前半个世纪又发生了两次世界大战。当然十八九世纪的欧洲也是战争不断，但都是局部战争。到了 20 世纪的第二个十年就发生了第一次世界大战，与此同时还发生了一次世界性大瘟疫。

一战结束不久，发生了三件大事。一件是在最发达的资本主义国家美国发生了经济大萧条，大批企业倒闭，失业问题严重，社会动荡不安。另一件大事是，在中国推翻清王朝之后，世界上好几个老牌帝国——奥斯曼帝国、奥匈帝国、沙俄帝国、德意志帝国都终结了。一战结束了帝国的时代，建立了以民族国家为基本单位的国际秩序和国际关系。第三件大事是，作为一战的一个成果，世界上产生了第一个社会主义国家——苏联。

资本主义世界经济大萧条之后，世界又陷入了第二次世界大战，更多的国家卷入了战争。一战的主要战场在欧洲，第二次世界大战不仅有欧洲战场，也包括了亚洲战场，当时叫东方战场。我们从“九一八”算起，中国人民的抗日战争拉开了反法西斯战争的序幕，整个世界在战争与革命的交织过程中走过了 20 世纪的前半段。

到 1945 年二战结束后，世界上又发生了三件大事。第一是 1945 年成立了联合国，直到今天，联合国也是世界上唯一的最具有合法性的国际组织。联合国是第二次世界大战结束后在国际制度和国际秩序方面最重要的成果。第二是产生了以苏联为首的社会主义阵营，其中最重要的事件是在世界的东方诞生了新中国。经过 70 余年的发展，中华人民共和国改变了中国几千年和整个亚洲的面貌。第三是，过去西方帝国主义用侵略、占领、掠夺的方式控制的亚非殖民地纷纷走向了独立，建立了自己的国家。今天联合国 190 多个会员国中，一些是原来的列强，即现在的西方发达国家，一些是曾经的或现有的社会主义国家，还有一些就是从殖民主义统治下争取独立而新建立的国家，今天被称作发展中国家或第三世界国家。

联合国秩序既是战争的产物，也是为了不再发生像两次世界大战这样的灾难而建立的。但是，1945 年联合国建立后，世界很快又进入了长达近半个世纪的冷战，这是又一件大事。社会主义新中国成立时，冷战已经开始，我们国家受到帝国主义长期的封锁，不得不参与了抗美援朝、抗美援越战争等。直到1989年柏林墙倒塌，1991年苏联解体，冷战的格局才结束了。20世纪后半个世纪，没有像前半个世纪那么血腥，但在持续了近半个世纪的冷战期间，地区战争、局部战争几乎没有中断过，如越南战争一度扩大到几乎整个中南半岛地区，苏美之间的核军备竞赛形成“核恐怖平衡”，两国所拥有的核武器足以把全世界毁灭许多次。

还有一件大事是，世界各国的经济发展。多数国家和地区的国民收入，以及居民的健康指标、识字人口指标等都有明显的进步。19世纪时，世界发展水平比较高的国家就是西欧几国加上美国。但是到20世纪末，除北美、日本和西欧、北欧主要国家之外，东亚地区的一些国家或地区也实现了工业化，包括已经进行了20年改革开放的中国东南部和沿海地区都发展起来了。其他国家和地区也在谋发展。

这是从时间上说20世纪的世界，至少有以上几件大事。

空间维度

从空间的维度看，19世纪末，西欧经济最发达，英国在资本主义世界中居主导地位。到1945年二战结束，权力的接力棒从英国交到了美国手中，所以20世纪在空间意义上发生了一次世界强权的转移，即主导权的转移。

在20世纪的中后期开始发生的另外一个变化，就是苏联成为世界最强大的国家，在长达近半个世纪的时间里，它能够和美国进行角逐、较量。实际上，20世纪已经不只是西方在支配世界，20世纪后半期整个冷战期间，以苏联为中心形成了社会主义国家阵营，组合为一个高度工业化、高度现代化的科技发达的国家集团。

第三个变化是，第二次世界大战战败国之一的日本，在被美军占领后经济得到迅速恢复，成为冷战中美国在亚洲最重要的同盟。作为对战败国的规定，日本按宪法不能有自己的正规武装力量，只能有自卫队，而且自卫队只能驻扎在本土。客观上，日本成为冷战中能够在非西方国家中第一个发展起来的西方式工业化强国，在长达40多年的时间里，它是西方世界中（虽然它并非身在西方，也不是文化宗教和族群意义上的西方）仅次于美国的世界第二大经济体和亚洲第一大经济体。到20世纪70年代，日本加入了七国集团，成为西方世界中的非西方国家。写《邓小平时代》的美国学者傅高义，他的著作《日本第一》在国际上非常著名，这本书讲的是，日本第一就是要超越美国。1985年《广场协议》之前，日本经济很发达，人民生活水平改善也很明显。日本的工业品和电子产品，甚至日本文化产品对世界的影响无处不在。家家户户用日本的家电，旅游者都挎着日本的相机，连欧洲那些最重要的国家标志建筑，从法国的凯旋门到英国的大本钟，日本都想买下来。

到了20世纪八九十年代，日本这个现象已经不只是一个国家的单一现象。继日本之后，在东亚又出现了“四小龙”——中国香港、中国台湾、韩国、新加坡，再后来还有“五小虎”——泰国、马来西亚、越南、印度尼西亚、菲律宾。

中国于20世纪70年代末确立了以经济建设为中心的方针，开启了改革开放进程，到了20世纪末，我们整个国家的经济体量、人民的生活水平、国家的发展势头明显地上了一个台阶。连当时美国那些搞外交、战略、军事的学者都开始谈论“权力转移”的问题，担心历史上世界主导权从英国向美国转移的事情再次重演。

到2018年，中国的经济规模已经稳居世界第二。2010年中国GDP刚超过日本时，曾有人担心我们能否持久，毕竟日本经济稳居亚洲第一、世界第二已经有40余年了。但是从2010年到2019年，我们的GDP总量已经与世界第三的日本远远地拉开了距离。2019年中国GDP总量是14.36万亿美元，占世界经济总量的16.34%，同期日本GDP是5.08万亿美元，占世界的5.79%。世界银行用人均购买力平价指数（PPP）进行排名。（PPP是选取各国人们日常生活必需的50种商品，根据人们对这些生活必需品的实际购买力去衡量，而不是用汇率去折算。）这样算下来，世界银行甚至认为中国在2017年就已经超过了美国。当然我们没有采用这个算法，因为日常生活必需品的购买力和整个经济的综合实力是两个概念，用汇率折算的GDP更能说明问题。

但是，从空间的意义上说，进入20世纪后期，我们观察世界发展中心的东移现象（不是权力东移），亚洲就已经不只是一个日本加“四小龙”和“五小虎”现象了，而是整个东南亚的兴起与发展，其中最突出的是中国的发展。

在大变局中，持续了近50年的冷战格局已成为历史。但1945年以来由大国主导制定的国际秩序代表性如何？当然联合国还是最具合法性的，但是光凭联合国能不能解决今天世界面临的诸多重大问题？其中既包括传统的问题，也包括非传统的问题，既包括最重要的和平与发展两大问题，也包括气候变化和我们正在面临的各种传染病、恐怖主义，以及金融危机等问题。对此，联合国的应对似乎不够及时，这样才成立了G20组织，我国也加入了。至于流行性传染病，包括非典、埃博拉等各类全球性传染病，也包括今天的新冠肺炎疫情，这类非传统的问题也危及所有国家、所有个人，威胁到他们的健康乃至生命。在这些问题面前，原有秩序还灵不灵、够不够？

进入21世纪以后，世界已经进入了一个新的大变局之始。美国在苏东剧变以后有一段时间是“一超独霸”，但是人们很快发现，由西方七国集团来主导世界局势，显然已经不可能了。其原因有两方面。一方面，非西方国家经济实力增强了，最典型的是中国、俄罗斯、印度、巴西、南非“金砖五国”，以及韩国、印尼、阿根廷、墨西哥等新兴经济体。另一方面，2007—2008年华尔街金融风暴以后，西方七国集团的领导力已经不能主导世界局势，对当前很多重大问题无能为力。所以，世界上那些大事，包括传统意义上的和平与发展——在和平环境下获得发展，在发展基础上求和平，需要其他国家和地区的参与才有可能。

在改革开放之初，小平同志就明确讲，和平与发展是当代世界的两大主题，和平就是要解决东西方冲突，发展是要解决南北差距。我们看世界上有那么多事——突发的事、意外的事或有些人捣乱的事，包括今天，有些美国人要拿中国来做文章突破红线的事，但整个时代要解决的最大的问题，一是传统安全意义上的和平与发展问题，二是新的非传统的，但我们又必须共同面对的挑战，如气候变化与生态环境、疾病与健康问题。传统的国际关系没有被列为重大议题，现在却成了威胁我们的高风险事件，处理不好就可能成为大危机。

全球化："丛林法则"还是共商共享

2008年，发生了自1929年大萧条以来没有过的华尔街金融风暴和世界经济危机。在最发达的资本主义国家最要害的金融中心华尔街，发生了金融崩盘，其直接导火索是房利美和房贷美公司导致次贷危机，连带一些重要金融机构面临支付危机甚至倒闭，由此引发了华尔街的金融风暴。其深层原因则是经济高度虚拟化导致的金融泡沫化。它的影响深刻，比此前的几次金融危机更甚。比如20世纪80年代的拉美主权债务危机，1997年的亚洲金融风暴，但它们与2008年的华尔街金融风暴还不可等量齐观。

另一个就是"9·11"事件，这是美国建国以来从没有遇到过的，用非传统、非国家的形式，以极端的恐怖主义方式来挑战最强大的西方国家，并且在光天化日之下，把纽约最有代表性的建筑炸毁。

次贷危机的金融风暴席卷了几乎所有国家，10年之后以同样快的速度蔓延全球的新冠肺炎疫情，都是非传统安全领域的全球性挑战。所以可以说，我们是处在高度的不确定性与高风险之中，这也使我们形成了新的国家安全观。

金融风暴至少把一个原来很学术的用语变成大众化的词语，就是"不确定性"。当然，与它相关的其他词语还有风险、危机，乃至"陷阱""黑天鹅"等等。前两年最流行的一句话是"现在唯一确定的就是不确定"，这表明我们进入了一个高风险、高度不确定的时代。

但恰恰是这些意想不到的新的挑战和风险，也可能带来新的机会。因为越是重大的共同的挑战，人类越会意识到大家是在同一条船上，必须面对共同的利益、安全和健康保障问题。如果回到你死我活的丛林时代或冷战时代，反而不现实，哪怕听上去很“现实主义”。

所以，从联合国机制到地区、国家间关系机制，特别是今日的欧盟，战争不再是它们的首选，和平成了首选。20 世纪是充满了斗争和战争的不平凡的世纪，但在新的世纪，全世界面临的新挑战更多、风险更大、不确定性更强。旧有秩序不灵了，原有格局不够了。

此外，还有一个现象，就是所谓“权力中心”从西欧到了北美，然后发展的中心移到东亚。现在，中国的发展又成为非西方国家高速发展最重要的案例，甚至很多经济学家称之为“中国奇迹”。1991 年冷战结束以后，世界各地的新一轮发展就开始了，全球化趋势越来越明显，各个国家和地区已经不只是求生存，而且也求发展，其中当然包括贸易、投资，商品流、资金流，还有技术和信息的普及与分享，当然还有服务。我们随时能看到各国人员的大流动，从教育、科技界人士到文化人士、旅游群体，还有大量的企业家、劳动者，都在大规模、高频率，甚至是跨国、跨地区流动。进入 21 世纪这一轮全球化，并不是突然才出现的。从时间和空间维度看，探讨背后深层次的结构和制度原因，这似乎是又一次权力转移。

现在的全球化是不均衡的、不够公平的，怎么改变它？这是新的百年未有之大变局中的应有之义、需解之题。

百年大变局正在重塑世界秩序，过程和结果都充满不确定性

所谓大变局，不仅仅是变化。变化天天都在发生，问题也永远存在。2008 年国际金融危机那么大的不确定性，这次疫情这么大的风险，都是实实在在的挑战，挑战着每个国家、每个社会、每个社区以及每一个人。如果行为上不改

变、不调整、不适应、不配合，那么已经过去的危机可能又会再来。一方面是如此之大的不确定性，另一方面是非西方国家的发展，如此之快和如此之大的影响，这是百年来没有过的。

从生产体系的结构上讲，现代资本主义的生产体系发展到一定阶段，制造业就会外溢，其实质是资本外溢和输出，这是资本不断追求高利润的本性所致。如果一个国家的劳动力成本、土地成本或投资建厂的成本更低，而利润更高、回报更快、限制更少，资本就必然要进入这个国家。

从这个意义上说，市场中心的转移，在欧洲也发生过好几次。从意大利的热那亚到荷兰，从荷兰到英国，都是因为资本和制造业的转移。而随着制造业和资本的外移，留下的是什么？留下的是失业、犯罪等社会病的蔓延。当然也留下了金融业的发达，如银行、股票、债券，以及各种服务业的发展。金融资本成了资本的主要形态，虚拟经济、泡沫经济是对金融风暴和经济危机的最重要的解读。今天美国不断指责中国，把中国当成替罪羊，实际上它的问题恰恰是结构性变化所导致的，是根本的制度性因素所造成的。

贸易不平衡背后存在深层次问题实际上是结构性的矛盾。资本输出导致生产基地的转移，导致本地的失业增多，税收减少，政府预算和财政赤字增加，基础设施陈旧和破败，还有相关的社会病，等等。所以，问题不在于谁有没有“偷”它的工作，更不在于是否尊重知识产权，是否对国企进行不当补贴，是否“强制”技术转让，是否“遵守规则”。到现在，甚至连“新冠病毒也成了中国故意传播给美国的”，中国共产党执政也成了“罪过”了，恨不得再来一场“新冷战”。

再一个问题是，全球化造成的不仅是商品和资本流动，技术、服务、信息等要素也在大规模地流动。但核心的问题是，一个金融帝国如果没有制造业和实体经济支撑，没有经济总量和增长速度，它的霸权地位怎么维持呢？仅靠美元霸权印钞，进口优质低价的商品，是不能持久的。关键是自己的经济体系是否独立和完整，制造业或实体产业是否是支撑其金融的基础，以及它的科技是不是继续处于最前沿，还能否继续支配垄断高科技技术领域，包括以专利的形式、知识产权的形式去垄断，也包括军事科技等是否继续处于最前沿、最高端。

这个全球化，从狭义角度看就是商品、服务、资本、信息、技术，以及（部分）人员的跨越国家和地区的流动和配置。它确实也带来人们的不适应，不仅带来机会，也带来过程和分配方面的新的不平等。

在人类经济发展、社会发展遇到新的不确定性和风险的挑战，甚至带来新的危机的时候，是回到冷战、回到丛林时代、回到零和游戏，还是更加需要合作和交流，通过交流找到合作的机会，实现成果的共享？我们不能倒退回冷战格局，互相为敌、互相孤立、互相对峙、互相仇视。

今天和百年前那个时代不一样了。中国早就是世界的一部分，谁要想把中国排斥在外，再把中国孤立出去，另外自己再搞一套，是做不到的。中国希望走互利合作共赢的道路，走和平发展的道路。经过这么多年的发展，我们的经验、智慧、能力，使我们不会掉进冷战的陷阱，不会自我孤立也不会被人孤立。我们和广大的发展中国家、周边国家，乃至于相当多的发达国家，一直是本着互利合作、共赢共享来发展关系的。虽然有些国家想要与我们"脱钩"，想与我们打"新冷战"，但这不现实，对这些国家乃至对整个世界都没有好处，甚至是灾难。如果世界真的再次陷入冷战，对所有的人都是灾难。当然，我们自己要为应对好各种风险和危机，做好必要的准备；要坚持原则底线，做好各种预案，必须在确保安全的前提下求得发展，在发展中保证我们更安全。

过去一百年，由西方主导的西方秩序、安全框架和基本经济结构正在改变。那个西方主导的秩序或霸权秩序也越来越不灵了，而新的秩序正在百年未有之大变局过程中型构与博弈中。这个过程还有多少曲折，博弈过程中还有多少风险、挑战、危机，还有多少新的不确定性，因此还要经历多长时间，也还是不确定的。

总之，在百年未有之大变局中，整个中华民族的伟大复兴征程"行百里半九十”，最后的冲刺和攀登，肯定还有许多风险与危机，还有许多沟沟坎坎，还有新的不确定性，这都要求我们必须保持底线思维，保持战略定力。同时，我们也要千里之行始于足下，实事求是、稳中求进，一步一步、一点一点地解决问题，实实在在地解决问题，就能“不管风吹浪打，胜似闲庭信步”。

首先，进入21世纪以后，我们明确提出在新时代要建立新型大国关系，中美之间社会制度不同、发展阶段不同、文化和意识形态不同，但两国不冲突、不对抗是底线，它不仅能确保中美两国在和平与安全环境下获得发展并实现和平共处，也能确保其他国家和地区不至于进入当年那样的冷战状态，或被迫选边站队，或被孤立隔绝。

第二就是互相尊重，因为两国制度不同、文化不同、发展阶段不同，支撑这套制度的价值意识形态不同，我们本着多元一体、和而不同、相互尊重的原则，承认差别但互相尊重。没有互相尊重，无法真正和平共处。

第三，合作共赢，就是能合作的领域，经济也好，贸易也好，科技也好，乃至非传统安全，如应对气候变化、疫情防控等等，都可以通过合作获得共赢。

至于能不能达到这样的愿景，要花多长时间达到，这不是我们一方能决定的。我们还是要尽最大努力确保一个基本安定的国际环境，不至于打乱我们的发展规划和发展步骤，实现民族复兴与祖国统一，为世界和平做出我们的贡献。当然，我们要始终把国家的主权、安全放在第一位，保证我们的发展利益不受损，也坚持有利于维护国家利益的基本制度、基本理念。这是我们必须坚持的原则和底线，是绝不会退让的。

深化改革，扩大开放，应对复杂多变的国内外环境

李若谷*

编者按：在过去40多年的发展中，我们在很多领域通过对外开放，通过与国外合作或引进先进经验和技术，这样一个引进学习赶超的过程，取得了很大成绩，即便是在自主性很强的领域，也是通过参与国际市场，对接了国际市场和国际合作这样的大背景下实现的。在风云突变的复杂国际形势下，我们很难左右国际上这些复杂变化，我们怎样才能大而强呢？利用好国际合作、国际市场合作仍然非常重要。美国要我们与全球经济“脱钩”，我们不能主动“脱钩”，正确的政策和策略的目的是促进先进生产力的发展。

在过去40多年的发展中，在令我们骄傲的许多领域，如航空、航天、造船，我们所取得的成绩不少是和与国外合作或者学习国外的一些先进经验有关。我们在造船领域已成为全球第二，但是我们船用的低速柴油机都是进口的或者合资生产的。在自主性很强的高铁领域，我们初期也是依靠从德国、法国、日本引进技术，然后通过消化吸收学习再提高这样一个引进学习赶超的过程。现在在一些领域还有一些关键部件我们自己不能生产，如我们的大飞机，包括 ARJ21、C－919，都利用了国外的发动机。所以我们过去40多年所取得的成绩是在对外开放过程中，参与了国际市场、对接了国际市场和国际合作这样的大背景下实现的。应该承认，发达国家在过去40多年对中国的改革开放

* 李若谷，中国进出口银行原董事长、行长，第十一、十二届全国政协委员。

是接受、承认和支持的。

应对国际形势剧变

现在风云突变，2017 年 12 月底，美国发表的《国家安全战略》，把中国定位为头号竞争对手。2019 年，彭斯副总统的讲话，2020 年 7 月，蓬佩奥国务卿在加利福尼亚的讲话，已经直接把中国定义为敌人。不知道这算不算另一次比较深刻的中美关系的变化。

在这样一个复杂多变的国际形势下，我们怎么办？我们国内这些年也出现了一些问题，经济发展遇到了一些困难。2018 年，美国跟我们打贸易战，2019 年，我们遇到了非洲猪瘟，2020 年初又突遇新冠肺炎疫情，经济一度停摆，影响了我们经济的增长。

在一些国内的政策上也出现了不同的意见，加上发达国家这次抗疫不力，所以我们这两年的外部经济环境都可能变得不好。那么在这样一个非常复杂多变的国际环境下，中国怎么办？我历来强调的就是办好自己的事。

中国要办好自己的国内事

中国很难左右国际上复杂变局，但是把自己的事办好却是中国可以做到的。哪些事中国需要考虑呢？我认为是深化改革。什么叫深化改革，就是要在以前改革的基础上进一步地进行改革。我认为，第一个应该考虑的问题就是政府的深化改革问题。政府管的事依然比较宽、比较多、比较细，政府需要做的就是把该管的事管起来，把市场能够解决的都让市场去解决。

第二个需要考虑的就是市场在资源配置中起决定性作用的问题。

第三个要考虑的就是国有企业的改革。我们能不能或者是要不再考虑不要把国有企业像国家机关、党政机关那样来对待。国有企业老是国家机关的面貌，那么我觉得它将来在国际上的竞争力和被接受程度恐怕会成问题。

第四个就是我们对经济的监管模式与监管框架要改变。监管要促进经济的发展，而不是阻碍经济的发展，就要适应经济发展、管理水平各个方面的条件。监管不是越严越好，如果对风险零容忍，把风险放在第一位，那么发展一定就要放在后边。中国自古就有“水至清则无鱼”这个道理，所以怎样放水养鱼，而不是竭泽而渔，这种辩证法的思维需要考虑。

第五个就是金融的体制要改革。目前我们大银行虽然占的比例已经是50%甚至低于50%了，但是地方的这些银行也都是国有或者国有控股的，解决不了小微企业或者中小微企业融资难、融资贵的问题。我多次提议，把大银行的县、市两级支行就地变成法人，由大银行控股，它的风险、流动性都由母行负责，它也不用盖新楼了，也不用新招人了，应该没有很大的风险问题。即使有风险，母行负责，就减轻了地方和中央监管部门的压力。

第六个是法律体制要考虑改革。我们要深入融入世界市场，要利用世界市场，有关经济的法规需不需要与国际惯例相对接。这个需要考虑。

第七个是农业方面。我们农业的竞争力始终比较弱，劳动生产率在国内产业中是最低的，和国外比也是非常低的。我们要考虑农业部门的改革开放。

我国提出将进一步扩大开放。什么是扩大开放？扩大开放就是在已有开放的基础上进一步扩大，也就是已经开放的部门，可能要进一步开放，没有开放的部门，要考虑需不需要开放。

目前我们很多互联网没有开放，电信领域也没有开放，包括农业领域在内的其他一些领域也没有开放。这些领域要不要开放，开放后怎么管理，这些问题都需要考虑。我们支持全球化与国际化的发展，那么国际上通行的规则我们要不要遵守，这个也是我们要考虑的问题。比方说扎克伯格专门对字节跳动提出指控，实际上我认为他是在报复，因为他没有进入中国发展，你如果不让人家进来，人家可能也不让你去，市场开放是双向的。这些问题也需要考虑。

坚持实事求是的思想方针

1978 年 12 月 13 日，邓小平同志在中央工作会议闭幕会上做题为《解放思想，实事求是，团结一致向前看》的讲话。为什么要解放思想、实事求是？因为当时党内有关于“两个凡是”和“实践是检验真理唯一标准”的争论。小平同志实际上是支持了实践是检验真理的唯一标准。实事求是是毛主席提的，一直是我们党的思想方针。

我认为，我们现在要重温一下小平同志的这篇文章。怎么解放思想，就是我们不仅不能照搬照抄国外的一些经验，也不能照搬照抄我们以前成功的经验。以前成功的经验是基于以前的环境获取的，现在环境发生了很大的变化，我们要改变我们的一些思路，改变我们对很多问题的解释，以适应新的环境。政策和策略的目的是促进先进生产力的发展，如果不能达到这个目的，就要考虑改变。

实事求是这个思想作风非常好，但是贯彻起来也很难。我们的核心技术、核心设备都不掌握在我们的手里，我们是所谓的大而不强，那么我们怎么才能够大而强呢？利用好国际合作、国际市场非常重要。我们是能够自力更生，但是需要的时间会非常长。

2020 年我们纪念抗日战争胜利 75 周年，回顾毛主席当年在延安，1937—1939 年的时候讲话还要喊一句“蒋委员长万岁”。毛主席真想让他万岁吗？我想不是。在当时那种大环境下，为了共同抗日，红军接受改编，摘掉五星换上国民党的帽徽，那是形势需要。我们既要抗日，又要发展自己，如果不采取一定的措施，我们达不到这个目的。事实证明，红军改编成八路军的时候，只有三四万人，抗日战争胜利以后，已有 120 万人。

就是在抗日战争中，我们的力量得到了长足的发展，为什么？因为我们采取了正确的方针。后来统一战线变成中国共产党取得胜利的三大法宝之一。其他两项一个是党的领导，一个是武装斗争。我们现在一定要想什么样的事情更符合中国发展的需要，更符合人民的根本利益，这样我们的党才能够不脱离群众、不脱离人民、不脱离实际。如果我们能够坚持实事求是的思想方针，坚持实践是检验真理的唯一标准，坚持中国将长期处于社会主义初级阶段，初级阶段的任务就是“一个中心，两个基本点”，那么我相信中国的发展是不可阻挡的。解决好这些问题，我想中国就不怕国内外出现的各种困难和问题。

口罩之战——主义之战

王绍光*

编者按：新冠肺炎疫情不仅是各国公共卫生体系和疾控系统效能的较量，也是各种政治制度的较量。“口罩之战”实际上就是主义之战——个人主义和集体主义之战。

习总书记说这次新冠肺炎疫情是一场大考，其实这在国际范围同样适用。这场疫情对所有不同社会的经济体系、医疗体系来说都是一场大考。这既是人与病毒的较量，也是各国公共卫生体系和疾控体系效能的较量。这场疫情对各国的打击不亚于一场战争，将给各国经济实力的对比带来明显的变化。

疫情同时也是各种政治制度的较量，看不同的政治制度下，哪一种制度应对疫情能做得更好一点。当然，这也是一场意识形态的较量。

从口罩讲起。我认为，这次疫情中不同国家间的“口罩之战”，实际上就是主义之战，是两种不同的主义——个人主义和集体主义，或者资本主义和社会主义之战。

戴口罩在西方如此之难

2020年1月开始，从武汉开始中国发生了一场疫情遭遇战。1月22日，

---

* 王绍光，中信改革发展研究院资深研究员，华中科技大学国家治理研究院特聘研究员。

武汉封城的前一天，武汉市政府要求，市民必须戴口罩才能进入公共场所。到1月25日左右，全国几乎所有的地方政府都发了通知，要求民众在公共场合必须佩戴口罩。这个要求不仅来自2003年非典的教训，也有更早的教训。

口罩用于疫情的防控，可能还是从中国开始的。1910年东北发生鼠疫的时候，剑桥毕业的伍连德为了防疫，把以前的面罩设计成比较实用的口罩。当时在那里还有一位著名的法国医生，他不相信口罩能预防瘟疫，因此坚持不戴口罩，后来病死了。

2020年1月底，中国政府要求民众出门戴口罩的时候，国外是普遍怀疑的。例如，《华尔街日报》1月31日发自北京的一个消息说，中国政府鼓励民众戴口罩，但一些专家提出质疑，特别提到中国国内有人持反对意见。总之，那时国外很多人认为中国戴口罩防疫是不靠谱的。

他们认为什么是靠谱的？2020年1月24日，德国《明镜》周刊发了一期专刊，专讲武汉的疫情，一些言论很恶毒。其中一篇文章的作者是在该刊工作了9年的中国人，她认为新冠肺炎疫情只有可能在中国这种体制下产生，西方社会不可能出现这样的疫情，中国要克服疫情不是靠戴口罩，也不是封城，而是靠言论自由、新闻自由、民主人权等等。这就是当时西方开的典型药方。

到了2月，一些国家开始出现个别新冠肺炎病例，但是欧美国家仍普遍质疑口罩的作用，而且都是后来疫情比较严重的国家。意大利、法国、德国、英国都发行了官方手册，要求大家不要佩戴口罩。西方很多报纸炒作中国的戴口罩行动，称中国进入了“切尔诺贝利时刻”，它们预测新冠肺炎疫情将会把中国体制扳倒。当然也有人发表文章说，如果事实证明，中国的体制比民主体制做得更好，怎么办？但他们当时可能自己也不相信这一点。

当时美国疾控中心一再告知民众，不建议佩戴口罩。这种情况一直延续到4月3日，那时美国的确诊人数已经达到2.5万人，死亡人数已经超过了6000人，认知这才开始发生变化。

在法国，他们的卫生部长在1月底时说戴口罩完全没有用，直到3月底，卫生部网站才发布了防疫指南，告知民众没有症状就不必戴口罩，有症状的人才需要戴口罩。所以法国到4月才有个别城市要求戴口罩，直到5月11日，政府才要求民众乘坐公交车辆时必须戴口罩。这时已经拖延了好几个月。

在英国，直到4月下旬，政府还对民众说不建议佩戴口罩，到6月4日才发布通知，要求自6月15日开始戴口罩。

中国的专家们早就提出了警告。3月27日，我国疾控中心主任高福提出警告，说不戴口罩是一个巨大的错误。

在2020年3月的时候，要求戴口罩的国家主要集中在亚洲，都是受儒家思想影响的地区。欧洲最早的是捷克（3月18日）、斯洛伐克（3月25日），然后是波黑。这些国家要求民众戴口罩时，西方媒体说，这是共产主义传统还没有完全消失的国家。4月1日，以色列、奥地利要求人们戴口罩，这两国是集体主义色彩或社会主义色彩比较浓厚的国家。4月22日，德国要求戴口罩，然后是意大利的某些地区要求民众戴口罩。意大利、英国、西班牙政府到5月才开始要求民众戴口罩。

戴口罩对中国人来说是很简单的一件事，但很多国家竟然花了那么长时间才慢慢地接受，这期间感染人数和死亡人数迅速增加。

口罩之争的实质是主义之争

有一个网站统计了全球目前戴口罩的情况。不建议戴口罩的地方，包括北欧的瑞典、非洲的一些战乱国家。其他国家或地区，或是要求戴口罩，或是建议戴口罩。英美国家基本上都是建议，像中国这些地方基本都是要求戴口罩。

口罩到底有没有用，国外早有人做了研究并得出了结论。有一项研究是2020年5月9日以前做出的，分析了198个国家和地区的数据，结论很清楚，疫情期间不要求戴口罩的时间越长，死亡率越高。

关于防疫要戴口罩，中国国内媒体发表过很多文章，讲戴口罩是一件很重要的事情，是一个社会文明的问题。个人的行为可能影响所有人，所以这是涉及公众利益的事情，而不是简单的个人选择的问题。

但在西方，戴口罩被认为是个人选择的问题。我们从英文、法文、德文报道中都能看到这样一些照片：抗议群众打出标语，最多的口号就是“my body my choice”——我的身体我做主，我不喜欢戴口罩，我不怕病毒，你凭什么干涉。还有打出标语自由（freedom）——你让我戴口罩就是暴政（tyranny）。很显然，口罩之争涉及制度之争、主义之争。

西方反对戴口罩的抗议活动是非常多的，从3月开始，有意大利、英国、加拿大、德国、西班牙、爱尔兰，还有日本（小规模抗议）等等。2020年8月底，欧洲很多国家又爆发了反对戴口罩的抗议活动。美国这种活动实在太多、太频繁了，举不胜举。

西方也有不少学者认识到，口罩之战实际上是主义之战。在东方，集体主义比较普遍被接受，我们戴口罩不仅是为了保护自己，也是为了保护别人，保护这个社区，保护社会。所以戴口罩是一种团结一致抗疫的象征，在东方是这么看的。但在西方很多人看来，外面有病毒，那我戴口罩就是为了保护我自己。一位法国著名的流行病学者说，在法国，要求戴口罩不亚于一场革命，也就是说，只有一场革命才能让人们改变思想。

自由主义程度和不遵守防疫规范的相关性

实际上，个人主义的表现除了口罩以外，还有其他一系列的不合作行为。

有人做了一个大数据分析，包括175亿条各种行为记录，截至2020年6月15日，数据总量达到250TB，用了97台计算机，花了一天的时间才处理完。它的自变量是评估美国各县的自由主义程度，指标是从1790—1890年间，这些地方处于边境的时间，因为美国的边境是不断扩展的，在边境的时间越长，个人主义的东西就越强烈。因变量是各县人民遵守社交距离要求的程度。

它的结论很简单，个人主义水平越高的地方，对当地封锁令的遵守程度就越低。个人主义对遵守程度的影响在41%左右的水平。

这个研究项目同时对其他83个国家的数据进行了分析后发现结论与对美国的分析是一样的。个人主义越强的国家，越不太可能遵守社交距离要求，相应地，感染率也更高一些。

有意思的是，用美国的大数据做研究的，是四位来自中国内地的学者，领衔的是弗吉尼亚大学的一位李教授。可以发现，虽然看起来很高明的研究，其实是多数中国人习以为常的、带有常识性的东西。

疫情大考后，个人主义和资本主义影响力的下降

可以看到，这次新冠肺炎疫情暴发以后，社会主义国家跟资本主义国家的表现不太一样。当今世界上，由共产党领导的社会主义国家有5个：中国、越南、古巴、老挝、朝鲜。五国人口有15亿，而OECD国家的人口只有12.9亿。社会主义国家的15亿人，到目前为止确诊人数是9万多，死亡不到5000；而在OECD的37国，已有1000多万人被确诊，死亡人数接近50万（截至2020年8月底）。显而易见，社会主义国家的表现比资本主义国家的表现要好得多。

为什么有些社会集体主义多一点，有些社会个人主义多一点呢？有两项研究成果能说明一些问题。这两项研究分别于2008年和2018年发表，两者研究的方式不一样，但是研究的现象是一致的。两个研究能看到一个相关关系：就是那些历史上流行病发病比较多的地方，很可能促使这些地方的人多一点集体主义，少一点个人主义；而那些以前发病较少的地方，可能个人主义的成分就多一些。

这两项研究可以引出下面一个问题，就是疫情之后，包括英、美、法、意这些个人主义盛行的资本主义国家，经历了这一场严重的传染病流行，并受到

疫情造成的巨大冲击后，应该认识到，戴不戴口罩不是个人的选择，而是保卫社会的一个举动。这会不会使得个人主义的影响力下降呢？

大家在网上应该看到过这样一些帖子：就是“隔离，人权没了。不隔离，人全没了”；隔离是“I see you”（我能见到你），不隔离是进“ICU”。中国人对此看得已经很清楚了。我们现在要问的是，疫情过后，社会主义和资本主义、个人主义和集体主义这种意识形态的力量对比，会不会发生一些变化。

中国企业税制的转型问题

许善达 *

编者按：改革开放以来，我国进行了几次税制转型改革，对中国经济发展起到重要推动作用，助力中国制造跨入世界前列。美国2017年进行税制改革，鼓励企业的科技研发活动。新时期我国仍要进行税制转型，以适应科技创新驱动的发展战略，而且在税制转型方式上要有新理念。

改革开放40多年，我国税制改革的演化历程可划分为税制改革的酝酿、兴起、深化和新征程四个阶段，税制改革经历了三种类型。

改革开放以来的几次税制转型

1987年以前，我们的税制以产品税为主体，当时税率设计的原则，是要调节计划价格给不同行业和企业间带来的盈利水平的差距。如果计划价格定得比较高，税率就高一点，如果计划价格低，税率就低一点，从而使行业间、企业间的盈利水平趋于均衡。

从1987年开始，实行了税收承包制，政府和一个个企业签订了纳税承包额。比如都是钢铁企业，甲企业核定包多少税，乙企业包多少税，和增量是什么关系，都在合同中写清楚。承包制的目的主要是保障财政收入，但这个办法

* 许善达，中信改革发展研究院资深研究员，国家税务总局原副局长，联办财经研究院院长。

不利于公平竞争，因为政府和企业一对一谈判，企业盈利水平就不取决于企业的实际水平，而是要看跟政府谈判的能力和承包条件。承包条件好的，企业竞争力差也能盈利发奖金；承包条件不好，或因当地政府财政困难给企业的包税条件差，那就很难获得利润。税收承包制实行了大约 6 年。

1994 年，开始实行税制改革，全面推行增值税。增值税制度的设计，是为改善制造业的环境。

从 1984 年开始，我们就在若干行业试点增值税。当时的流转税有增值税、产品税、营业税。通过总结经验和借鉴国外经验，我们认为，增值税对制造业发展来说是个非常重要的制度。第一，制造业分工越细，企业的产品税负担就越重；第二，实行增值税可以方便出口退税，有利于鼓励制造业出口。1994 年，实行增值税和出口产品增值税退税之后，我国制造业的发展形势非常好。1994 年，我国制造业在全球排在第十几位，经过 10 到 15 年，我国制造业先后超过了德国、日本和美国，在全世界名列前茅。这一过程中，增值税改革对我国制造业的发展，起了重要的推动作用。

美国 2017 年的税法改革

2017 年底，美国通过了税制改革法案，2018 年全面实施。美国这轮税改的核心思想是要鼓励企业的科技研发活动。他们原来就很重视鼓励科技研发，但特朗普政府主持的这次税制改革对科技的支持力度很大，值得关注和借鉴。其中主要措施有：

（1）企业购买机器设备。允许一次性计入成本，不用计提折旧。这样企业当年就可以回收购买机器设备的投资，投资回报的时间就可提前。

（2）鼓励企业研发的所得税政策。我国原来规定企业研发费用可 100% 列入成本，为鼓励企业研发改为按 150% 加计扣除，之后又提高到 175%。而发达国家已达到 200%、250% 甚至 300% 扣除，等于政府承担了企业研发的部分费用。

（3）鼓励企业利用无形资产赢利。美国规定，企业到海外投资，利润率超过10%的部分，一律视为企业的科技无形资产获得的收益，对这一部分利润实行减税，利润率越高减税份额越大。这样企业就愿意把已有的技术、品牌等无形资产投向市场。可见，他们鼓励企业科技创新政策的力度是很大的。

（4）关于企业海外投资所得利润汇回的税收政策。美国原税法规定，这笔利润汇回本土要交35%的所得税。这样美国的跨国公司纷纷把海外赚的利润留在海外总部，国内应交税款挂在账上。这个问题多年没有解决，美国国会也没人敢提出“企业海外利润必须交所得税”的提案，因为惹不起这些大公司。而2017年，特朗普政府的税改政策规定，跨国企业利润汇回后可以减税，最多可减60%（原定35%，现只收14%），这样跨国公司就愿意把海外利润汇回，既可以给股东分红，还增加了国内储蓄。到2018年8—9月，已有6000亿美元（税后）汇回美国，其中4000亿美元留在公司搞研发（相当于美国GDP的2%），另外2000亿美元支持了美国股市的上涨。

美国税改的另一个重点是鼓励就业。特朗普政府将企业税负从35%降到25%，鼓励企业多雇员工。由于个人所得税交税的门槛提高，所以很多工资较低的职工不用再交个人所得税，但职工仍要交社保。这样，美国的失业率从奥巴马时期的7%降到3%左右（疫情之前），同时社保基金的收入远超过小企业因减税多得的利润。政府从企业那里减少了税收，但增加了社保收入。美国2017年税制改革时，我国不少人认为，如此实行税改革，美国财政平衡不了，其实对美国财政税收体制了解得不够。

新时期我国需要进行税制转型

第一是关于鼓励企业科技研发的税制调整。

目前我国现行税制还不能很好适应科技创新驱动的发展战略。比如对企业增值税的计算，企业购置设备和基本建设投资，不要说100%列入成本，购置设备的留底税款（当期征增值税留待下期抵扣的税款），到现在还解决不了。2016 年全面推行“营改增”后，我在调研中听到一些反映，留底税款从 1994 年底到现在累计已达 1 万多亿元（数字可能有波动），这笔钱都是应该返还企业的。2018 年、2019 年两年采取措施，退了一点税，但是退的税还不如新增的扣税多。这些问题在于，越是高科技、重资产的企业，这部分留底税负越重。举例说，清华紫光在武汉投资建了个芯片企业，留底税款最高时达 100 亿元左右，从开工建设到建成试运行，再到正常生产，已经 10 年了，还不能对冲掉这笔税。所以这个税制对高科技、重资产企业非常不利，而我们现在要重点鼓励的恰恰是这类企业。

另外还有企业研发投入的加计扣除问题、固定资产加速折旧等问题。很多人都对设备投资留底税款等问题提过意见，但现在财政也很困难，这么多年的留底税款都花掉了，要一年内就把这 1 万多亿元退给企业是不可能的。

我认为，我们这次转型跟以往的区别在于，我们现在需要采取鼓励企业科技进步的减税政策，包括加快固定资产折旧、研发投入加计扣除、设备购置增值税留底税款返还等等。这些减税的性质，和简单降低税率的性质是不一样的，因为上述减税措施是今天减明天还要收，只是推迟了财政收入的时间。

这个转型非常重要，但所需资金数量很大。如果不搞一个国债来解决这几个政策，仅靠一般预算，每年拿出一部分资源来解决的方式，可能几年也解决不了，这样我们的高科技、重资产企业的税负不但不能减轻，可能还要不断累积增加。不过，这次税制转型并不是要财政简单拿出一笔钱来还旧账，而是要发行一个特种国债，今天把应该退给企业的钱退掉，过几年经营情况改善之后，让企业该交税时再交。我认为，这是我们现在税制改革转型中需要做的一件非常重要的事情。

第二是关于就业的问题。

未来几年，我国就业形势将十分严峻。一是外需减少；二是经济转向高质量发展，要提高科技含量，其中一个重要特点是机器人作业代替人工作业。我看到很多事例，比如有的面粉厂，七层楼高的生产线只用 4 个人。碧桂园房地产公司使用建筑机器人，搬运材料、砌墙等工作全是机器干。技术装备的升级、外需的劳动密集型企业萎缩，都会导致就业机会的减少。农业方面，随着装备水平的提高，一个职业农民能够经营几百亩土地，将有更多的农村劳动力释放出来。总之，我们在就业方面将面临非常困难的局面。

不过，越是高科技企业，单位资本就业率越低，越是小微企业，单位资本就业率越高，所以我们要大力发展小微企业。美国税制改革经验说明，如果把小微企业的税收放宽一些，增加了就业，那么其中一个效果是社保收入可以增加。社保收入增加，可以减轻政府的扶贫压力和低收入群体的社保压力，而社保的收入是我们现在财政缺口最大的部分。

所以，我们的税制转型方向，应该是在未来若干年内，在以下两个方面下功夫。一是为高科技、重资产企业减轻负担，需要发国债解决税收的时间问题；二是让小微企业的税收，从现在的增值税、所得税转化到征收就业增加后交纳的社保资金。如果能完成这两个转型，对我们实现科技创新驱动战略，一定会有很大的支持作用。

创新经济学：高质量发展中市场与政府的关系

——深圳推动创新转型的做法

唐　杰*

编者按：准确把握新时期市场机制与政府作用的相互关系，形成有效市场和有为政府，是中国改革开放的巨大成果，也是构建中国特色社会主义基本经济制度的重要内容之一。深圳在高质量的对外开放和推动创新成功转型中就是，从理论高度解决了市场机制与政府相融共生的作用，在推动创新转型中深入探索有效市场与有为政府结合的多种实现方式。

在中国改革开放40多年中，正确处理政府与市场的关系是改革的重要主题，也是改革的目标指向，一直居于改革开放的中心位置。

党的十九届四中全会审议通过的《中共中央关于坚持和完善中国特色社会主义制度　推进国家治理体系和治理能力现代化若干重大问题的决定》，从我国社会主义基本经济制度是生产、分配和运行机制的有机统一的高度，将充分发挥市场在资源配置中的决定性作用，更好发挥政府作用作为我国社会主义基本经济制度的重要内容之一。这是对中国波澜壮阔的改革实践的总结，也是有关市场机制与政府作用相互关系的重大理论创新的探讨。

* 唐杰，中信改革发展研究院资深研究员，深圳市原副市长，哈尔滨工业大学（深圳）经管学院教授。

准确把握新时期市场机制与政府作用的相互关系

2020 年 7 月 30 日，习近平总书记在主持中共中央政治局会议时指出，我国已进入高质量发展阶段，发展具有多方面优势和条件，同时发展不平衡不充分问题仍然突出。

从当前和今后一个时期来看，虽然我们已进入高质量发展阶段，但仍然处于战略机遇期，机遇和挑战都有新的发展变化。如何实现更高质量、更有效率、更加公平、更可持续、更为安全的发展，要注意更好地把握有效市场和有为政府的关系。

首先，发挥市场在资源配置中的决定性作用与更好发挥政府作用，这应当是基础与前提的关系。发挥市场在资源配置中的决定性作用是对改革开放实践的高度凝练及理论探索，即相对于传统的中央集中计划体制，市场经济制度是更加有效的资源配置方式。更好地发挥政府作用不是否定市场在资源配置中的决定性作用，而是要以高水平完善的发达的市场经济为基础。

第二，发挥市场在资源配置中的决定性作用要求改革不断深化。改革的目标就是要消除妨碍市场在配置资源中起决定性作用的制度性因素。这也意味着，经济体制改革是一个持续的动态过程，要随着经济社会发展水平的提高，不断地深化经济体制改革，建立起高标准完善的具有国际竞争力的市场经济体制机制，不断凸显我国基本经济制度的市场经济的特征。

第三，有为政府应当是主动发挥市场机制作用的聪明政府。有效引导，有力保障，而不能取代市场在资源配置中的决定性作用。政府要主动承担构建和不断完善市场制度的责任。有为政府需要依法引导和规范市场主体的行为，法律具有与行政手段完全不同的强制性和规定性。政府严格的依法行政方可创造出公正公开、透明高效的市场经济体系，营造稳定公平透明、可预期的国际一流的营商环境。

第四，为高质量创新增长提供优质公共产品，是更好发挥政府作用的关键领域。法治化是重要的公共产品，这是广义政府行为的结果。市场经济制度并不是自然形成的，有效的市场经济制度是一个完整的合约体系，市场体系中的合约都能够得到有效执行，这是市场经济制度有效的基本条件。任何一方均不能具有不履行合约而不受法律惩罚的权力。市场经济需要高效的法律体系做保障，这样的法律体系包括严谨可执行的立法体系和准确而廉洁的执法体系。任何地区的经济社会、科学教育的发展水平的高低和质量的优劣，都与立法和执法水平有着密切的联系，或者说是立法与执法水平的映射。

第五，克服市场失灵是更好发挥政府作用的重要内容，是理解发挥政府在资源配置中作用的关键。市场经济制度有效但非万能，无论是从理论还是从现实考察，均可以看到，每个行为主体按照市场信号做出了合理决策，获得了个体效用的最大化，但并不必然实现社会效用的最大化，即“看不见的手”往往不能保证资源的最优配置，时间是个关键因素。个体决策最优与社会决策最优之间存在着显而易见的时间效应差别。个体决策受不确定因素影响，倾向于考虑短期效应；社会决策则有可能在平滑了不确定影响后，追求长期效应。这其中包括市场经济活动可能引起社会收入分配的不公平、教育的不公平、国民经济发展引来的生态环境恶化以及国家创新能力不足等问题。

应当承认，任何政府都需要面对并认真解决市场失灵问题。在客观上，政府放任市场或政府过度干预市场，将构成了两种行为的端点，更好发挥政府作用在客观上应当是可衡量和可比较的。

深入探索有效市场与有为政府结合的多种实现方式

发挥市场在资源配置中的决定性作用和更好发挥政府作用，从理论高度解决了市场机制与政府行为相融共生的问题。由此引出来的问题是：在一定时期，一定领域，一定会存在着市场作用和政府作用的不同搭配方式，也就相应会产生“发挥市场作用更多一点，还是发挥政府作用更多一点”的问题，也是在何种情形下实现有效市场与有为政府融合中可能存在方式与手段选择的差异。这就意味着无论是在理论上还是在实践中，都需要研究在融合方式中存在的多种可能的实现方式。

问题在于，我们是否有可能对市场作用还是政府作用的界限与程度给出一般的质的规定性，并以此为依据对政府行为与市场机制之间的相融共生的水平与效率进行研究。

从理论上分析，市场失灵的原因是价格信号不能有效地调整供求关系。尽管价格机制不能有效地调整供求的原因很多，但我们还是可以不失一般性地做出三种假设。价格对供求的调节能力为1；价格不具备调节供求的能力，或者是价格对供求的调节能力接近于0；价格对供求的调节能力小于1。

很显然，价格对供求的调节能力为1的领域，意味着价格能够有效调节供求关系，在这些领域应当放开这样与那样的不适宜的政府管制，充分发挥市场在资源配置中的决定性作用，由市场竞争决定供求关系，在市场竞争中实现优胜劣汰。

在价格对供求调节的能力接近于0的领域，诸如基础教育、公共卫生，因市场机制几乎不可能给出合理的边际产出水平的评价，加之具有显著的正外部性，需要更多地发挥政府在资源配置中的引导作用，更少地阻碍市场配置资源的改革。

以基础教育为例，世界各国基本上以公立基础为主体，一个重要的原因是，除去学生的考试分数外，我们几乎无法准确量化一位小学教师甚至是中学班主任的边际劳动贡献，但每个人又都知道，唯考试分数论会对教育体系产生长期深远的伤害。经济学经历了努力探索，还是不能说明一位小学老师对学生一生收入的影响到底有多大。

随着科学的巨大进步，经济学对基础科学研究成果对长期经济增长的贡献已经可以量化，但迄今为止，对基础研究成果进行市场定价仍然是不可行的。基础研究的显著特征是研究成果的公开性，一个国家基础研究人员、机构与研究支出越多，一个国家公共知识叠加倍增的趋势将越显著。由此可见，所谓价格对供求的调节能力接近于0的确切含义是，劳动成果本身无法进行市场定价，劳动成果具有可认知但不可准确度量的正外部性，这是主要由政府配置资源的依据。

在价格对供求调节作用小于1而大于0的领域，此领域比较典型的产业是战略性新兴产业。这是代表了未来方向的产业，创新风险比较大、短期投资大但收益不高，企业甚至是政府都要有足够的定力，坚持久久为功。在此，我们尝试分析以下两种有针对性的情形：一种情形是，生产者和消费者普遍具有风险厌恶倾向，面对不确定的风险往往会选择保守主义的从众心理，引起社会创新意识低下。在此情况下，积极发挥政府引导作用有利于提高社会创新动力。另一种可能性则是，政府直接参与资源配置，可能会出现类似于改革开放初期的“双轨制”现象，市场价与计划价差异引起了寻租与搭便车行为。寻租与搭便车的行为越严重，全社会创新意识受腐蚀的程度越高，全社会效率下降将越明显。

从以上分析可以得到的初步结论是，发挥市场在资源配置中的决定性作用和更好发挥政府作用都是重要的理论创新，在实践中充分发挥有效市场与有为政府的有机融合优势，仍然需要认真研究和不断探索具体的实现形式。

上述极其简化的分类已经表明，有效的市场价格是决定融合的实现方式的基础：在难以形成有效价格机制的领域，有为政府在资源配置中的作用就会高；而在市场价格机制灵敏的领域，有效市场在资源配置中的作用就会更高。当前，我国经济发展已进入高质量发展阶段，实现战略性新兴产业对传统产业、传统技术的替代，以创新驱动取代依赖廉价要素的传统数量型增长模式，发挥集中力量办大事的优势，引导调动资源向创新领域集中，是有效市场与有为政府行为有机结合的重大方向，关键是有为的政府行为要实现有效与高效。而要实现有效特别是高效的根本性制度基础是：政府参与或是引导资源配置的行动能够有效地改变微观主体的短期行为，形成有利于推动全社会创新激情的长期价格信号和系统性的机制。

创新经济学的主要观点及政策主张

在理论研究领域，我们应当重视对创新经济学的研究与借鉴。创新经济学着重于创新过程、创新政策、创新测度等重要议题，对发展创新型经济、提升政府创新治理能力等都有相当的启示，有益于推动我国创新驱动发展战略的实施。

创新经济学重视斯密和马克思的分工理论，以市场化和社会化分工为基础，分析可持续的科学发现，以及知识创造与创新增长过程。

创新经济学的基本政策主张是，以有效公共政策防止市场失败。合理的企业行为不一定实现社会利益最大化，应当积极引入有效公共政策防止市场失灵。为此，政府改革方向应当是：

一是强化知识与人力资本创造，超越简单的物质资本数量积累，实行有效的加大政府在教育、基础科学和公共技术平台建设，推动知识扩散和知识/专利产权化等公共政策。

二是政府可以引导产业创新的方向，但是不应当指定优胜者，通过改变调整价格信号推动企业在市场竞争中优胜劣汰，进而推动实现新兴产业的成长和劣势产业的退出。

三是政府支持关键科学技术创新，推动专有技术成为改变传统生产方式的通用技术。

对创新经济学的探讨，深圳的发展过程具有典型性。

深圳市推动创新转型高质量发展的具体做法

2010 年前后，深圳开始从“深圳制造”向“深圳创造”转型，从“深圳速度”向“深圳质量”转型，经济增长由高速增长平稳过渡到中高速增长。深圳的转型伴随着传统产业的更新迭代，开启了新的创新增长周期。

当深圳提出从速度向质量转型的发展理念时，政府努力探索发挥市场在资源配置中的决定性作用和更好发挥政府作用的具体形式。在推动转型过程中，制定了更加严格的限制性产业发展目录，在从高速转向中高速增长中，逐步实现从廉价要素驱动转向创新驱动，实施了更加积极的集约型发展政策，产业结构调整中部分低端制造企业快速外迁。2012 年第一季度，深圳经济增速曾经骤降为 5.8%，低于全国以及广东省平均水平。但深圳仍然坚持方向不变、步伐不停、力度不减，接下来的几年中，有超过 1.6 万家企业离开了深圳，持续淘汰转型低端落后产能并加大支持创新企业加快成长的力度，推动了深圳市创新发展和高质量发展。政府支持设立了公共研究开发平台、公共信息平台、公共创新服务平台等，有效公共产品供给增长很快，与日益强大的企业创新能力相结合，深圳开始走向全球创新的前沿，成为全球瞩目的世界级产业创新中心城市。

深圳推动创新转型的具体做法：

一是，在关键产业和技术领域，政府 + 企业巨资投入。形成市场竞争能力，政府通过资本市场退出。代表性项目，华星光电，250 亿元投入。

二是，在两轮产业转型中，提高劣势产业成本与新兴产业优惠。

三是，在从四个 90% 转向大规模公共研发平台建设，从产业技术应用研发转向大规模科学基础设施，以及支持高等教育快速成长，最近 3 年达到 2000 亿元的投资。

四是，支持中小微企业创新发展，构筑转型衰退底部及长期创新增长的产业基础。

2010 年以来，深圳经济产业结构出现了深刻变化，生产方式从以山寨模仿为主转向以创新制造为主。5 年中，人均 GDP 增加了 1 万美元，达到 2.4 万美元，每平方公里产出 GDP、财政收入分别达 8 亿元和 2.8 亿元，均居全国大城市首位。工业增加值率 5 年提高 4.9 个百分点。地方一般公共预算收入年均增速是 GDP 增速的 1.8 倍。

作为创新增长的标志之一，目前深圳市知识产权密集型产业增加值总计已经近万亿元，增速比同期经济增长率高近50%，创新产业结构比持续上升，开始了从创新制造向知识创新引领的方向演变。制定实施了生物、互联网、新能源、新材料、文化创意、新一代信息技术、节能环保七大战略性新兴产业规划政策，深圳成为中国内地新兴产业规模最大、集聚性最强的创新城市。

2011 年，深圳制定并开始实施一项支持新一代信息技术的五年规划，到 2016 年，取得了圆满成功。[①] 5 年时间，新一代信息技术产业增加值翻了一番，达到 4052 亿元，到 2019 年已经超过了 6500 亿元。该产业的国内发明专利公开量为 43 273 件，截至 2019 年底，有效发明专利量为 65 460 件，发明专利公开量在北京之后居第二位。

从 2011 年起，连续 5 年共投入 25 亿元设立专项资金，用于资助新一代信息技术产业核心技术攻关、创新能力提升、产业链关键环节培育和引进，以及重点企业发展、产业化项目建设等方面。

资金使用方式规定为，提升创新能力，鼓励科学发现与产业化应用，加强公共技术服务平台建设，增强共性技术研究开发与应用示范。鼓励创新成果产业化、知识产权化和标准化战略。鼓励符合条件的企业申报科技型中小企业创新项目，优先纳入创新型产业用房和土地利用年度规划。支持企业、高等院校

① 深圳新一代信息技术重点发展下一代信息网络、移动互联网、云计算、物联网、三网融合、集成电路、新型显示、新型元器件与专用设备、高端软件、信息服务以及其他新兴信息技术领域。深圳新一代信息技术产业政策的主要内容是：政策目标是，突破关键技术，强化自主创新，拓展应用空间，优化发展环境，促进产业融合。组织方式是，集中政府资源。如设立新兴高技术产业发展领导小组和具体办事机构，统筹各部门资源。2010 年上半段，深圳经济转型，实现新一代创新产业对传统的模仿型产业的替代，以及其中新一代信息技术产业的崛起做得很成功的原因是多方面的。一是从经济转型的理念看，比较早地提出了有质量的稳定增长的转型政策主张，经过多轮转型实践，深圳上上下下对走创新转型道路认识已经比较统一，行动比较自觉。二是对转型过程中如何发挥市场、企业与政府作用有比较清楚的认识，在以改革创新推动经济转型与产业升级方面有了比较丰富的实践和以往的成功经验。比如，1987 年的《深圳市人民政府关于鼓励科技人员兴办民间科技企业的暂行规定》，1994 年深圳市科技局颁布的《深圳市技术入股暂行规定》和《深圳市技术分红暂行规定》，使刚刚起步的深圳有了很强的人才吸引力。再比如，深圳依国际惯例最早建立无形资产评估事务所并推出管理办法，吸引外商直接投资和解决创新形成的无形资产入股障碍方法有很好效果，民营高科技企业也因此蓬勃发展，等等。

和科研机构合作培养博士后人才。支持深圳企业参加电子信息、通信等领域国际知名展会和会议，支持在深圳举办高水平、国际性的新一代信息技术会议。支持新一代信息技术产业联盟提供重大公共技术研发，鼓励和支持发展相关行业协会、中介机构、产业发展研究、政府决策咨询等产业服务工作。

深圳全社会研发投入占 GDP 的比重已达到 4.02%，5 年翻了一番；建成了国家超级计算深圳中心、国家基因库和大亚湾中微子实验室。深圳已有的国家、省和市级重点实验室、工程实验室、工程研究中心和企业技术中心等创新载体累计达 1107 家，是前 30 年总和的 3.6 倍。IT 领袖峰会和 BT（生物技术）领袖峰会等成为促进创新创业的重要平台。

从总体上看，深圳以每年 5 亿元总计 25 亿元的政府财政支出，支持 2000 亿元规模的新一代信息技术产业滚动成长。

政府对转型政策推动造就新产业发展基础

政府政策实施对象包括近 8000 家中小微科创企业，5000 余家获得资助，政策实施产生明显效果。科创部门 3 年总支出 40 亿元，样本企业增加值从 600 亿元上升到 1800 亿元，净增加 1200 亿元，其中直接影响约 300 亿元。

政府对创新扶持政策分类及效果评估：

（1）创新券项目。创新券项目获资助比率为 88%，获批企业中 85% 是小微企业。提高了有 R&D（研究与开发）投入企业的比例，企业产出提高约 7%。

（2）创业资助项目。创业资助获资助率约为 1/3，98% 是小微企业，主要是成立不到 4 年的科技企业，以及创业大赛获胜者支持项目，规模最高可到 50 万元。获资助企业的 R&D 投入和专利申请数显著提高。企业产出提高约 22%。

（3）技术开发项目。技术开发项目获资助比率为 25%，技术开发项目是对新产品、新技术、新工艺研发及其产业化的资助。资助额度大，申请企业已处在试验开发期或产业化前期，获得资助企业的创新和市场表现极其显著。

（4）金融科技扶持。有协助贷款、免息、保险等方式。免息、保险资助规模较小。获得贷款资助的企业在专利数和 R&D 支出上更高。

政府对转型政策能够成功的信心，在于可以了解和把握个别企业观察不到的优势信息，并通过针对性的政策措施支持特定产业的发展，同时，有效的创新政策又增加了强大的微观产业发展基础。

从表 1 可以看出，深圳的创新企业行业高度集中，80% 属于制造业或信息传输、软件和信息技术服务业。从二级行业分布来看，呈现明显的差异化分工形态，具有显著的知识溢出的互补性与投入产出的需求关联的特征，这是产生创新蜂聚的市场基础。

表 1　深圳软件及信息技术服务业差异化分工（四级行业）

四级行业	企业数
软件开发	1089
信息系统集成服务	303
其他未列明信息技术服务业	131
集成电路设计	90
数据处理和存储服务	76
信息技术咨询服务	62
数字内容服务	24
呼叫中心	3
总计	1778

深圳在推进经济发展方式转型过程中所采取的支持创新创业政策，取得了阶段性成功，这一成功依赖于有为政府和有效市场的有机结合。深圳有 8000 家中小微科技创新企业，政府的政策设计，必须建立在对市场和企业行为有深刻了解的基础上。政府制定政策跟随和适应市场创新动态，政府通过公共政策规范市场、引导企业创新行为。这些都是十分重要的。

新时代要警惕中国经济金融化

张云东*

编者按：我们必须从国家战略高度为金融发展正确定位，从金融政策、制度上保障“金融为实体经济服务”。我们不应该简单地把美国金融业作为现代金融的样板，放任金融越位发展。经济金融化使金融异化发展，自我循环，而且金融衍生品易造成重大金融风险。我们需要用社会主义制度重塑金融，坚持社会主义金融价值观。

金融处在现代经济社会的枢纽位置，其发展模式与状态，关系经济资源配置的优劣，关系经济社会能否长治久安和持续发展。

当前，我们的外部环境错综复杂。我们必须从国家战略高度，全面审视我们的各项方针政策，做好迎接伟大斗争的各种准备。其中一个十分重要的问题，就是金融政策、制度如何真正为实体经济服务。要为金融重新定好位，否则，“金融为实体经济服务”将流于空洞的口号。

美国在这场大疫中的混乱表现，深刻暴露了资本主义社会的深层矛盾，也许这些正在发生的变化能够帮助部分国人破除对美国的迷信。我们不应简单地把美国金融业作为现代金融的样板，一味盲目模仿跟随。要立足中国国情和社会主义核心价值观，思考中国的问题，同时深刻认识西方资本主义周期规律。要坚持金融服务本原，抑制金融逐利冲动，为中国金融选择正确的发展道路。

---

* 张云东，中信改革发展研究院资深研究员，中国证监会深圳证监局原局长。

2008 年之后的中国金融

自 20 世纪 80 年代开始，美国一反罗斯福新政以来 40 年的金融抑制政策，放任金融界背离为实体经济担任融资中介的服务模式，以金融创新为名，通过金融衍生品和金融杠杆投机套利，疯狂追逐利润，金融业态转变为赤裸裸的金融交易模式。至 2008 年登峰造极，随即爆发了波及全球的金融海啸，重创全球经济并影响至今。这场金融灾难震惊了世界，也迫使美国反思并着手改革，相继推出了加强金融监管改革的《多德 - 弗兰克法案》和旨在限制银行自营交易的《沃尔克规则》。尽管这一法案因金融集团的强烈抵制而未能起到有效约束作用，但毕竟还是在修正错误，建立规则。

可是，我国金融界相当一些人对这场危机却没有从根本上引以为戒，当时业内有一种奇怪的论调并在形成某种共识，即“美国金融走过了头，中国还不够”。他们并未深入思考金融的本质、金融服务的对象和方式，没有认识到导致美国金融灾难的根本原因是方向、道路问题，是为实体经济服务还是自我服务的问题，这绝不是量的控制、度的把握能够解决的。金融一旦背弃融资中介的天职，盲目追逐利润、沉醉交易投机套利，就走上了一条不归路，不仅葬送自己，也会使其帝国在历史周期中早早走上穷途末路。

正因为没有对上述问题进行深刻思考，我们反而加快了仿效美国金融的步伐。我们新增了大量金融机构，新设的银行、保险公司等不断涌现，以赌上市、投机套利为宗旨的私募基金如雨后春笋，仅在基金业协会登记的基金机构就多达 2 万余家，此外还有数十万家未登记的类似企业。影子银行业务、各类金融机构的理财业务、P2P（网络借贷平台）、上市公司垃圾股的借壳炒壳等泛滥成灾，房地产、大宗商品也日益金融化。金融衍生品以金融创新为名，甚至打着为实体经济服务的旗号，从场内蔓延到风险更大的场外，从金融期货蔓延到商品期货，不断叠加且愈发复杂。杠杆交易、高频交易等以计算机技术为基础的算法交易像病毒一样四处流行，使得金融市场更加脆弱，危机四伏。

近年来，无论央行怎么“放水”，资金都很难流入实体产业干涸的田地里。这不是央行的货币政策有问题，而是金融和金融化的房地产来钱快、赚钱多的示范效应产生巨大的虹吸作用。这些被虹吸的资金一方面在金融市场空转，让金融机构赚得盆满钵满；另一方面使实体经济逐渐收缩，金融泡沫逐渐吹大，似乎正在酝酿新一场金融危机。近年来，中国经济增长动力减弱，一个最重要的原因就是经济的金融化。

金融危机前的2006年，我国规模以上工业企业利润总额为18 784亿元，2019年为61 996亿元，比2006年增加了2.3倍。2006年，金融业利润总额为3950亿元，2019年为29 613亿元，比2006年增加了约6.49倍，其增长幅度为工业利润增长幅度的282%。

2006年，我国工业利润与金融业利润的比例为4.8∶1，2019年，这一比例为2∶1。短短13年，工业利润在经济总量中的迅速萎缩和金融业利润占比的大幅扩张，说明中国经济的金融化已经十分严重，对这一趋势应该引起高度警惕。

经济金融化的危害

制造业是中国经济的安身立命之本

中国是幅员辽阔、人口众多的社会主义大国。不同于简单服从国际分工的小国，无论从经济健康持续发展还是从国家安全角度来看，我国都必须建立一个相对完整的以制造业和农业为基础的经济体系。即使在当今信息化时代，制造业的重要地位也是不可动摇的。没有制造业的支持，服务业或任何其他行业都将难以为继。制造业体系的完整性、所处阶段品级，决定了国力、国运和国家的安全程度。

有些人认为，一些发达国家的服务业占GDP的比重远高于我们，就提出要建立“服务业大国”，这种简单类比会造成误导。我们必须澄清制造业与服务业的主次关系：第一，一些发达国家经济结构中服务业比重高，是因为制造业的发展为社会生活领域提供了技术支持，创造了需求，制造业生产率的提高为劳动力向服务业转移提供了条件。服务业的发展是经济技术进步的自然产物，不应该是刻意追求的目标，也不能本末倒置、揠苗助长。第二，生活服务业是满足群众生活需求所必需，但其劳动生产率和对经济增长的贡献率相对较低。我们更应注意引导发展和先进制造业配套的生产性服务业。第三，美国近30年来放任服务业和金融业盲目发展，导致“去工业化”和产业失衡，而且造成贫富悬殊、社会分裂。面对这次新冠肺炎疫情日益严重，他们连最基本的公共卫生用品也无法保障，这是他们的教训。

金融放任发展侵蚀工业体系

金融放任越位发展，必然虹吸大量资金、空转套利，妨害实体经济发展，造成工业和金融此消彼长的现象。

首先，金融繁荣使实体经济资金短缺昂贵。放任金融发展而涌现的大量金融机构，其服务对象和业态模式已经异化：轻融资中介功能，重金融交易投机套利，吸噬挤占大量资金在金融市场空转。央行虽然不断“放水”，但新增货币投放却被金融机构截流，很难流入实体经济领域。流入实体经济的资金也因众多的金融企业要吃饭分羹，增加了融资环节，层层相扣，加大了实体企业的融资成本，导致企业融资难、融资贵，举步维艰。

其次，金融的超额利润阉割了实业投资的动力。制造业等实体产业因为投资周期长，资产流动性差，不确定因素多、风险大，理应获得更高的投资收益（一般情况，实业净资产收益率应是金融投资收益率的2—3倍）。但近几十年，新自由主义误导金融陷入交易市场自我服务，追求过高的息差收入、花样百出的业务模式和自营交易套利，使金融投资收益率大大超过实体经济。这又吸引许多资金转而投向金融机构，或投资、投机金融市场，使实体产业发展相对萎缩。长此以往，中国经济将失去持续增长动力。

最后，金融业的高薪收入误导青年学子择业方向。现在大批优秀的青年学生在选择专业时往往选择金融，而不是科学、技术、工程、数学（STEM）专业，许多苦读多年的理工科毕业生也转入金融业。这势必对我国科技和实业发展，以及经济增长动力产生负面影响。

金融业的盲目发展埋下了危机隐患

我们党提出全面建成小康社会的三大攻坚战，首要任务是防范化解重大风险，其中最重要的就是防范化解重大金融风险。

首先要明确：重大金融风险可能出现在什么地方？这种重大金融风险是现代经济发展必须承受的代价吗？或者说现代经济社会发展，是否必须在这种充满风险的金融模式下战栗前行，一次次遭受金融风暴的蹂躏，透支国运？这难道是现代经济的宿命吗？

重大金融风险最可能发生在金融衍生品交易市场。金融风险有多种类型，在许多经济活动中都可能出现，而重大金融风险往往发生在金融交易市场。在金融交易中发生风险概率最大、冲击烈度最高的就是杠杆交易和同样具有杠杆放大作用并有跨市场风险的金融衍生品交易。

资本市场，包括为实体经济提供直接融资服务的一级股票市场，为便利股东转让股份而设立的二级股票市场。一级市场的融资能力与二级市场的流动性成正比，息息相关。任何交易都会有风险，金融交易也不例外。但从历史和市场实践来看，传统的股票现货市场风险有限。

重大金融风险往往与杠杆交易和衍生品交易密切相关。杠杆交易与衍生品“创新”的理由是，为市场提供流动性、抑制市场波幅和管理对冲风险。

融资融券是资本市场杠杆交易的主要形式。名义上融资融券是为市场增加流动性、促进市场交易、稳定市场，但市场实践却是另外一回事。在股票市场，投资（投机）者是否积极入市，要看大市氛围：熊市或市场冷清时，使用融资杠杆的投机者鲜有入市；当市场进入牛市热闹起来时，此时问题不再是市场缺乏流动性，而是市场过热、流动性爆棚，投机者利用融资杠杆大举入市，迅速吹大股市泡沫、透支牛市，加大股市风险。当股市泡沫破裂，市场进入下跌通道时，投机者不会继续融资增持股票，也不只是平仓或被平仓抛售股票，还会反向操起融券工具与其他衍生工具一起做空，反方向套利，助推股灾。在市场实践中，融资融券不是逆市场周期提供流动性和有助于市场平稳的管理工具，而是投机者顺周期使用投机套利的工具。2015 年，疯狂短命的杠杆牛市转瞬间变成股灾的市场实践，已经充分说明杠杆交易不是善类，而是助涨助跌的灾星。

品种纷繁复杂的股指期货、期权，外汇期货，期货期权等场内、场外金融衍生品，无一例外都是以对冲风险、平抑市场波幅的风险管理工具为名，堂而皇之设立的。理论上的简单推导，经不起市场实践的检验。金融衍生品在多种内外因素的叠加作用下，甚至是小概率事件的影响下，也会发生无法估量和无法控制的核裂变，非但不能控制风险，还会造成金融危机。

在衍生品市场，鲜有实体产业主体参与衍生品交易，个别被金融机构忽悠参与“套期保值”者，往往赔得找不到北。参与金融衍生品交易的主力，大多都是对冲基金等以投机套利为目的的金融机构。以外汇衍生品交易市场为例，全球每天外汇交易额大约 6 万多亿美元，但其中与国际贸易和对外投资有关的交易量只占约 3%，97% 的交易都属于投机套利。这种交易怎么能够为实体经济服务？

遍访各种财经媒体资讯和历史资料，鲜闻有人因使用衍生品交易而躲过了风险劫难，却屡屡看到欧美金融巨头因衍生品交易被断送或遭受重创。1995 年，有 233 年显赫历史的英国老牌贵族银行——巴林银行，因日经 225 股指期货合约和看涨期权交易发生巨额亏损，轰然倒闭。美国华尔街“套利之父”约翰·梅里韦瑟创建的美国长期资本管理公司，拥有被誉为“点石成金”的团队，却在 1998 年俄罗斯债务危机的小概率事件中濒临破产；此后原班人马东山再起，加强了风险控制，但还是在2008年因衍生品交易没有逃脱覆灭命运。同期因衍生品交易而破产和濒临破产的还有雷曼兄弟公司、贝尔斯登公司、美林公司等。摩根大通在次贷危机中躲过了初一没躲过十五，同样因衍生品交易在“伦敦鲸”事件中遭遇重创。

其他因衍生品而翻船的金融投资者更是不胜枚举。远的不说，中国国际航空公司和香港国泰航空公司都曾先后因套期保值合约、燃油对冲等衍生品交易造成数十亿甚至上百亿元的巨额亏损。近期又发生了中行“原油宝”事件，衍生品交易巨亏300亿元。

还有主权国家被误导的例子。2001年，美国高盛为希腊量身定制了一套“货币掉期交易”方案，冲减希腊政府的公共负债率、掩盖财政赤字，以“帮助”希腊加入欧元区达标。失去约束的希腊深陷债务危机无法自拔。而高盛购买了信用违约互换（CDS）来对冲明知有风险的对希腊的借贷，同时还利用知情人地位，廉价收购CDS，又做空债务抵押债券，一方面加大了希腊的借贷成本，另一方面从中获取暴利。高盛不仅把希腊玩弄于股掌之间，还和美国评级公司默契配合，引发了整个欧元区的危机。

在1984年就参与华尔街开发金融产品和交易模型的理查德·布克斯塔伯，在其《金融的魔鬼》一书中指出：“我们试图改善金融市场的状态，却直接导致了金融市场的结构性风险，而风险的源头正是我们通常认为的创新。”“我们……增加了金融衍生工具的复杂性，因此不可避免地引发种种危机。复杂性下边潜伏着大灾难。”

市场实践清楚地告诉我们，金融衍生品不是改善金融市场状态、管理金融风险的工具，而是金融机构用以满足其贪欲的投机套利的冒险工具。它们的冒险，会给我们的金融市场和国家带来巨大风险。这种风险和发展实体经济没有关系，甚至和发展正常的金融服务也没有关系，反而产生了巨大的金融泡沫风险，更不是现代经济社会发展必须承受的代价。

因此，防范重大金融风险不能仅仅依靠被动监管。正确的做法是，要把金融关进服务实体经济的笼子里，用制度限制其以创新为名为所欲为，自我服务。对于擅长衍生品交易、专事投机套利的海外金融机构，我们也应保持高度警惕。应该鼓励其直接投资，限制金融投资。

放任金融发展会拉大贫富差距

2008 年金融危机之后，美国的三轮量化宽松政策为美国经济注入了 4.125 万亿美元，其中大部分流入金融市场。美国股市标准普尔 500 指数从 2009 年 3 月 9 日的最低值 676 点，一路上升至 2020 年 2 月 19 日的 3386 点。这种资本市场的辉煌和实体经济基本无关，而且使富人更富、穷人更穷。美国前 1% 的最富有人口拥有的财富占比，2008 年已经为 36.33%，到 2019 年达到 42.5%；而占总人口 90% 的大众拥有的财富和收入水平连续 30 年下降，后 50% 低收入人群拥有的财富仅占美国财富总额的 3%。

招商银行与贝恩财富每两年联合发布的“高净值客户”报告显示：2018 年，中国 197 万高净值客户拥有 61 万亿元可投资资产，已经占全国居民和企业存款余额（147 万亿元）的 41.5%，而 2006 年这一比例为 16.1%。这种财富快速向少数人集中的趋势，与这些年快速发展的经济金融化、房地产金融化趋势不无关系。我们必须检视我们的社会主义发展目的，不能放弃共同富裕的伟大目标，坚决铲除贫富分化的金融温床。

资本主义的兴替周期不是社会主义的规律

近 500 年来资本主义交替的百年周期，是今天的一面镜子

从 16 世纪初开启的大航海时代，先后造就了西班牙/葡萄牙/热那亚周期、荷兰周期、英国周期、美国周期四个“百年周期”，开创了资本主义世界体系。新航路的开辟和新大陆的发现，刺激欧洲商人在美洲—非洲—亚洲—欧洲间建立了跨洋贸易（金银、奴隶、手工业品等），为资本主义的滥觞积累了财

富，创造了条件。虽然它们在随后的兴起过程中各有特点，但是这四个先后兴替的“百年周期”都有着相似的规律。在早期的兴起和壮大阶段，它们无一不是依靠实业起家和发展壮大，而当产业发展到一定阶段，资本就会转向更加轻松快捷、利润更高的金融业，即进入了最繁荣和财富最充盈的阶段。然而盛极而衰，随着资本由实体经济领域向金融领域的大规模转移，实业开始萎缩，经济逐渐失去动能，金融泡沫逐渐增大，加之新兴经济体的挑战和挤压，周期性的大危机将不可避免地爆发。

20 世纪 80 年代，里根政府大举推行新自由主义政策，美国的经济金融化愈演愈烈。与此前荷兰、英国周期不同的是，美国周期的金融化程度更高，问题更严重。一方面，华尔街以金融创新为名，把更多的资金投入到金融衍生品交易、杠杆交易、高频交易和大宗商品交易中投机套利，使美国的金融更加危险；另一方面，美国使用美元霸权和金融工具，在全球资本市场和大宗商品市场收割发展中国家，破坏实体经济。越吹越大的金融泡沫终于引爆了 2008 年金融海啸。但不思悔改的华尔街在实体经济持续疲软的条件下，依然吹出了十年牛市的“奇迹”，继续透支国运。美国对金融化的执着，是资本的执着，是历史规律使然。

社会主义中国要警惕经济金融化倾向

我们今天从事的是社会主义事业，是对资本主义制度的批判与扬弃。如今，中国特色社会主义市场经济发展方兴未艾，却过早地出现了经济金融化迹象，需要我们高度警惕。最重要的是，需要清醒的社会主义制度自觉。

第一，用社会主义制度重塑金融。在资本主义价值观体系下，资本追求利润最大化是天经地义，虽然西方国家不乏有识之士批评金融异化妄为，但却无力改变这种愈演愈烈的趋势。

这种金融异化的悲剧唯有社会主义可以避免。社会主义经济发展是为全体中国人民谋求最大利益，要求金融为全社会利益服务，为实体产业服务，为人民群众日益增长的物质文化生活需求提供服务，而不能允许以“金融创新”为幌子盲目效仿美国。我们有社会主义制度的优势，可以制定为人民而不是为资本的新型金融制度，规范金融服务，抑制金融放任发展，抑弊兴利，使金融有所为、有所不能为。这就是我们能避免资本主义“百年周期”的理由与底气。但这一切取决于我们有无制度自觉。

第二，在金融领域倡导简单哲学。在社会治理、经济运作方面，最佳状态应该是把复杂问题简单化，而不是越搞越复杂。本来金融很简单，就是为实体经济提供融资中介服务。搞金融创新的目的，应该是提高服务水平，为客户提供低成本、高效率、方便快捷的金融服务，而不是故弄玄虚地复杂化。

目前，我们有人把借复杂化自我服务的美国金融视为圭臬，把杠杆化、衍生品、计算机高频交易等十分凶险的金融流行病当作现代金融市场的标准配置。其实这是错误的。这些让人们艳羡不已的美国金融原本不需要如此复杂，复杂不仅与金融服务无关，而且让美国金融更加危险。① 金融市场复杂化绝不是先进，而是灾难。我们必须急流勇退，坚决反对金融复杂化，倡导金融简单哲学，让金融老老实实地做融通资金的中介服务，做它应该做的事情。

我们的决策层和监管者一定要坚持社会主义金融价值观，坚持金融服务实体这一底线原则，注重政策的作用力方向研究，在面对金融机构的“创新”申请时，一定要审视评估，实证分析“服务实体经济”的服务方式、传导路径、业务流程。坚决抵制借服务实体经济和创新之名，搞金融复杂化自我服务。我们监管当局要有定力，要能顶得住监管套利者的游说，以及金融中心之间竞争的诱惑和压力，坚守金融服务初心，坚持简单哲学。

---

① 最近《纽约时报》刊载专栏作家托马斯·弗里德曼的一篇文章《我们是怎样破坏这个世界的》，文中说金融衍生品交易使“我们都进了赌场”，“我们突破了金融常识的界线”；认为“这一次可能更加危险，因为计算机交易现在占全球股票交易的一半以上。这些交易员利用运算法则和计算机网络以千分之一秒或百万分之一秒的速度处理数据，买卖股票、债券或大宗商品”。这些都是对现代世界的破坏。

经济金融化是资本主义向周期顶峰冲刺并导致早衰的制度性宿命。唯有中国共产党领导的社会主义中国有可能超越这种历史局限，但前提是必须有高度的制度自信和制度自觉。我们要不忘初心，解放思想，破除美国金融迷信，重新构建社会主义金融服务制度体系，为中国特色社会主义新时代建设，为中华民族的伟大复兴事业服务、奋斗！

超低利率的理论与实践

张　明*

编者按：2008 年金融危机后，各国全要素生产率下降，新一轮技术革命尚不具备大规模产业化条件。发达国家产业日益空心化。全球经济陷入长期性停滞，发达国家普遍采取低利率、量化宽松等货币政策。发达国家经济增长严重依赖扩张性货币政策，往往将经济拖入衰退。从各国央行实践看，负利率政策在一定程度上起到提振经济效果，对其政策效应要从短期和长期效果进行检验。

负利率形成的长周期背景

2008 年金融危机后，全球经济陷入长期性停滞，发达国家普遍采取低利率、量化宽松等非常规货币政策以刺激经济恢复增长，取得了短期效果，同时也埋下了更大隐患。

全球金融危机之后世界经济陷入长期性停滞

全球人口增长率下降，老龄化加深问题日趋严重，人力资本和市场需求增长乏力；实体经济利润率不断下降，投资信心不足；金融危机后，各国全要素生产率出现了明显的趋势性下降，上一轮技术进步红利已经充分释放，而新一

*　张明，中信改革发展研究院资深研究员，中国社科院金融研究所副所长。

轮技术革命尚未具备大规模产业化条件。欧美发达国家产业日益空心化，社会阶层极化加剧，有效需求严重萎缩；拉美国家和印度经济增速巨幅震荡；石油价格低迷使俄罗斯、沙特等主要产油国遭受重创。全球内生增长动力极度疲弱。民粹主义与单边主义抬头，各国之间的存量博弈不断加剧；新冠肺炎疫情暴发和传播，抑制了各国间人员和物资流动。全球贸易自由化进程受挫。按照IMF的估算，2019年全球经济仅增长2.9%，而受新冠肺炎疫情影响，预计2020年全球经济将萎缩4.9%。①

各国实施扩张性货币政策导致的路径依赖

次贷危机爆发后，美联储开启以“资金量”为操作目标的量化宽松政策。自2008年11月至2014年10月，美联储资产负债表规模从9000亿美元迅速扩大到4.5万亿美元。2019年下半年以来，美国进入新一轮降息周期，美联储资产负债表规模再次扩大，尤其在新冠肺炎疫情冲击后，2020年6月达到了7.22万亿美元的历史峰值。②

20世纪90年代以来，日本利率长期处于零值附近。2001年3月，日本成为世界上最先采取量化宽松政策的国家。2008年金融危机爆发后，日本央行在降息的同时启动了资产购置计划。2016年1月起，日本央行对商业银行新增准备金账户征收负利率。本次疫情后，日本央行宣布将采取额外宽松措施，将年度ETF购买目标增加6万亿日元，总规模达12万亿日元。③

为应对2008年国际金融危机和2009年欧债危机的双重打击，欧洲央行通过近10次降息，将主导利率降至0.15%，隔夜存款利率降至-0.2%；2019

① https：//www. imf. org/en/Publications/WEO/Issues/2020/06/24/WEOUpdateJune2020.

② Sirio Aramonte，Seung Jung Lee，Viktors Stebunovs. Risk Taking and Low Longer-Term Interest Rates：Evidence from the U. S. Syndicated Term Loan Market［J］. Journal of Banking and Finance，2019.

③ 芦菲儿. 金融危机背景下美日欧量化宽松政策比较研究［J］. 经济研究导刊，2015（11）：205—207.

年 9 月，存款便利利率降至 -0.5%。2015 年 1 月，欧洲央行宣布在 2015 年至 2016 年间展开超过 1 万亿欧元的资产购买计划，资产范围包括各成员国公债、资产支持债券及担保债券。①

在应对全球金融危机及其后续影响的过程中，发达国家的非常规政策在一定程度上促进了经济的恢复，但也埋下了新的隐患——经济增长严重依赖扩张性货币政策，利率稍有升高或央行启动缩表，往往又会将经济拖入衰退。

主要发达经济体债务负担压力趋大

全球央行维系低利率使得全球债务总规模和杠杆不断攀升，而大规模刺激性财政支出使政府债务负担增长更为快速。根据 2020 年 7 月国际金融协会（IIF）发布的全球债务监测报告，2020 年一季度全球债务增长 1.2 万亿美元，达 258 万亿美元，美国的债务占成熟市场债务总额 185 万亿美元的一半；发达国家中除德国外，政府债务占 GDP 的比重普遍在 100% 左右，日本甚至超过了 200%，② 各国都需要维持低利率以避免发生系统性风险。

主要经济体利率的周期波动

在 20 世纪 70 年代至 80 年代初，石油危机引发严重通货膨胀，世界主要经济体名义政策利率飙升至 10% 以上。通胀问题缓解后，主要发达经济体名义利率出现周期性下行。2008 年后，主要发达经济体名义利率下行的主要原因是全球经济潜在增速下滑，以及人口结构、收入不平等等结构性因素所引发的中性利率下降（见图 1）。③

图 2 中可见，联邦基金目标利率与美国核心 CPI（居民消费价格指数）有

---

① 魏晓琴，赵建南．美欧日量化宽松货币政策有效性对比研究［J］. 海南金融，2016（8）：11—16.

② Global Debt Monitor：Sharp Spike In Global Debt Ratios. IIF［EB/OL］.（2020-07-16）. https://www.iif.com/Publications/Members-Only-Content-Sign-in?returnurl=/publications/id/4008.

③ 缪延亮，唐梦雪，胡李鹏．低利率：成因与应对［J］. 比较，2020（2）.

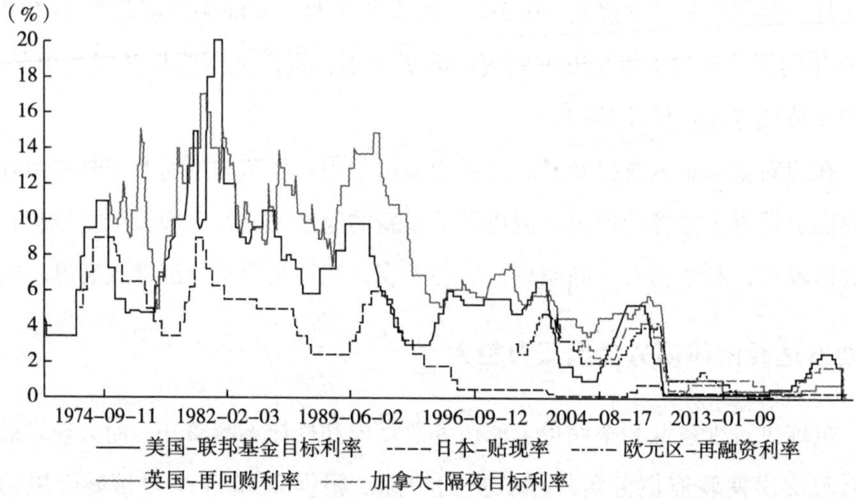

图1　20 世纪 70 年代以来主要发达经济体利率变动情况

数据来源：Choice 数据库。

相近的变动趋势。一方面，联邦基金利率是名义利率，其中包含了通货膨胀因素；另一方面，维持物价稳定是美联储货币政策的重要目标之一，CPI 过高时，美联储会通过加息抑制通胀，CPI 过低时又会通过降息抑制通缩。

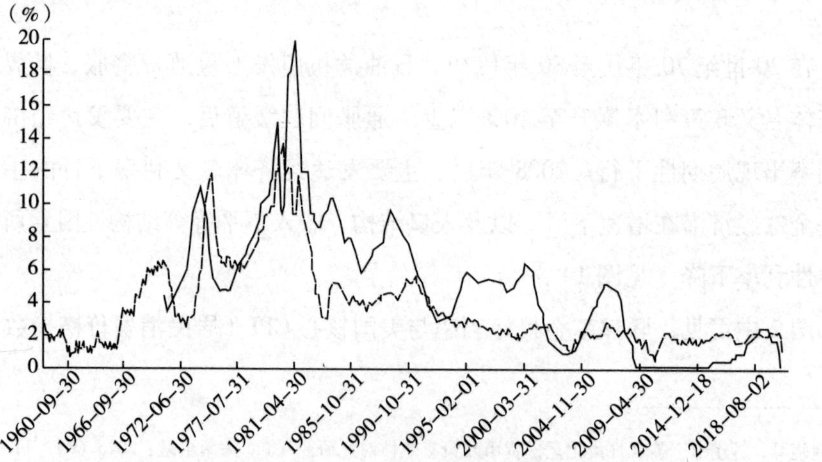

图2　美国联邦基金目标利率与核心 CPI 走势对比

数据来源：Choice 数据库。

图 3 中可见，将美国联邦基金名义利率减去当期 CPI 近似得到的当期“实际利率”与同期 GDP 增速走势高度相关，且实际利率滞后于 GDP 增速的变化。早在 20 世纪 50 年代，美国联邦基金实际利率就曾降为负值，而当时美国 GDP 也出现了负增长，此后实际利率数次落入负值区间，同期 GDP 增速也多为负值。

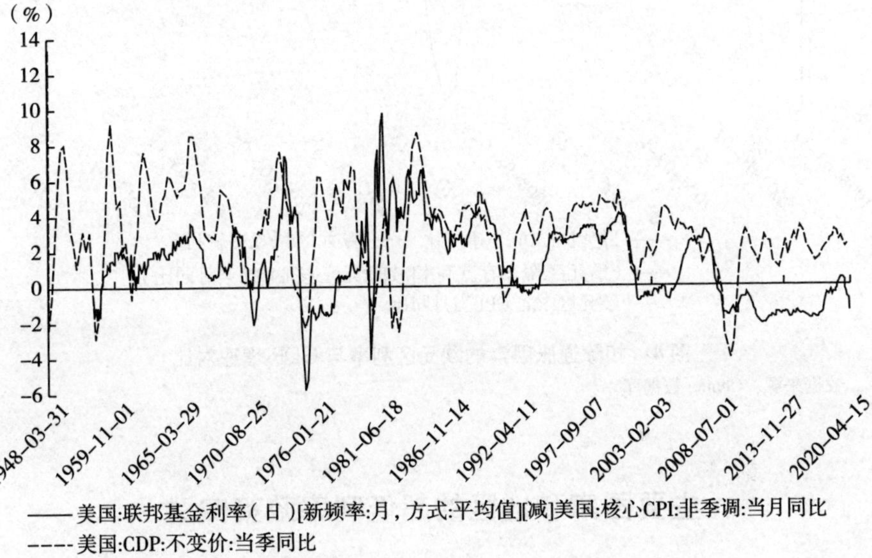

图 3　扣除通胀因素的美国联邦基金目标利率与 GDP 增速对比

数据来源：Choice 数据库。

图 4 中可见，欧元区与美国类似。欧元区隔夜存款名义利率在 2012 年 6 月转为负值，而实际利率早在 2002 年 1 月就出现负值，当时欧元区 GDP 接近零增长。

自 20 世纪 90 年代以来，日本长期维持在 0 左右的低利率水平，与其近于 0 的通货膨胀率趋势一致，与 GDP 增速的变化趋势相关性不明显。

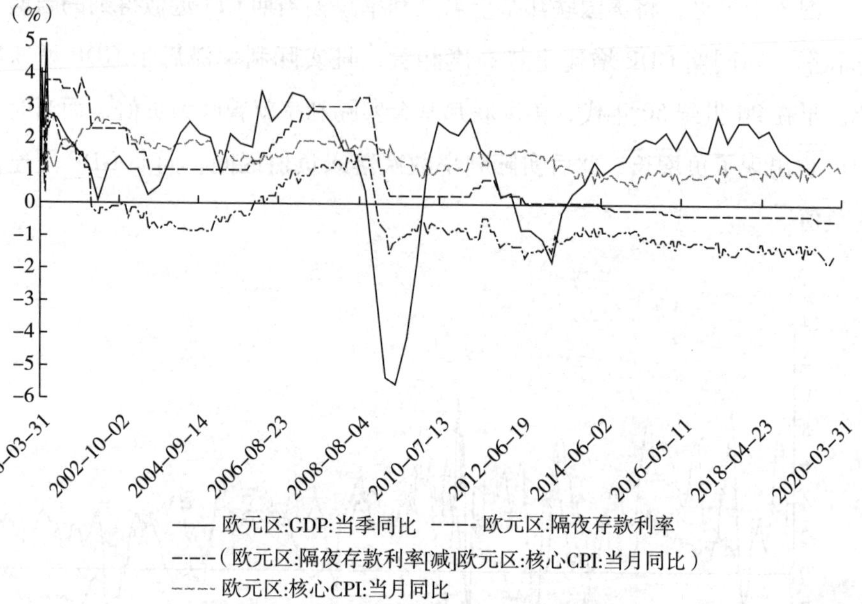

图 4　扣除通胀因素的欧元区利率与 GDP 增速对比

数据来源：Choice 数据库。

主要国家和地区的超低利率政策实践

2020 年新冠肺炎疫情冲击后，在货币政策空间极为有限的情况下，美欧日等国家和地区进一步调低政策利率水平，超低利率甚至负利率屡见不鲜。

美国零利率政策

自 2007 年 8 月起，美联储 11 次大规模降息，利率从 5.25% 降至 0—0.25% 的目标区；12 次降低贴现利率，累计调低 525 个基点至 0.5%，美国进入“零利率”时代。直到 2015 年 12 月后，联邦基金目标利率逐渐恢复至 2.25%—2.5%。2019 年 7 月，受特朗普政治压力等影响，美联储开启了新一轮降息周期，到新冠肺炎疫情暴发前联邦基准利率已下降至 1.50%—1.75%。

新冠肺炎疫情暴发后，美联储在半个月内连续降息150个基点至0—0.25%。

日本负利率政策

1999年2月，为应对亚洲金融危机后的影响，日本央行将同业间隔夜拆借利率调整为0.15%，后又降至0.1%。随后，日本利率曾小幅回升。2008年国际金融危机后，日本央行两次降息将无抵押隔夜拆借利率下调至0.1%。2016年1月起，日本对于既有的超额准备金余额按照0.1%利率付息，对于宏观加算余额（法定准备金）按照0利率，对于除上述两项之外的超额准备金余额适用-0.1%的超额准备金利率。至此，日本成为亚洲第一个实施负利率的国家。

“利率走廊”下的负利率实践

欧洲国家的央行多采用“利率走廊”方式实现对利率的调控，央行融资利率是上限，超额存款准备金利率是下限。如表1所示，根据实施负利率的范围不同，可分为4个层级。欧元区、丹麦、匈牙利实行中度负利率政策，瑞典实行深度负利率政策，瑞士实行全面负利率政策。

表1　4个层次的“走廊式”负利率政策

	超额存款准备金利率		央行融资利率	
	部分负利率	全部负利率	部分负利率	全部负利率
轻度	√			
中度		√		
深度		√	√	
全面		√		√

（1）欧元区。2014年6月，欧洲央行将作为利率走廊下限的隔夜存款便利利率由零下调至-0.1%，后又4次降息至2019年9月的-0.5%；作为向

市场提供大规模流动性的主要再融资利率仍然实行零利率，而作为利率上限的隔夜贷款便利利率仍为正。

（2）丹麦。2012 年欧洲央行降息后，为稳定汇率，丹麦将其央行存单利率降至 -0.2%。限额内准备金为零利率，超限额准备金也就是央行存单利率为负，商业银行从央行贷款的央行融资利率和再贴现利率为极低的正利率和零利率。2014 年 4 月，丹麦短暂地结束了负利率政策，但在几个月后又很快恢复，央行存单利率连续 5 次降至 2015 年 2 月的 -0.75%，一直保持至今。

（3）匈牙利。2016 年 3 月，受国内通胀不及预期和欧元区降息影响，匈牙利央行将政策基准利率由 1.35% 下调至 1.2%，同时将隔夜存款利率下限由 0.1% 下调至 -0.05%。2017 年 9 月，随着政策基准利率下调至 0.9%，隔夜存款利率的下限进一步下调至 -0.15%，并对法定准备金的透支部分课以同等利率水平的罚息。

（4）瑞典。瑞典央行于 2009 年 7 月将为期 7 天的回购利率下调至 -0.25%；2010 年 9 月，暂时退出了负利率政策；2014 年 7 月，央行回购利率降至 0.25%，隔夜存款便利利率相应降至 -0.5%；2015 年 2 月，瑞典央行回购利率下调至 -0.1%，后又下调至 -0.5%，存款利率降至 -1.25%。

（5）瑞士。为应对瑞士法郎升值压力，瑞士利率在 2011 年后长期维持在零水平附近；2014 年 12 月，瑞士央行将超额存款准备金利率降至 -0.25%，同时将政策利率目标区设为 -0.75%—0.25%；2015 年 1 月，超额存款准备金利率下调至 -0.75%，利率目标区下调至 -1.25%— -0.25%。

债券负利率

负利率会间接推低债券市场利率。2015 年，瑞士成为首个以负收益率销售 10 年期国债的国家，随后日本也发行了负收益基准债券，2016 年 7 月德国以 -0.05% 的收益率售出 10 年期国债。

2015 年后，德国、日本、法国、瑞士等国家的政府债券收益率长期处于负利率状态。发达国家长期国债属于避险资产，全球经济增长乏力、不确定不稳定性因素增加，造成发达国家国债受到追捧，而出现了大量负收益率债券。

负利率的效果评估

目前来看，负利率政策的确在一定程度上起到了提振经济的效果。下面从政策目的、传导渠道和外溢效应三个角度对负利率政策的效果进行评估。

对于负利率政策效果研究的难点在于如何将其从其他类似政策（如量化宽松政策）和其他因素的影响中识别出来，本文分别采用了事件研究法和双重差分法对负利率政策的短期和长期效果进行了检验。

负利率政策的政策目的

从各国央行负利率实践来看，负利率政策的直接目的有二：一是应对通货紧缩风险；二是应对汇率升值和资本流入的压力。表 2 汇总了近年来主要的负利率政策公告及其主要目的。

表2　主要的负利率政策——央行政策目标及其负利率公告日期　（单位：%）

央行（政策利率）	目的	日期	利率
欧洲中央银行（存款便利）	稳定物价和锚定通货膨胀预期	2014 年 6 月	-0.10
		2014 年 9 月	-0.20
		2015 年 12 月	-0.30
		2016 年 3 月	-0.40
		2019 年 9 月	-0.50
瑞典央行（1 周回购利率）	稳定物价和锚定通货膨胀预期	2015 年 2 月	-0.10
		2015 年 3 月	-0.25
		2015 年 7 月	-0.35
		2016 年 2 月	-0.50

（续表）

央行（政策利率）	目的	日期	利率
丹麦央行（1 周存单利率）	应对汇率升值压力	2012 年 7 月	-0.20
		2014 年 9 月	-0.05
		2015 年 1 月	-0.20
		2015 年 1 月	-0.35
		2015 年 1 月	-0.50
		2015 年 2 月	-0.75
		2019 年 9 月	-0.75
瑞士央行（隔夜即期存款利率）	应对汇率升值压力	2014 年 12 月	-0.25
		2015 年 1 月	-0.75
		2019 年 6 月	-0.75
日本央行（补充存款便利）	稳定物价和锚定通货膨胀预期	2016 年 1 月	-0.10
匈牙利央行（隔夜存款利率）	稳定物价和应对汇率升值压力	2016 年 3 月	-0.05
		2017 年 9 月	-0.15
挪威央行（储备利率）	稳定物价	2015 年 9 月	-0.25
		2016 年 3 月	-0.50
保加利亚央行（LEONIA Rate）	稳定物价	2016 年 1 月	-0.30

资料来源：Arteta 等（2018）①、Jobst & Lin（2016）②，作者根据各央行公告进行了补充。

注：挪威和匈牙利作为负利率国家的特例，仍然保持主要政策利率为正，对货币市场利率的影响也很小。

（1）负利率能否有效提高通货膨胀水平

如表 3 的第一列所示，在控制短期利率、M2 增长率、名义有效汇率后，

① Arteta C，Kose M A，Stocker M，et al. Implications of Negative Interest Rate Policies: An Early Assessment [J]. Pacific economic review, 2018, 23 (1): 8-26.

② Jobst A，Lin H H. Negative Interest Rate Policy (NIRP); Implications for Monetary Transmission and Bank Profitability in the Euro Area [J]. Imf Working Papers, 2016.

双重差分项 D＊T 的系数显著大于零，说明相对于其他国家而言，那些采取了负利率政策的国家和地区的通货膨胀水平，在 2014 年 6 月负利率政策普遍实施之后得到显著的提升。进一步控制工业生产指数增速和失业率，结果依然稳健。

表 3　DID 回归：负利率政策对政策目标变量的影响

	通货膨胀率	名义双边汇率（美元）	名义有效汇率	实际有效汇率
D	−2.809***	−0.916***	−9.332***	−6.659***
	(−8.207)	(−37.347)	(−10.543)	(−9.350)
T	0.181	−0.0236	−3.212	−3.316
	(0.083)	(−0.363)	(−0.933)	(−1.254)
D＊T	0.434**	0.0687***	2.334***	−2.689***
	(2.408)	(6.402)	(4.972)	(−7.073)
控制变量	控制	控制	控制	控制
国家固定效应	控制	控制	控制	控制
时间固定效应	控制	控制	控制	控制
Observations	6228	7239	8089	7939
R − squared	0.666	0.960	0.383	0.458

数据来源：IMF 的 IFS 月度数据，采用 CEIC 数据进行了补充。

注：括号中为 t 统计量，*** $p<0.01$，** $p<0.05$，* $p<0.1$，下同。

（2）负利率是否抑制了汇率的升值

首先观察负利率公告对名义汇率的短期影响。整体来看，负利率公告宣布后，各经济体的本币名义汇率随即发生贬值。如图 5 所示，在负利率公告宣布的前后一天，各国名义有效汇率和兑美元名义汇率的均值分别下降了 0.37% 和 0.93%。唯一的特例是瑞士法郎的异常升值，这是因为 2015 年 1 月 15 日，瑞士法郎兑欧元的汇率上限被放弃引发了汇率急剧升值。

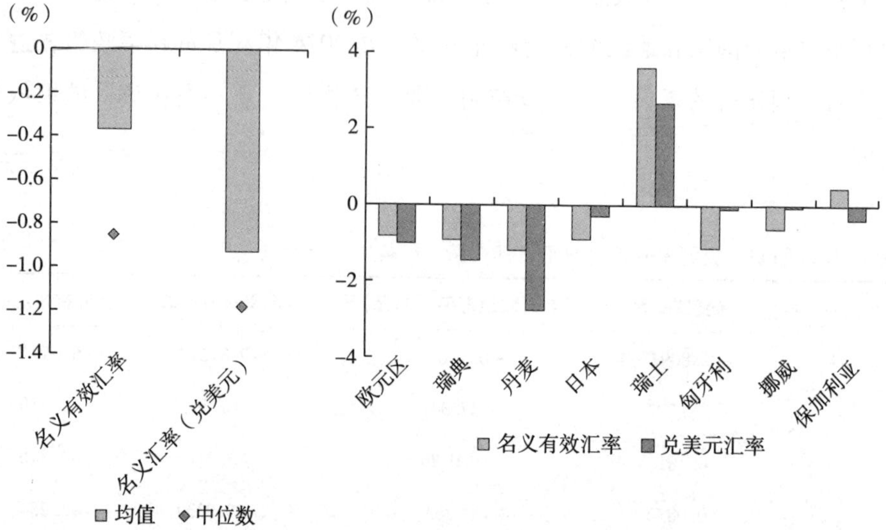

图5　负利率公告在前后一天的事件窗口下对汇率的影响

数据来源：BIS。

注：（1）名义有效汇率下降表示本币贬值，名义汇率为间接标价法，其下降同样意味着本币贬值。（2）负利率事件包括表2中列举的25个负利率降息公告事件。

进一步考虑负利率政策在中长期的影响，DID回归（见表3）的结果显示，从中长期来看，负利率政策反而提高了名义有效汇率（以及兑美元名义汇率）水平，但是可能由于通货膨胀水平同时也被提升，因此实际有效汇率有所贬值。名义汇率的升值可能有以下三个方面的原因：一是中长期内其他因素对汇率的升值作用，如负利率引发的资产价格上升；二是考虑利率平价成立时，利率下降的国家本币将预期升值；三是市场避险动机会引发避险货币升值。

负利率发挥作用的主要渠道

尽管各国央行实施负利率的动机并不相同，但是负利率政策对经济活动和通货膨胀的传导渠道在概念上与传统货币政策相似。具体而言，负利率政策将主要通过利率、信贷、资产价格和汇率等渠道进行传导，并在前三个渠道中都发挥了显著的作用。

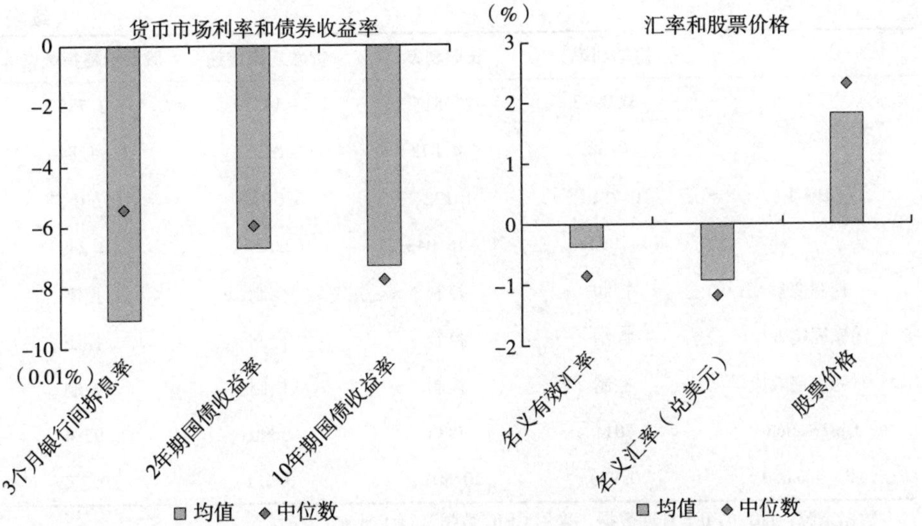

图6　负利率公告在前后一天的事件窗口下对利率的影响

数据来源：BIS，CEIC。

注：由于日度数据暂缺，事件研究中不包含信贷渠道传导的贷款指标。

负利率通过上述渠道传导的短期作用可以通过事件研究结果（见图6）进行观察。从短期看，负利率政策降低了3个月期的货币市场利率和2年期/10年期的国债收益率水平，并提高了本国股票价格指数，对名义汇率则起到了小幅贬值效果。

而DID回归的结果则可以揭示其长期作用（见表4），与没有实施负利率的国家相比，负利率政策显著降低了本国短期和长期利率，并提高了贷款规模增长速度和股票价格增长率。也就是说，从中长期来看，负利率政策突破了零利率下限约束，成功传导到了短期和长期的市场利率，并有效提高了本国信贷增长率和股票价格水平。

表4　DID回归：负利率政策在利率、信贷和资产价格渠道的传导

	短期利率	长期利率	贷款规模增速	股票价格指数增速
D	0.107	-0.324***	-5.154**	0.257
	(1.642)	(-2.749)	(-2.089)	(0.623)

（续表）

	短期利率	长期利率	贷款规模增速	股票价格指数增速
T	-0.0972	-2.651***	-14.12	-2.785*
	(-0.387)	(-4.872)	(-0.951)	(-1.846)
D*T	-0.281***	-1.122***	3.013**	0.691***
	(-7.958)	(-16.048)	(2.355)	(3.249)
控制变量	控制	控制	控制	控制
国家固定效应	控制	控制	控制	控制
时间固定效应	控制	控制	控制	控制
Observations	7014	5883	5090	9284
R-squared	0.953	0.801	0.611	0.372

数据来源：IMF 的 IFS 月度数据，采用 CEIC 数据进行了补充。

注：短期利率和长期利率分别使用三个月期的货币市场利率和十年期的国债收益率表示。

主要国家负利率政策对全球的溢出效应

与量化宽松政策类似，负利率政策对全球的溢出效应主要在于国际资本流向的变化、对资产价格的推升和他国汇率的升值。此外，负利率政策还会导致发达国家货币政策的分化效应。我们依然采用事件研究方法分析负利率政策是如何影响发达经济体和新兴经济体的金融指标。

从图 7 来看，在主要央行的负利率政策公布的前后一天，发达经济体和新兴经济体的长期利率下降，股票市场价格上升，名义有效汇率升值，这与之前对量化宽松政策的相关估计类似。而且长期利率的下降和股票市场价格的上升现象都广泛出现在了样本国家之中，其中新兴经济体的长期利率下降的幅度更大，股票市场价格出现更大幅度上涨的概率也更高，二者的波动幅度也更大。

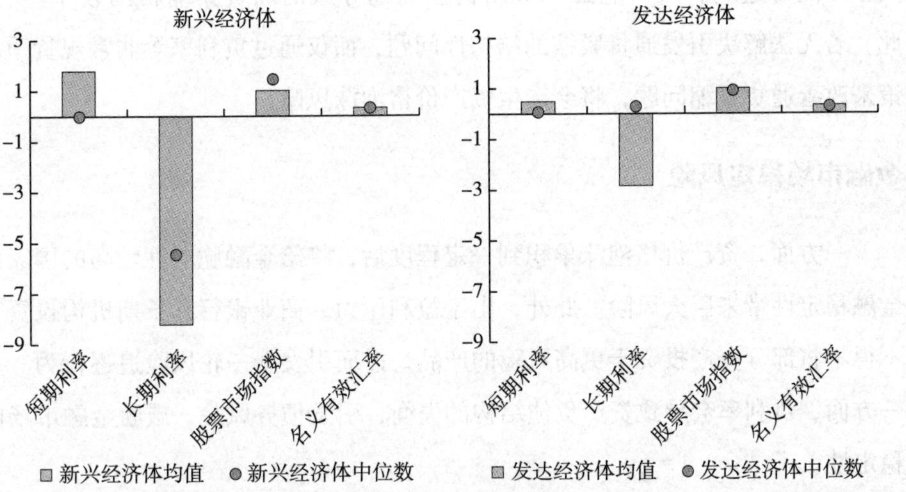

图7　负利率公告在前后一天的事件窗口下对其他国家的影响

数据来源：CEIC。

注：（1）包括10个新兴经济体样本和7个发达经济体样本。（2）在事件选择上，选择了欧洲央行的5次负利率降息事件，日本的负利率降息事件，以及瑞士在2015年1月伴随瑞士法郎汇率底价放弃的降息事件，共7次。

负利率的主要风险

尽管短期内来看，负利率政策起到了提振经济的效果，但是许多经济学家都对其潜在的风险表示担忧。在负利率政策所蕴藏的风险爆发之前，找出其在金融系统中所处的位置并进行妥善处理，对于负利率国家乃至全球而言都是一项艰难而重要的挑战。

资产价格泡沫风险

在全球经济增长结构性问题得不到有效解决的背景下，负利率政策所引发的风险资产的价格的持续推高可能会导致资产泡沫的累积。货币政策对于化解因生产能力过剩、人口老龄化等结构性问题导致的通货紧缩帮助较小。[1] 因此，若无法解决引发通货紧缩的结构性问题，而仅通过负利率等非常规货币政策来改善通货紧缩问题，将会产生资产价格泡沫风险。

金融市场稳定风险

一方面，资产价格泡沫累积到一定程度后，将给金融脆弱性较高的国家的金融稳定性带来巨大风险。此外，出于盈利压力，商业银行和长期机构投资者不得不将部分资产投资于更高风险的产品，进而引发新一轮风险追逐行为。另一方面，负利率会导致资产负债结构的失衡，引发债务风险，威胁金融市场的稳定性。

资源错置风险

低利率环境使得僵尸企业能够继续存活，这会影响其他企业的资源可得性，损害资源配置效率。同时，负利率的资源错置风险会进一步造成三个不利影响：第一，降低了企业提高效率的积极性，不利于劳动生产率的长期增长。第二，减少企业的破产概率，因此反而会对通胀造成往下的压力。第三，可能会引发不良贷款和债务积压问题。[2]

商业银行风险

负利率政策压缩了商业银行的盈利能力。由于存款利率黏性的存在，负利率政策将降低银行的存贷款利差，从而影响银行利润。IMF 在 2020 年 4 月的《全球金融风险稳定性报告》中强调了在超低环境中的银行风险。自 2014 年

---

① 管涛. 负利率能够治通缩吗？[J]. 金融论坛，2016，21（8）：7－10，50.

② Syed, Murtaza, Kenneth Kang and Kiichi Tokuoka, 2009, "'Lost Decade' in Transition: What Japan's Crisis Could Portend About Recovery From the Great Recession," IMF Working Paper No. 09/282 (Washington, D. C.: International Monetary Fund).

以来，发达经济体的商业银行股权回报率逐渐下降，而股权市场成本则在波动上升，尤其以负利率经济体最为显著。

进一步看，银行的盈利压力将会影响货币政策传导效率，并提高银行的风险承担水平。约布斯特和林发现，如果存款利率降至下限而且银行资金紧张，会导致银行盈利能力上升，造成货币政策传导和银行利润的艰难权衡，这可能是欧洲和日本的负利率政策效果不够显著的重要原因。[①]此外，为应对盈利收窄带来的不利影响，银行可能会选择持有更多的风险资产以谋求更高的收益。

收入分配失衡风险

负利率可能加剧收入财产分配失衡。具体而言，负利率政策使资产价格上涨而利率下行，其中资产价格的上涨使家庭的财产性收入迅速扩张，从而进一步增加了高收入高资产家庭的财富占比；而储蓄性存款是低收入者主要甚至唯一的金融资产，存款利率的下行进一步损害了低收入家庭的财产收益。因此，收入财产分配的失衡进一步扩大。

对新兴市场国家的负面外溢效应

从中长期来看，负利率政策可能给新兴经济体带来资本流动逆转风险、资产价格风险和货币错配引发的债务风险。

(1) 资本流动及其逆转风险

负利率会促使短期跨境资本持续流向利率更高的新兴市场国家，一旦全球金融环境突然收紧，资本流动方向将迅速逆转，对新兴经济体的经济和金融稳定带来较大挑战。2020 年新冠肺炎疫情危机中，新兴经济体经历了 2008 年以来最严重的证券投资的逆转，而其中最强劲的资本流出来自除中国外的亚洲新

---

① Jobst A , Lin H H . Negative Interest Rate Policy (NIRP) ; Implications for Monetary Transmission and Bank Profitability in the Euro Area [J]. Imf Working Papers, 2016.

兴市场国家。

（2）资产泡沫风险

负利率和低利率环境促使资本流向新兴经济体并提升了资产价格，这将会放大股票市场等金融市场的风险，使资金从低风险资产流入风险更高的资产。如前所述，国际环境的突然变化本身即会导致风险资产价格迅速下降，与之伴随的新兴经济体资本流入的突然逆转则会进一步造成新兴经济体资产价格泡沫的迅速崩塌。

（3）债务风险

从融资方式来看，负利率政策会降低负利率国家债务工具的借贷成本，刺激新兴市场和发展中国家在负利率地区融资，而更高的外债水平使新兴经济体和发展中国家面临更高的债务风险，尤其是当汇率出现剧烈波动时，这些发展中国家和新兴经济体出现货币错配的风险将会急剧加大，进而引发债务危机。①

此外，部分发达国家采取了负利率政策，可能增加美元的升值压力，这将使那些拥有大规模美元债务的新兴市场和发展中国家面临更大的偿还压力。

中国的应对建议

考虑到负利率政策的形成背景和潜在风险，在当前国内经济形势逐渐向好的背景下，中国应珍惜难得的正常货币政策空间，谨慎考虑将利率压至较低水平，并对主要发达经济体非常规货币政策带来的负面外溢效应进行防范。

其一，根据国内经济形势的变化制定宏观政策，珍惜难得的正常货币政策空间。

当前，中国经济的复苏已经步入正轨，但未来国际环境仍具有较大的不确

① 张宇燕，等．负利率时代的风险与挑战［J］．世界知识，2020（8）：12—13.

定性。疫情应对期间的金融支持政策是阶段性的，中国要十分珍惜常规状态的货币财政政策，不搞大水漫灌，更不搞赤字货币化和负利率。

其二，强化宏观审慎监管框架，避免国内出现资产价格泡沫。

构建宏观审慎监管体系，加强对系统重要性金融机构的监管，防范由金融体系过度顺周期性引发的资产价格波动和金融稳定风险是大势所趋。面对大规模量化宽松政策的再度重启和负利率的加剧，中国应进一步强化宏观审慎管理框架，以避免国内出现资产价格泡沫。

其三，人民币汇率机制进一步市场化，避免形成持续的单边升值或贬值预期。

负利率等政策加深或退出会对人民币造成升值或贬值的压力，如果央行试图维持人民币汇率的稳定，将会面临资本管制、使用外汇储备干预市场或是部分放弃国内宏观政策独立性的抉择，并形成持续的单边升值和贬值预期。因此，中国应当继续深化人民币汇率市场化改革，加强人民币汇率弹性，为货币政策的主动性提供空间。

其四，保持对跨境资本流动的管理，防范未来短期跨境资本的大规模流入。

在主要发达经济体新一轮量化宽松和超低利率的政策背景下，中国应保持对跨境资本流动的管理，尤其是预防未来短期跨境资本的大规模流入及其带来的资产价格上涨和人民币汇率升值风险。在资本管理措施的选择上，在非必要时更多使用透明、非歧视、市场化的资本流动管理措施以及价格型管理工具，如引入托宾税等更加市场化的管理措施。

其五，呼吁全球主要大国之间加强货币政策协调，降低其对新兴市场国家的外溢效应。

量化宽松和负利率等非常规宽松货币政策的实施，都会加剧短期跨境资本的频繁流动和汇率波动，对新兴经济体金融稳定造成冲击。在以美元为主导的国际货币体系中，美联储在一定程度上扮演了世界央行的角色，其货币政策的变化会对新兴市场国家的影响很大。因此，我们呼吁全球主要大国加强货币政策的协调，积极利用 G20 等国际组织平台进行政策沟通与协调，降低其货币政策对新兴市场国家之间的外溢效应。

其六，强化东亚国家之间的货币金融合作，降低负利率加深或反转的不利影响。

本次疫情暴发以来，新兴经济体经历了 2008 年以来最严重的非居民证券投资的逆转，除中国外的亚洲新兴市场国家的影响最为严重，这与上一轮全球宽松货币政策下资本大量流入新兴经济体具有密切的联系。因此，面对未来负利率政策加深和反转对新兴经济体可能带来的负面外溢效应，通过东亚国家之间的货币金融合作共同抵御外部风险是一条可行之道。未来应进一步完善区域安全网络，共同应对主要发达经济体货币政策的变化可能对东亚国家金融稳定造成的不利影响。

后疫情时代人民币国际化的新思路

张岸元*

编者按：近些年来，美国货币财政政策有了一系列史无前例操作，人民币国际化面临直接制约因素。在中美两国博弈中，人民币国际化必将提到议事日程。人民币进一步发挥国际储备、国际投资功能，面临新的契机。

跨境贸易与投资人民币结算暨人民币国际化启动已逾十年。目前，人民币国际结算、国际储备、国际定价地位均有不同程度的提升，人民币国际化成就有目共睹。与此同时，在履行国际货币职能的各个方面，人民币与主导货币相比仍有相当大的差距。2008 年金融危机以来，美国货币财政政策有了一系列史无前例的操作，中长期影响难以判断；展望后疫情时期的国际货币金融格局，究竟对人民币国际化有利还是有弊，目前难有结论。

人民币国际化取得初步进展

——全球储备货币地位略有提升。目前全球有 70 多家央行或货币当局将人民币纳入外汇储备货币。根据 IMF 数据，截至 2019 年末，已分配外汇储备份额占全部的 93.65%，其中，美元占已分配外汇储备份额的 60.89%，欧元占 20.54%，日元占 5.7%，英镑占 4.62%。全球人民币储备规模为 2176.73

---

* 张岸元，中信改革发展研究院资深研究员，中信建投证券首席经济学家。

亿美元，占已分配外汇储备份额的 1.96%，相比 2019 年第三季度小幅回落 0.02 个百分点，排在美元、欧元、日元及英镑之后，居第 5 位，这是 IMF 自 2016 年开始公布人民币储备资产以来的最高水平。

——全球支付金额占比低位徘徊。2019 年，人民币跨境收付金额合计 19.7 万亿元，同比增长 24.3%。其中，收款 10 万亿元，同比增长 25%，付款 9.7 万亿元，同比增长 23.6%，收付比为 1∶0.97，净流入约 3000 亿元。2018 年净流入 1544 亿元。人民币连续 8 年成为我国第二大对外支付结算货币。

根据 SWIFT 数据，10 年前，人民币在全球支付货币中排第 35 名，金额比重不足 0.3%。截至 2020 年 4 月末，人民币是全球第六大支付货币，占全球所有货币支付金额的比重为 1.66%，较 2019 年同期 1.88% 有不小回落，排名次于美元、欧元、英镑、日元及加元。离岸市场 72% 的收付发生在香港地区，这一状况已持续多年。

——人民币定价艰难破冰。履行国际价值尺度职能是货币国际化的终极标志。多年来，人民币在此方面重点着力，但除了境内市场具有绝对定价权的小众商品外，原油、黄金等的人民币报价，国际影响甚微。从上海原油期货交易所等的实际运行情况看，相关市场运行报价的基本原理，是参照国际市场美元价格乘以汇率给出人民币报价。这在某种程度上可以理解，毕竟一价定律要求一种商品只能有一个价格。

除非存在壁垒和交易费用，否则国际套利会迅速将不同市场之间价差抹平。

国际化面临的直接制约因素

人民币国际化牵扯到政治经济、金融市场运行惯性、其他主导货币发行国的货币政策、我国国内金融改革和金融开放等诸多方面因素。本文在此仅从市场角度谈人民币国际化迟滞的直接制约因素。

多年前，我将人民币国际化的政策框架总结为“管制前置、政府主导、离岸平台、升值驱动”16个字。这一策略一度推进得较快。但随着国内外金融形势的变化，人民币汇率预期反转，监管对人民币流出流入的态度必然有所变化，香港等离岸平台发展存在一些问题，需要有相应政策调整，因此人民币国际化进程必然受到影响。

——升值预期消失使得套利基础不复存在。过去十多年来，人民币国际化主要是通过金融中介机构和金融市场具体组织实施。这样做的好处是，起步较为容易，便于主管部门推动。不足之处：一是以跨境结算为主，未能将人民币的国际流通转换为中方对国际企业的影响力和控制力；二是大量资金沉积在离岸金融中心，境外投资途径缺乏，助长了投机；三是部分人民币热衷回流套利，外汇管理压力长期存在。

金融机构推动人民币国际化，必须要有利可图。但过去十多年，跨境套利是收益的主要来源。所谓跨境套利，是指内地企业设法从香港借入人民币，将其输送回内地市场，从而赚取不菲的利差。在人民币升值情况下，先借入美元，再转为人民币，还可以赚取利差和升值双重收益。

2015年“8·11”汇改前，人民币存在长期升值预期，香港离岸市场迅速发展，套利业务空间很大。然而，近年来，人民币汇率预期由持续升值转为贬值，继而转为相对平稳，境内外利差不断变动。与此同时，国内金融领域去杠杆政策持续推进，此类跨境套利活动已不可避免地大幅萎缩。通常用来衡量人民币国际化程度的几项指标，必然增长放缓甚至下降。

——香港离岸市场发展面临新局面。人民币离岸市场与在岸市场之间的跨境套利活动，一度在人民币跨境贸易结算中扮演着重要角色。当市场上存在人民币升值预期时，更多的人民币跨境贸易结算会发生在境内进口端，人民币流出加速，香港等离岸中心人民币存款规模上升，体现为国际化进程加快。而当市场上存在人民币贬值预期时，更多的人民币跨境贸易结算会发生在境内出口端，人民币流出减速，香港等境外人民币存款规模下降，体现为国际化进程放缓。2014年之前，香港人民币存款规模迅速扩大，至2014年12月，达万亿元水平；而此后，随着贬值预期出现，市场规模迅速萎缩至6000亿元左右。

——离岸市场人民币流动性管理必不可少。不仅如此，多年来，依托离岸人民币，香港发展了多种人民币金融市场，其中，对内地影响最大的是人民币外汇市场，交易品种包括即期、远期、远期非交割（NDF）、期货等，品种比内地市场还要丰富。由于香港与内地面临的监管环境、干预政策完全不同，两地汇率存在明显价差。人民币在市场化条件下，出现了类似计划经济时期的"复汇率"情况。

一价定律在汇率领域的基本要求，是一种货币只能有一个汇率，这个汇率定价权只能是在境内，两地汇差过大必然招致当局干预。贬值预期下，维护离岸市场汇率稳定的典型手段是抛出外币，回收人民币流动性（近年来更多采取的措施是直接发行央票回收离岸流动性）。这一做法会使得人民币在香港短期利率出现异常上升（做空人民币持有成本上升）。

内地回收海外人民币流动性的操作与国际化需要引导本币流出的要求是相悖的，从指标上讲，这是逆国际化过程。

美联储货币政策空前扩张

——中美两国央行资产负债表变化差异很大。疫情暴发以来，美联储除了开启降息政策外，还开启了资产购买计划。截至2020年6月10日，美联储总资产规模达到7.22万亿美元，相比疫情大规模暴发前2月26日的4.21万亿美元，增加了约3万亿美元，增长约72%。其中，持有证券增加了2.14万亿美元。

疫情暴发以来，中国人民银行并未进行大规模资产购买，资产规模变化不大，甚至由于降准导致准备金存款减少等因素而小幅缩表。截至2020年4月末，央行总资产36.03万亿元，相比2020年1月末的37.35万亿元，减少约

1.31万亿元，缩减约3.5%。

——美联储推动央行间国际合作有新的动作。2020年3月15日，美联储与欧洲央行、日本央行、英国央行、加拿大央行等主要银行合作提供美元流动性，且对利率、期限做出新的安排。3月19日，美联储同时与丹麦、挪威、瑞典、澳大利亚、新西兰、巴西、墨西哥等国央行和新加坡金管局签订货币互换协议。以上安排，中国人民银行均不在其中。4月，美联储向各央行提供美债回购窗口。截至6月10日，美联储资产负债表中“中央银行流动性互换”规模已迅速攀升至约4445亿美元（2008年金融危机期间最高为5831亿美元）。

——人民币货币互换实际使用规模有限。据不完全统计，已有30多个经济体与中国签署了货币互换协议，框架总规模超过3万亿元人民币。但因人民币存在资金成本较高、境外接受程度有限、使用条件及模式局限等不足，目前我国仅对十几家境外央行动用过货币互换协议资金，如韩国、蒙古国、俄罗斯、巴基斯坦、新加坡、马来西亚、阿根廷等国的央行。具体执行规模非常有限。

——美元的未来取决于能否对称缩表。美联储史无前例的货币政策操作将带来何种中长期影响很难预测。从短期看，新货币理论在应对此次疫情中发挥了重大逆周期调节作用，否则全社会信用链条断裂的后果不堪设想。迄今为止，经济理论都是增长理论，而“经济萎缩”“经济休克”等经济衰减理论没有被系统阐述过。试想：正常运行时，巨大的财政和货币供应仅能支撑个位数的经济增长；动辄两位数经济萎缩，需要的财政及货币投放对冲是什么样的等量级。这就如同一个人在失血的同时输血续命，所需输入量取决于损失量，并不取决于正常情况下人体需要的血液量。

如果赤字和货币供给被用于填补当期产出缺口，就未必导致下一步商品和资产价格飞涨，未必会导致美元和美债崩溃。理论上，流动性能放，也能收。此次疫情冲击之后，美联储若能大体对称地回收流动性，巨大财政货币资源购买的资产，若能够和上次金融危机之后一样，随后获得可观回报，最终相关资产顺利回归市场，则美元的末日不会到来。进而言之，经受住了此轮流动性空前投放冲击的美元和美国金融市场，其地位会获得市场新的增量加持。

如果不能够实现对称的流动性回收及杠杆率控制——从过往历程看，这是大概率事件——则财政金融基本原理演绎的各种场景会如约而至。这是本文在疫情之下急于讨论人民币国际化命题的出发点。

人民币国际化要有新的抓手

我认为，中美“金融脱钩”的场景难以推演。当前，中美在各方面需要和平竞赛。而竞赛是在同一场地，不是在两个平行市场中展开。

美国当前财政货币政策主要着眼国内，几乎没有考虑其国际影响。正如尼克松政府时期的财政部长康纳利所言：“美元是我们的货币，却是你们的问题。”换言之，是我们而不是他们要考虑“经济长期低迷、产业逐步‘脱钩’、缩表不对称”场景下的国际货币体系问题。后疫情时代，人民币国际化这一长期命题必须提到议事日程。

——通过维持利差推动国际化不可取。在发达经济体普遍推行负利率的背景下，全球资金普遍希望人民币计价资产能为其提供正收益。人民币进一步发挥国际储备、国际投资功能，面临新的契机。这一点与此前升值预期在推动国际化中所发挥的作用类似。若下一步依赖利差推进国际化，也将产生类似结果：一旦升值结束（正利差消失），则国际化迟滞。回顾各主要货币的国际化历程发现，正利差也未必是长期可持续的必要条件。人民币利率政策主要着眼于国内经济基本面，我们不可能也不应该为了货币国际化，以向外提供收益率的方式，“赔本赚吆喝”去推动本币国际化。从根本上讲，疫情冲击之下的中国经济没有必要与外部世界维持如此之高的正利差。

因此，相关领域的政策重点，应是尽快完善国内债券市场功能。如建立做市商制度，增加短期国债发行量，完善利率结构曲线，增进债券市场流动性，等等。此外，还需建立统一的债券市场监管框架，逐渐解决国内企业和机构到国际市场发行和交易人民币债券的政策障碍。产品创新也必不可少，包括发展人民币资产支持债券、熊猫债、木兰债等产品。

——推动本币跨境贸易结算要有新做法。此次抗疫中，我国相关物资供给并没有达到天量水平，也没有考虑让人民币支付在其中发挥特殊作用。鉴于疫情可能出现长期化趋势，在抗疫物资国际贸易领域，不妨有新的做法。如，扩大各中央银行间的货币互换，向外提供人民币流动性；优先满足对方国家用人民币支付的抗疫物资需求，同时按较市场汇率优惠的价格结算等。

——境外存量不良债权可做人民币转换。我不赞同“一带一路”建设以美元融资，因为这一做法增加了沿线国家对外负债中的美元头寸，加强了相关货币与美元的挂钩关系，强化了美元在沿线国家和地区的地位。估计我国目前对“一带一路”沿线经济体各类债权规模在2500亿美元以上。疫情以来，一些国家除了向我国提出抗疫相关需求外，已经提出了债务展期乃至减免要求。近日，外交部宣布同意有关国家年内停止还本付息。现在面对的问题是，债务展期之后怎么办。

未来如果出现不利局面，应考虑在债务重组过程中，优先将美元债权转换为人民币计价。人民币计价转换应置于债务打折之前。因为远期汇率不确定，具有灵活性；通过汇率方式降低债务国压力，总好过直接打折。海外美元存量债务的人民币转换，或许为人民币国际化提供了新的切入点。当然，这也是不得已而为之。

——重新考虑新技术在国际化中的应用场景。技术能提供无限的可能性。我国目前确定的数字货币完全是以人民币为价值基础，其功能主要是在境内现有丰富的移动支付手段之外，提供新的移动支付手段。首先感受到压力的是微信、支付宝。人民币数字货币的国际使用场景没有被广泛讨论。有一点是肯定的：在主权信用货币时代，人民币难以与发达经济体货币竞争；在技术水平类似的情形下，我们不能期望“数字化的人民币”能够在与“数字化的全球主要货币”竞争中胜出。

我曾建议，央行数字货币 DCEP（Digital Currency Electronic Payment）有必要在其锚的设定上，采取更加开放、更加大胆、更富想象力的方案。如，仿照此前 Libra（Facebook 推出的虚拟加密货币）锚定一篮子储备资产的特点，以及 SDR（特别提款权）的定值方法，确定 DCEP 的价值锚。如，以 50% 的人民币和 50% 的美元为权重，以当期汇率（如 1USD = 7CNY）折算，确定货币篮子：1DCEP = 1CNY = 0.5CNY + 1/14USD。

DCEP 中的美元来自官方外汇储备。美元储备的规模为 DCEP 的发行确定了上限（大体测算，我国外汇储备中的美元储备略超过 1.5 万亿美元）。即便将全部的 M0（流通中现金）兑换为 DCEP，也仅约消耗 2/3 的美元储备（145378.5 亿个 DCEP，锚定 72689.25 亿元人民币和 10384.18 亿美元）。如此，DCEP 有 100% 的兑付保障，有充足的信用基础。

中国人民银行发行的数字货币可以考虑“不全是人民币”，而是权重各半的“人民币 + 美元”复合币。这将使得中国人民银行成为美联储之外，第二个提供美元支付手段的中央银行。美国要“脱钩”，我们不“脱钩”，人民币能够借船出海。

新时代农业合作化道路必定越走越宽广

——烟台“党支部领办合作社”的探索和体会

于 涛*

编者按：在市场经济条件下，怎样发展农村集体经济，党组织怎样领导农村集体经济，理论上看法不一，实践经验不足。在新发展格局下，乡村振兴是形成双循环最大的空间，而加强党的领导，走集体经济的道路是必由之路，农业合作化必须跟上新时代的步伐。烟台“党支部领办合作社”的做法，把党的领导全面融入农村发展，以抓农村党建为切入点，组织党员和群众探索新时代农业合作化道路。

2020 年，习近平总书记做出“走好农业合作化道路”的重要指示，强调促进全体人民共同富裕不能含糊。农村是实现共同富裕的重点、痛点、难点。走农业合作化道路、发展壮大集体经济，是乡村振兴的必由之路。

2017 年 3 月以来，中共烟台市委组织部提出“抓集体经济是组织部门的分内职责”，在全市推行“党支部领办合作社”，通过做实党支部对农村经济的领导，重新把农民组织起来。截至 2020 年 8 月，烟台建成了 2779 个“党支部领办合作社”，占全市村庄的 42%，开创性地实现了在一个地市范围普遍发展壮大集体经济的试点，为新时代农业合作化道路做了探索，形成了一些经验和体会。

---

* 于涛，中信改革发展研究院资深研究员，中共烟台市委常委、组织部部长，现山东省市场监察局党委副书记，山东省药监局局长。

烟台“党支部领办合作社”的做法和历程

在市场经济条件下，怎样发展农村集体经济，党组织怎样领导农村集体经济，理论上看法不一，实践上没有成熟经验。面对思想分歧和复杂的利益关系，烟台市委组织部主动作为，以抓农村党建为切入点，把党员和群众组织起来，把党的领导全面融入农村发展，走出了通过组织振兴带动乡村全面振兴的道路。

——提出“抓集体经济是组织部门的分内职责”。2016 年起，为落实上级组织部门关于加强农村基层党建的部署，我们对农村进行了深入调研。在调研中发现，经过长期发展，农村不同程度存在“集体穷、支部弱、群众散、产业衰、合作社乱”问题。我们认为，中国共产党最大的优势、最有效的工作方法就是动员群众、组织群众，乡村振兴千头万绪，但“牛鼻子”是组织振兴。村级集体经济“空壳”，政治就会“空壳”，这是马克思主义关于经济基础决定上层建筑的基本原理。加强党的领导，实行“党支部领办合作社”，就是一揽子、系统性解决农村各种问题的总抓手。发展壮大村级集体经济，绝不是单纯的经济问题，而是巩固党的执政地位和实现共同富裕的治本之策，是重大的政治问题。因此，烟台市委组织部经过统一思想，认为抓集体经济，组织部门责无旁贷，在市委和市政府及各部门支持下，主动打破原有分工界限，走上乡村振兴主战场。

——从理论上想清楚、讲清楚。我们党是高度重视理论建设和理论指导的党，强调理论必须同实践相统一。2017 年初，烟台市委组织部开始发动“党支部领办合作社”工作，但初期面临着认识上的不少分歧。针对“集体经济是计划经济的产物”“只要农民富裕了，集体经济无关紧要”“党支部没有责任、没有资格领办合作社”等观点，市委组织部下了大量功夫进行理论建设和宣讲，在全市县、乡、村三级开展大规模的思想动员，组织全市干部学习习近平总书记的著作《摆脱贫困》和“发展新型集体经济，走共同富裕道路”

“农业合作社是发展方向”的重要指示。

从历史、理论和实践的角度，一是讲清楚党支部有无法比拟的政治优势和组织优势，“党支部领办合作社”是加强农村基层党建的必然要求，是重建党同群众的经济联系和促进集体意识回归的必然要求，也是党内法规的明确要求，从法理上完全讲得通。

二是讲清楚“党支部领办合作社”不是简单的“党支部 + 合作社”“党支部建在合作社上”，而是党支部统领合作社一切工作，党建全面融入产业发展、农民共同富裕，依靠经济纽带把群众紧紧凝聚在一起。

三是讲清楚新时代的农业合作化不是“一大二公”，而是遵循入社自由、责权清晰、按贡献分配的原则，是农村经济体制的“螺旋式上升”，而不是走回头路。

四是讲清楚资本参与乡村振兴，我们欢迎，但要通过党的领导发展集体经济，保障集体和群众的利益，实现多赢，只有“党支部领办合作社”才能做到“完善利益联结机制，不能富了老板、丢了老乡……让农民合理分享全产业链增值收益①”。

五是讲清楚只有“党支部领办合作社”才能保护好农村的“绿水青山”，避免马克思在《资本论》里指出的“以追逐利润为导向的资本主义农业的一切进步，不仅是抢劫劳动者艺术的进步，而且是抢劫土地的艺术的进步”。

经过层层思想动员，广大干部群众从茫然、疑虑，转变为发自内心认可在党的领导下走新型合作化道路，干部信心满满，群众一呼百应。

——让党支部成为农业合作化的引领力量。在中国，几乎每个村都有党支部、村委会、合作社，但过去受“党政分开”“公民社会”等思路影响，党支部处于边缘化、配角的地位，这是农村许多问题的根源。“党支部领办合作

① 谢经荣副主席在全国工商联推进乡村振兴战略实施现场会上的讲话［EB/OL］. 中华全国工商业联合会官网，（2019 - 05 - 16）. http：//www. acfic. org. cn/Idzc_ 311/zzhld/xir/wz/201905/t20190516_ 123590. html.

社”正是扭转了这个关系，让党的领导全面融入乡村治理。主要体现在：一是坚持合作社姓党。由村党支部书记代表村集体注册成立合作社，并明确这是职务行为，不是个人行为。已经进行集体经济确权的村，由股份经济合作社代表村集体注册成立合作社，也是在党支部全面领导下。二是坚持理事长在党。把“村党支部书记担任合作社理事长”写入合作社章程，保障合作社“姓公不姓私”。三是坚持决策权归党。明确合作社中集体占股为“金股”，确保集体股保留决策权和否决权，利润分红由“党支部领办合作社”主导，向普通社员特别是老弱病残倾斜。

——把党员组织起来是基础，把群众组织起来是关键。在新形势下把农村组织起来，不能靠强迫命令，只能靠典型引路，靠充分宣传群众、组织群众。在统一思想的基础上，2017 年 7 月，烟台市委组织部筛选 11 个村试点，2018 年选择 100 个村庄开展“百村示范”，2019 年实现“千村覆盖”，2020 年 8 月，“党支部领办合作社”已经覆盖 2779 个村。我们控制节奏，严格标准，聚焦高质量发展。在办社过程中，坚持“入社自愿、退社自由”原则，坚决不设置 100% 入社的数量指标，坚决不搞“一刀切”“大呼隆”，而是通过党支部成员示范带动以及外出观摩、集中培训、入户动员等方式，帮助群众算清入社前后的对比账，讲清一家一户单打独斗的不利，以看得见的利益提高群众入社率。在这个过程中有许多感人的故事，有的支部书记为了吸引群众入社，无偿贡献了自己的资产；有的为了一家入社，多次到外地做工作。

从 2017 年试点到 2020 年全域推进，可以非常自信地说：每一名入社的群众都是自觉自愿的。莱阳市西石河头村，90% 的群众都加入了合作社，从以前干旱时抢水浇地、大打出手，到现在发扬集体主义风格，先浇集体的地，再浇自家的地。有其他投资者给出更高的报价想流转群众的土地，但是没有群众加入，因为他们从党支部的行动中看到了为民干事的决心，坚定了跟党走的信心。

——靠制度建设保障集体经济长治久安。新时代改革开放的重要特征是重视制度建设，我国历史上农业合作化走过一些弯路，当前专业合作社存在一些问题，一个重要原因是管理粗放、运行不规范，容易产生经营风险，甚至化公为私。“党支部领办合作社”绝不仅是形式上的“领办”、数量上的覆盖，而是一套完整的制度体系。

一是干部任用制度。市委组织部借鉴党政领导干部的选拔、培养、管理办法，加强村党支部书记队伍建设，提出“好人 + 能人才是当家人”的选人标准，培养选拔出一大批优秀的集体经济带头人。

二是内部管理制度。合作社设立、章程的制定、分配方法的选择，都由入社群众讨论决定，这是社会主义协商民主在农村的体现，也是私人领办的合作社做不到的。

三是规范运行制度。2019 年，市委组织部牵头出台《关于促进党支部领办合作社高质量发展实施意见》，对合作社的内部架构、股权设置、产品质量等提出了 22 条指导意见，建立了章程统一审核、项目统一论证、分配统一规范、财务统一管理、社务统一公开、文档统一保管“六统一”机制，形成科学规范、闭环监管的内部治理体系。

四是服务保障制度。农业农村、财政、供销、金融等有关部门各司其职，为发展壮大集体经济创造条件。

“党支部领办合作社”让广大村庄发生了振奋人心的变化。今天的烟台农村，风貌焕然一新。支部有了威信和话语权，干部获得了多年未有的荣誉感和成就感。群众走上共同富裕的道路，对集体事务争先恐后、起早贪黑。美丽乡村安定有序，共同的经济利益真正让乡村成为命运共同体。

一是加强了党的领导。村党支部开展工作有了抓手，服务群众有了实力，群众对党支部有了信赖，党建与发展“两张皮”的问题迎刃而解。

二是优化了基层治理。在党支部的领导下，群众抱团发展，从“多条心”变成“一条心”，有事共商、有难共担、有利共享，矛盾摩擦不断减少，许多过去的问题村变成了最祥和稳定的村。

三是推动了产业振兴。打破了以往村集体简单发包租赁、群众单打独斗的低层次、低水平增收模式，通过唤醒沉睡的资源、整合分散的资金，让群众分享到了合作社全产业链增值收益。据不完全统计，党支部领办合作社的2779个村年新增集体收入4.15亿元，群众增收5.23亿元。

四是拓展了战略纵深。以三产、二产带动一产，提高了农村对人才的吸引力、承载力，为承接城市劳动力过剩做好了战略准备，也为实现就地城镇化创造了条件。

2020年新冠肺炎疫情期间，合作社的社员们主动站出来担任志愿者，纷纷依托集体经济实力为武汉和其他地区捐款捐物。例如，得知武汉急需金银花，莱州的金银花合作社正月初四就紧急抽调员工连夜开工，莱阳市两家合作社一次性向武汉抗疫一线捐赠了60万吨莱阳梨，莱州一家合作社捐赠了30万吨大葱，更多的合作社坚持以平价甚至半价向超市供货，对建档立卡贫困户免费送菜上门。疫情相对平稳后，“党支部领办合作社”又响应中央号召，成为首批复工复产的经济组织。这些行动充分展现了“党支部领办合作社”的优越性、战斗力。

对新时代农业合作化道路的探索和思考

中国特色社会主义已经进入新时代，农业合作化也必须跟上新时代的步伐。习近平总书记指出，要走中国特色社会主义乡村振兴道路①，走好农业合作化道路。② 我们在推动“党支部领办合作社”的过程中体会到，新时代农业合作化道路，必须根植于中国特色社会主义制度。我们既要学习美国、欧洲发

---

① 中央农村工作会议在北京举行　习近平作重要讲话［EB/OL］. 新华网，(2016-10-13). http：//www. gov. cn/xinwen/2017-12/29/content_5251611. htm.

② 习近平：因地制宜　走好农业合作化道路［EB/OL］. https：//politics. gmw. cn/2020-07/23/content_34020985. htm.

达国家在规模化经营、农业技术进步、环境保护等方面的经验，也要吸取一些发展中国家实施土地私有化带来城乡差距、土地兼并、农业衰落的教训。中国特色社会主义是社会主义，而不是其他的主义。中国特色社会主义的乡村振兴，同样是区别于西方资本主义农村发展方式的一种新的道路。在烟台探索的基础上，我们感到，新时代农业合作化道路，应当有四个基本特征。

第一，新时代农业合作化道路，必须突出党的领导这个核心。集体经济是我国公有制为主体的基本经济制度在农村的主要表现。正如习近平总书记指出“中国特色现代国有企业制度，‘特’就特在把党的领导融入公司治理各环节，把企业党组织内嵌到公司治理结构之中”[①] 一样，发展壮大农村集体经济，必须把党的领导融入集体经济组织各环节，把党组织嵌入合作社治理结构之中。我们提出一个公式：“党的有组织 > 资本的有组织 > 小农的无组织”，农业合作化本质是把农民组织起来，更好地参与市场竞争和实施乡村治理，维护农民利益。这就要求党组织必须站出来承担这个责任，才能充分动员群众走合作化和共同富裕道路，才能确保合作社姓公不姓私，真正为最广大农民利益服务，才能赋予农民和农村强有力的组织、规范的制度，确保合作社发展行稳致远。

在党支部领办的合作社，通过经济纽带把集体和群众紧紧连在一起，群众增强了对集体的信赖感，积极参加支部会和村民代表会议，广大基层干部也获得了多年没有的信任感、成就感。我们在烟台提出“抓党建就是抓发展”“党建要统领一切、覆盖一切、凝聚一切”，实现了讲政治和抓发展的高度统一，避免了党建和业务、政治和经济“两张皮”。

第二，新时代农业合作化道路，必须突出公有制和社会主义市场经济的融合。习总书记强调，不管怎么改，都不能把农村土地集体所有制改垮了。公有制为主体是中国特色社会主义的重要特征，是实现广大人民共同富裕的根本保

① 习近平为国有企业强“根”固“魂”［EB/OL］. 新华网，（2016 - 10 - 13）. http：//www. xinhuanet. com/politics/2016 - 10/131C_1119706473. htm.

障。如果实行土地私有制，不仅违反党的初心、愧对牺牲的革命烈士，同时也会导致农村两极分化、大量人口失去土地、市场范围受限，造成巨大的经济和社会风险。因此，不论农村合作化道路怎么走，坚持社会主义公有制这个原则不能变。我们针对农村集体产权制度这一关键问题，没有把确权登记当成改革的终点，而是把明晰产权作为合作化的起点。这样既发挥了集中力量办大事的制度优势，也通过明确的股权设置激发了群众的内生动力。这符合邓小平同志“两个飞跃”理论，符合习近平同志“必须使分散的农民联合成为一个有机的整体”“要走组织化的农村市场化发展路子”的思想，与人民公社相比，是一种螺旋式上升，而不是简单回归，更不是走回头路。

在坚持公有制的基础上，我们以生产关系变革解放生产力，发展现代农业和农村产业。农村一、二、三产业都有很大升级空间，但当前“统”的问题没解决好，导致交易成本过高，压抑了生产力。“党支部领办合作社”，在群众推动下主动找项目、上项目，撬动了农村大量沉睡的资源，为经济发展注入了“流动性”。例如，烟台苹果主要是 30 多年前引种的第一茬果树，已到更新换代的瓶颈期，但一家一户资金有限。党支部领办合作社后，可以在较大范围内轮流土地、分批更新，目前已改造老劣果园 47.2 万亩，3 年内将梯次改造 120 万亩。首批领办合作社的栖霞市东院头村，2019 年亩均分红 5050 元，村集体收入 92 万元，社员长期务工年均收入 4 万元，这在以往是不可想象的。

第三，新时代农业合作化道路，必须突出人民群众这个主体。农业合作化不仅仅是资产资源“物”的合作化，更重要的是“人”的合作化，通过共同劳动解放生产力，共同分享发展的成果。同其他合作社相比，“党支部领办合作社”更加强调以劳动联合为主、资本联合为辅，最大限度吸收群众以劳动力入股，发挥群众在管理和分配中的主体作用。

2020 年第 17 期《求是》杂志刊登了烟台栖霞市衣家村的事迹。2017 年以前这是一个集体收入几乎为零的省定贫困村，自然条件恶劣，“缺水、缺路、缺人”。党支部通过给入社群众发放“工票”、以劳动入股，把全村 50 余户群众组织起来战天斗地。男女老少齐上阵，仅 7 个月就在大山深处开辟了上山路、建起了蓄水池，改善了基础设施，引入种养殖等产业。2019 年村集体收入 25 万元，户均增收 6000 元，整个村庄面貌焕然一新。这就充分证明，在社会主义条件下，通过党的领导，以劳动为纽带把农民组织起来，更有利于盘活农村各种资源，把潜在的经济发展动力变成现实。

第四，新时代农业合作化道路，必须突出共同富裕这个取向。这是中国特色社会主义的根本原则，也是我们和西方国家乡村发展的重要区别。资本主义国家农村也可以实现繁荣，但无法解决贫富差距问题。我们的乡村振兴，不管能人还是老弱病残，都要过上幸福生活，全面发展，一个也不能掉队。“党支部领办合作社”在入社资格、股权设置、分配办法以及与社会资本合作等方面，都充分体现共同富裕原则。提高普通党员和村民的入社比例，让尽可能多的贫困群众入社，让更多的农民提高收益，防止大户控制或大户形成“精英社”。如有的区市提出，合作社中单个社员股权不能超过 20%，农民二次分红的比例不能少于 40%，这就比较好地保障了群众的权益。改变贫困户“等人送小康”的脱贫心态，优先发展贫困户入社，变“输血式”扶贫为“造血式”致富，实现“以地养老、稳定脱贫”。这些办法不仅受到群众欢迎，社会资本也获得了更大的投资机会，很受欢迎。

四年探索的感受和体会

烟台“党支部领办合作社”已经走过了四个年头。四年来，我们体会了探索的艰辛，更收获了成功的喜悦。我们感到，面对世界百年未有之大变局，乡村振兴是形成以国内大循环为主体、国内国际双循环相互促进的新发展格局的最大空间，加强党的领导、发展壮大集体经济是乡村振兴的必由之路。只要按照习近平总书记的指示办事，充分相信和发动群众，这条路就越走越宽广。四年来的工作，我们有如下几点体会。

第一，发展壮大集体经济是习近平总书记的重要思想，是乡村振兴的顶层设计和根本指南。我们在工作中时刻注重学习习总书记关于新型农业合作化的思想，总书记已经十分明确地指出了乡村振兴的方向、道路，党中央已经对乡村振兴做出了明确的顶层设计，我们的工作就是把这些顶层设计在基层落实。1990 年，习近平同志在宁德任职时就明确指出，“喜的是广大农民开始脱贫致富了，忧的是乡村两级集体经济实力出现了弱化的现象”，“在有关脱贫致富的宏观决策中，没有把壮大集体经济实力摆到应有的位置。特别是一些农村在实行家庭联产承包制时，没有很好地理解统一经营和‘归大堆’的区别，放松了‘统’这一方面，需要统的没有统起来，不该分的却分了，其结果是原有的‘大一统’变成了‘分光吃净’，从一个极端走向另一个极端”，“有的同志说，只要农民脱贫了，集体穷一点没有关系。我们说，不对！不是没有关系，而是关系重大”。[①] 他多次强调，“要把发展壮大村级集体经济作为基层党组织一项重大而紧迫的任务来抓”，“坚持农村土地集体所有制性质，发展新型集体经济，走共同富裕道路”。2020 年在新冠肺炎疫情之后，他又两次强调“走好农业合作化的道路”。

可见，总书记关于走农业合作化道路、发展壮大集体经济、走共同富裕道路的思想，是坚定不移、一以贯之的，这是我们探索“党支部领办合作社”发展壮大集体经济的顶层设计和根本指南。

第二，走新型农业合作化道路具备天时、地利、人和，农村“第二个飞跃”的历史机遇已经到来。1990 年，邓小平同志提出了“两个飞跃”的思想：中国社会主义农业的改革和发展，从长远的观点看，要有两个飞跃。第一个飞跃，是废除人民公社，实行家庭联产承包为主的责任制。第二个飞跃，是适应科学种田和生产社会化的需要，发展适度规模经营，发展集体经济。我们在实

① 习近平．扶贫要注意增强乡村两级集体经济实力［M］//习近平．摆脱贫困．福州：福建人民出版社，1992：191－193.

际工作中感到：农村实现“第二个飞跃”的条件已经逐步成熟。从农村自身来看，一家一户经营的积极性已经充分发挥，要进一步实现多种经营、产业升级、共同富裕，一家一户的能力越来越捉襟见肘，老龄化、空心化的农村迫切需要集体经济平台吸引更多人才和资源。从城乡关系来看，我国城市和工业部门已经从多年来的短缺经济转变为过剩经济，农村还有大量未开发利用的资源。而乡村的山水林田湖草人是天然融合的共同体，无法单独作为生产要素流动，必须以集体经济的方式，兼顾产业发展、生态保护和改善民生，不能放任资本下乡把农村冲垮、生态破坏，唯一的道路就是在党领导下组织起来。

如果说，2016 年，我们萌发“党支部领办合作社”的思路，还只是理论上的设想，那么四年来的实践充分证明，群众中蕴含着组织起来的巨大动力，很多村干部和村民在听宣讲、办合作社之后，感到相见恨晚。这表明，只要把道理给群众讲明白，只要有先进的典型引路，绝大部分村庄都能坚定走上发展集体经济和共同富裕的道路，让古老的乡村焕发青春，让党组织和人民群众血脉相融。

第三，必须把农村问题放到历史、道路和伟大斗争的全局中来看待。我们没有把农村基层党建和乡村振兴作为简单的业务问题，而是联系历史、道路和伟大斗争的全局进行思考。国民党统治时期，表面上集各种大权于一身，但实际权力只在乡以上，没有延伸到广大农村，出现了“城市有党，农村无党；上层有党，下层无党；沿海有党，内地无党”的情况。国民党失败的重要原因是脱离群众、缺乏基层基础。我们党用短短的二十几年时间取得全国政权，靠的就是把群众组织起来。新中国成立后，短短三十年时间建成完整的工业体系，靠的也是把群众组织起来。改革开放之后，我国能够创造经济奇迹，农村集体所有制的稳定也发挥了重要作用。这些都是重要的历史经验。当前，能否有效推进新时代农业合作化，既是凝聚新增长动力的关键所在，也是稳定国内大后方的关键所在。

第四，党的领导和“四个自信”是做好一切工作的鲜活有力的武器。烟台“党支部领办合作社”最鲜明的特点，就是从抓基层党建入手、党的领导和农村发展深度融合，这是在实践中总结出的宝贵经验。我们感到，政治和经济是不分家的，抓党建就是抓发展。正是发挥了党的理论优势，才能用科学理论武装干部群众的头脑，形成走农业合作化道路的共识；发挥党的政治优势，才能让合作社真正代表广大农民的根本利益；发挥党的“选贤任能”的优势，才能培养出一大批“梁生宝”式的集体经济带头人；发挥党的制度优势，才能把党的各项制度延伸到合作社，提升管理水平；发挥党联系群众的优势，才能通过深入细致的工作，赢得群众发自内心的追随。党的领导和经济发展绝不是“两张皮”，不是矛盾和割裂的，而是高度统一的。

第五，农业合作化道路顺应党心民意，人民高度拥护，值得为此付出努力和担当。推动党支部领办合作社的过程，是重温党的初心使命、深受感动和教育的过程。这项工作得到各级党委、政府和有关部门的大力支持，得到国内许多知名专家学者的关注，得到人民群众的高度肯定。在推动工作过程中，烟台市委组织部的同事和广大乡镇基层干部在没有现成经验可借鉴的情况下，付出了巨大努力，倾注了许多心血，许多同志克服困难、无私奉献。但每当看到农村日新月异的面貌，看到人民群众分红的喜悦，看到基层干部和群众团结奋斗的场面时，我们感到一切付出都是值得的。

烟台愿意做新时代农业合作化道路的“报春花”，我们期待着广大农村山青水绿、春色满园，群众安居乐业、共同富裕的美好景象早日到来。

说说乡村振兴规划中的四类村庄

贺雪峰*

编者按：当前及未来相当长一段时期，将是农民快速进城，城乡关系重组的时期。这个时期的乡村振兴应当适应城乡关系的巨变，为农民进城提供条件与保障。乡村振兴的战略重点，不是要将农民固定在村庄中，未来一个时期的重点，应该是为农民进城提供保障，为维护农村基本生产生活秩序保驾护航。

不搞“一刀切”，分类推进乡村振兴

《乡村振兴战略规划（2018—2022 年）》（以下简称《规划》）在第九章“分类推进乡村发展”部分，明确提出“顺应村庄发展规律和演变趋势，根据不同村庄的发展现状、区位条件、资源禀赋等，按照集聚提升、融入城镇、特色保护、搬迁撤并的思路，分类推进乡村振兴，不搞一刀切”。

第一类是“集聚提升类村庄”，即“现有规模较大的中心村和其他仍将存续的一般村庄，占乡村类型的大多数，是乡村振兴的重点”。集聚提升类村庄应当“科学确定村庄发展方向，在原有规模基础上有序推进改造提升，激活产业、优化环境、提振人气、增添活力，保护保留乡村风貌，建设宜居宜业的美丽村庄。鼓励发挥自身比较优势，强化主导产业支撑，支持农业、工贸、休闲服务等专业化村庄发展”。

---

* 贺雪峰，中信改革发展研究院资深研究员，武汉大学中国乡村治理研究中心主任、教授。

第二类是“城郊融合类村庄”，即“城市近郊区以及县城城关镇所在地村庄”。

第三类是“特色保护类村庄”。

第四类是“搬迁撤并类村庄”，即对位于生存条件恶劣、生态环境脆弱、自然灾害频发等地区的村庄，因重大项目建设需要搬迁的村庄，以及人口流失特别严重的村庄，可通过易地扶贫搬迁、生态宜居搬迁、农村集聚发展搬迁等方式，实施村庄搬迁撤并，统筹解决村民生计、生态保护等问题。

静态分类容易产生的误解

应当说，《规划》提出乡村发展“分类推进”，“不搞一刀切”，是十分重要的。将当前中国村庄分为四种类型，就体现了“不搞一刀切”的要求。但《规划》的村庄分类存在着静态分类的问题，容易引发地方政府的误解，同时引发国土空间规划的误解，从而造成地方实践中的问题。

乡村振兴战略关注的重点

《规划》中的四类村庄，“城郊融合类村庄”和“特色保护类村庄”，都是数量少、情况特殊的村庄，两者加起来不会超过全部村庄的5%。本文重点讨论的是“集聚提升类村庄”和“搬迁撤并类村庄”。

我们首先来看“搬迁撤并类村庄”。“位于生存条件恶劣、生态环境脆弱、自然灾害频发等地区的村庄”，当然应在搬迁撤并之列。不过，这类村庄数量并不多，且往往是单家村、三家村，撤并工作量并不大，且农村精准扶贫中的“易地搬迁安置”已将绝大多数此类村庄易地搬迁了。所以这类村庄不是本文讨论的重点。“因重大项目建设需要搬迁的村庄”，比如三峡移民等以及高铁建设的征迁也都与乡村振兴无关，且涉及村庄数量很少，都有专门的国家政策支持，因此也不必讨论。需要重点讨论的是“人口流失特别严重的村庄”，也就是“空心村”。

“空心村”的搬迁撤并问题

什么样的村庄才是“空心村”，以及为什么“空心村”必须要撤并搬迁？一般来讲，生存环境恶劣、生态环境脆弱以及自然灾害频发的村庄，农民难以居住，生存条件差，生产不容易，农民就更加倾向到生产生活条件比较好的地方谋发展，尤其愿意进城务工经商。即使政府不组织撤并搬迁，农民也自发地搬迁了，村庄中只有一些缺少进城务工能力的老弱病残户，在精准扶贫“易地搬迁安置”中早已安置了。而对于绝大多数具有较好农业生产和生活条件的村庄，比如对于绝大多数山东农村，虽然农村青壮年劳动力进城了，缺少进城能力的中老年农民却仍然留守村庄，仍然依靠土地生活，甚至他们的粮食亩产要远高于规模经营的农场主，这样的村庄是不是必须列入要撤并搬迁的“空心村”？这些村庄不仅对于缺少进城机会的相对弱势农户和农民很重要，而且是进城失败农民的退路。虽然看起来农村大部分年轻人都进城去了，实际上几乎每个农户都仍然有中老年父母留守，且他们仍然在种田，仍然搞庭院经济，仍然依靠土地生活。

只有对极少数确实已完全“空心化”不再有人居住的自然村进行搬迁撤并。不过，既然已经无人居住，搬迁撤并的意义何在？一个自然村三五户人家，都已进城且农户都同意宅基地复垦，那也是一个自然过程，不一定急于复垦。让农民宅基地闲置几年十几年时间，让宅基地上自然长出苗木花草，这块宅基地仍然是国土。农户愿意在宅基地上种大豆高粱，那也是他们的权利。

由此看来，“搬迁撤并类村庄”数量很少，且也不应当是乡村振兴战略关注的重点。因此，乡村振兴战略关注的重点只有“集聚提升类村庄”。《规划》上也正是这样说的，原话是：“现有规模较大的中心村和其他仍将存续的一般村庄，占乡村类型的大多数，是乡村振兴的重点。”这些村庄不仅数量庞大，而且全国绝大多数农民都居住在这类村庄，大概至少有80%的农民就居住在“集聚提升类”村庄中。

这里问题就来了，就是这类村庄中的农民是否要进城。显然，“集聚提升类”村庄的农民不仅要进城，而且事实上绝大多数具有进城能力的青壮年农民和农户家庭已经进城了，其他没有进城的农民和农户也都在计划进城中。当前，中国正处在史无前例的城市化进程当中，“所有道路通向城市”，因为城市有着远比农村多的就业机会和更好的基础设施与公共服务。也只有当绝大多数农民进城了，留守农村的农民才可以扩大土地经营规模，才可以缓解人地关系的紧张格局，留在农村的农民也才有机会致富。

并且，在这些居住着中国80%以上农民的“集聚提升类村庄”，农民不仅要进城，而且会依据自己家庭的情况来进城，有自己的进城策略与步骤，他们将对自己的进城决策负最后责任。农户家庭中总是青壮年劳动力先进城，子女进城后父母留村支持进城子女，待条件具备再全家进城。当全家进城后，为防进城失败，农民会留退路，因此会保留农村住房、耕地和宅基地。即使农民可以全家在城市体面安居，老年人也往往愿意回到农村居住。也就是说，农民进城是一个极为复杂的过程，并非一蹴而就，一去不复返。

在未来几十年，农民会依据自己的家庭条件和资源状况，不断在城乡之间往返。这个时候，乡村振兴的重点就不是要将不断在城乡之间往返的农民固定下来，就不应当过于强调“改造提升、激活产业、优化环境、提振人气、增添活力”，更不可能将占中国农村最大多数的这类农村建设成“宜居宜业的美丽村庄”。

如何为农民进城提供保障

当前及未来相当长一段时期，将是农民快速进城，城乡关系重组的时期，这个时期最重要的一个特点就是变化。城市人口不断增长，农民依据自己家庭状况来进行进城与返乡的决策。这个时期的乡村振兴就应当适应城乡关系的巨变，为农民进城提供条件与保障。这个时候乡村振兴战略的重点，不是要将农民固定在村庄中，未来一段时期乡村振兴的重点，应该是为农民进城提供保障，为维护农村基本生产生活秩序保驾护航。

当前很多地方实施乡村振兴战略，变成了大量财政资源投入乡村搞美丽宜居，搞产业激活，并要求农民拆旧房建新房、拆庭院上楼，甚至强迫农民退出宅基地，强迫农民将土地流转给企业搞规模经营。这样的做法没有考虑当前中国农村最重要的任务是支持农民进城去完成中国城市化的任务。农民进城十分艰难，他们要在城市买房安居，要有城市就业收入，要有留守农村父母对艰难进城子女的农业剩余支持，进城农民也可能缺少在城市赡养父母的能力，以及年老父母普遍不愿与子女一起住在城市，且进城农民担心进城失败，而宁愿保留农村退路，且即使在城市安居的农民也愿意保留农村宅基地从而保留“乡愁”。这个时候，地方政府如果生硬地用行政手段让农民贴钱上楼，再将农民宅基地复垦，导致农民家庭既在农村进行无效的消费性投资，又要承担巨大的进城成本。这样既拖累了农民的进城，与中国当前正在进行的城市化背道而驰，不符合乡村振兴的初衷。

应该认真思考乡村振兴规划中四类村庄之间的逻辑关系，以及乡村振兴与中国城市化的复杂关系，用动态的发展的系统的眼光，因势利导，处理好快速变化的中国城乡关系中的各方面问题，避免刻舟求剑。

新时代的中国对外传播战略与策略

胡　钰*

编者按：中国道路的发展面临两大问题，一个是大而不强的问题，还有一个就是大而不美的问题。解决大而不美的问题需要我们把对外传播上升为国家战略问题，关键是要解决我们软实力和硬实力不匹配问题。软实力提升也需要下硬功夫，我们需要关注中国的国际话语权，国家竞争力愈发体现在意识形态之争，价值观之争，我们已经走进世界，但还要让世界走进中国。

中国道路现在面临两大问题，一个是大而不强的问题，还有一个就是大而不美的问题。

其实，我们无法改变中美竞争升级的态势，但可以想办法改变世界对这场竞争的看法；我们无法改变少数美国政客的看法，但可以想办法改变美国民众的看法。这就是我要谈的传播问题。

在推行“一带一路”倡议的过程中，我们仅出口电视机，而不出口电视剧，是很难成为一个有大的话语权的国家的。所以在未来的这种变局中，我们需要把传播问题上升为战略问题。

---

* 胡钰，中信改革发展研究院资深研究员，清华大学新闻与传播学院党委书记。

如何看待当前中国的国际话语权

目前中国在国际话语权上，其实有两个不匹配。一个是美誉度和贡献度不匹配。也就是说，中国对世界经济的贡献一直很大，尤其是金融危机以来，我们的贡献率一直超过 30%，但是在国际上没有得到相应的认同。在抗疫过程中，其实我们是完胜，但是也没有得到相应的美誉度。问题的核心就是我们的软实力和硬实力是不匹配的。

我们可以看到硬实力是有局限性的，换言之你做得好，并不意味着别人就认为你是好人。其实，这在日常生活中也很明显，你做得好，还要别人认为你好，才是真的好。为什么我们软实力没有上升呢？因为软实力提升也需要硬功夫的，而目前我们在这方面又很薄弱。

我们在做对外传播的时候，经常会研究国外媒体的一些报道，我们可以看到冷战以来，西方社会一直对中国的发展成就进行污名化，只不过态势是不一样的。冷战时期，西方社会主要是对共产主义的污名化。那么到了这次疫情初期，西方社会既已对共产主义污名化了，对中国的污名化就越来越明显。

中国发展起来后，一开始西方会污名化我们的发展成果、发展成就。大家可以看《经济学》杂志的几个封面图片和标题，就知道它对中国的发展成就是污名化的。目前，它又开始污名化中国的发展动机，这个更可怕，是莫须有的，它说“你有就是有”，它说“你坏就是坏人”，它说“一带一路”倡议就是“马歇尔计划”，就是“想控制世界”。它怎么说它怎么有理，这比起否定你的发展成就，在国际传播中更有回旋余地。

其实这种对中国的污名化，我们做案例研究的时候发现比比皆是。这里我就介绍一个例子，就是 2019 年 10 月的埃塞克斯惨案。在英国埃塞克斯郡，当时有一批偷渡客被发现在集装箱货车死亡。刚开始由于他们是亚洲面孔，西方人就认为是中国人，但后来调查出来是越南人。

在猜测遇难者是中国人的时候，我们可以看到，整个英美的主流媒体都一边倒地来质疑中国，尤其当时恰巧是我们新中国成立70周年大庆之时。我们可以看到，在中国外交部的例行记者会上，CNN的记者向我们的发言人提问："你之前提到，为庆祝中国过去70年取得的巨大成就和进步，本月初中方举行了国庆相关活动。但中国公民却通过这种极端危险的方式离开中国，他们是出于何种动机？外界应该如何理解？"我们可以看到，没有任何的专业性来支撑，也没有任何事实支撑，他就带有很强的这种立场预设和负面引导。当然我们外交部的发言人回答得也很明确："你刚才先入为主，设定遇难者就是中国人，而且把这个案件和我们庆祝新中国成立70周年联系在一起，这个出发点是很有问题的，反映出你思想深处或者说你代表的美国一些媒体的问题。你到底希望得到什么样的答案呢？"

现在中美之间的竞争确实是全方位的竞争，那么舆论场的竞争远比我们想的激烈，它确实就是剑拔弩张的，应该引起我们的足够重视。

为什么会这样呢？其实很重要的一点就是，中国的"人设"是什么？随着我们这些年的发展，特别是改革开放40多年的发展，我们"人设"就是工程师文化。部分领导人是工程师出身，技术思维还是很强的，工程思维也很强，没有美国那种政客的思维。其实作为政治人物，核心任务就是沟通、传播、公关，但是中国各个层面的领导人很多是工程师出身，认为沉默是金，多做少说，能不说就不说。

清华也是工程师文化，也是这样的一种"人设"。所以在读清华史的时候可以看到，当时最早创办清华机械系的一位老先生就谈到了，现在的国内工程界吃亏的地方就是做了事不大说话、不大写文章。其实现在中国还是这样，工程师的"人设"是这样子的。

华为也是这样，我一直觉得华为是中国最强大的企业之一，但是其实也有一种很强的工程师文化。孟晚舟事件以后它才开始大规模地对外沟通，沟通的水平也很高。这里我举一个案例，它请了乔治·吉尔德和尼古拉斯·尼葛洛庞帝（数字时代的三大思想家中的两位，而且都80岁了，还有一位是麦克卢汉，已经过世了），到深圳跟任正非对话，这个非常有分量。这种对话之前没有做，也就是说，整个对外传播现在是被动地在应对。他们对话以后迅速就把所有的发言公开。在发言中任正非提到，“我们没有想到，美国打击我们华为的决心如此之大，范围之广”。

更重要的是，你可以看到两大思想家的看法。乔治·吉尔德在美国未来学家中排第一，谈到了华为未来发展面临着的一些挑战。这里的挑战从传播角度来看，你可以看到，尼葛洛庞帝说，“之前在一个晚宴上，我跟别人说‘华为是一家伟大的公司’。他们说，真的吗？我说，是的，全球各地的人并不知道你们在科技上所作的贡献”。①

这就是中国现在面临的问题。我们做了很多，没有人知道，没有人说你好。我们天天在研究怎么做，可是没有同样的精力研究怎么说。应该有更多的人研究怎么说才行，才能把我们要做的事情宣传出去。这是个战略问题，不是个边缘问题，不是一个战术问题。

中国的话语权问题，不光是我们在关注。2008 年，科技部跟上海市联合做了“浦江创新论坛”，当时我担任这个论坛的秘书长。我们请了杨振宁先生，请他讲什么是创新。杨先生讲的是什么呢？他竟然从 DNA 双螺旋结构开始讲起，讲到福特的流水线生产，讲到最后是争夺国际话语权的创新。这是 2008 年的时候他讲的。

在争夺国际话语权上，这么多年其实我们一直没有把它当作一个战略问题来对待，所以才会出现今天这种局面。最近中兴通讯委托我们做一个课题，就是中兴的全球形象。我去做了它的深度访谈。因为 2018 年它被美国制裁以后，所有的高管按照美国要求进行了撤换，现在的高管就是 2018 年从中层上起来的。他们现在苦恼于怎么做形象。如果说自己很好，美国人不答应，说自己不

① 任正非与两位美国思想家学者咖啡对话完整实录全文［EB/OL］. https：//www. sohu. com/a/321289644_114774.

好，中国人不答应。我分别与其总裁和5位副总裁做了深度的访谈。我们的工程师文化，其实制约了我们国际话语权的提升。

如何看待中国的国际话语权，我有几个看法。

第一个是现在国家竞争愈发体现在意识形态之争、价值观之争、话语权之争。我们过去认为给别人利益、给别人市场，我们就能获得朋友。但是现在仔细想想，我们的敌人、我们的对手都是真的，我们的朋友、我们的伙伴有几个是真的？我们跟西方交流的时候，我们会看到他们经常说我们是价值观同盟，所以这一点其实对我们是一个很大的提醒。

第二个就是解决国际争端，销毁对抗思想重于销毁对抗武器。当我们在对抗过程中拼命提升自己的武器能力的时候，其实我们没有想到最后可能是共同毁灭，也就是杀敌一千自损八百，这完全是一种极端对抗。为什么呢？我们说经济是服从于法律、法律服从于政治、政治服从于价值观的。你的思想不变、观念不变，其实最后就是两败俱伤，但这个需要沟通，所以战略传播有战略意义。

第三个就是人类的传播活动是充满多样权力关系的场域。这一点其实我们一直没有很好建立起来。为什么经常搞国际传播的人说现在国际传播领域是西强我弱，因为我们长期没有把它放在一个战略角度来看待，没有把它放在一个权力关系来看待。现代我们经常说一句话，颜值即正义，传播即力量。你做得再好，没有好的颜值，就算大而强了，也是大而不美。你就算是亿万富翁了，别人说你为富不仁，在这个世界上你还是没有朋友。更何况现在社交机器人全方位地进入社交媒体，计算式宣传其实对全球的政治舆论影响越来越大。

第四个是国家形象不是自以为是的形象，而是他以为是的形象。过去我们在建构国家形象时一直是自述，但实际上自述不能代替他述，所以我们的国家形象、国际形象，在全球范围内一直有很大的争议。

第五个是西方对中国有贸易赤字，但中国对西方有很强的文化赤字和形象赤字。所以我们的观念、我们的价值观，我们说不出去。杨振宁先生在上述论坛就反复谈了，把中国的“德”“和谐”这种观念要讲出去，通过各种方式讲出去。

第六个就是中国已经走进世界，但是世界并未走进中国。美国对中国的打压绝不仅仅是因为特朗普政府的上台，实际上我们在中兴调研的时候就了解到，2010 年，中兴在跟美国公司做生意的时候，美国的商务部长就直接给中兴的客户打电话，建议不要使用中兴的产品，而那个时候还是奥巴马政府。

最后就是现在我们经常谈四个自信，现在道路自信、制度自信越来越得到增强，尤其是在抗疫以后，青年人对自己国家的道路和制度真的充满了自信。但是很大的问题就是我们的理论自信、文化自信还没有得到增强，学术界的问题没有解决，理论界的问题也没有解决，知识分子的问题还没有解决。这是很大的问题，是深层次的。在四个自信中，其实文化自信是根本。

提升中国竞争力的关键着力点——科技与话语，一个是硬实力核心，一个是软实力核心，这是完整理解我们目前国际话语权的背景。

如何形成崭新的对外传播观念

那么话语权的来源是什么呢？我们经常说话语创新，话语创新不仅是编词，还需要思想创新。你得先有思想创新才有话语创新。那么思想来自什么？我觉得就是学者们一起努力，确实从理论上来架构崭新的中国理论体系。

目前中国是复杂的，传统中国、革命中国、市场中国叠加在一起，怎么来解释这个现实，就是一个很大的挑战。

我们现在的一些问题，为什么有做法无说法？如何定义社会主义？如何看待中国特色的普遍意义与特殊意义？如何看待革命文化的现代价值？如何从传统中寻求自信？如何把握舆情和民意的关系？如何提升中国的文化领导权？这些都是需要理论界和学术界一起来思考的。

要建构后疫情时代支持中国发展的新闻舆论生态，我认为有三个目标：一是形成对中国经济社会发展的稳定预期，二是形成植根于中国传统文化的主流价值观，三是形成面向全球的良好中国国际形象。

如何提升对外传播的创新能力

从传播的战略上，需要有几个很重要的调整。

一是非官方主体，这个越来越重要。官方主体在国际上先天不被信任，讲任何东西都是没有用的。现在连孔子学院也变成由基金会来管理，这其实符合现在的国际惯例。

二是非政治内容。在意识形态对抗和差异化背景下，其实非政治内容才能有价值。我在西藏做了一个长时间的调研，调研西藏的对外传播。我也体会到政治内容，包括经济内容，用藏语和英语对外广播，很难到达。但播格萨尔王，播藏文化、藏传佛教，是很容易到达的。所以非政治内容很重要。

三是非情绪对抗。尽管有天灾人祸，但是其实这也是常态，我们需要保持自己的战略定力，来进行积极沟通。

四是要有一些新的观念。要有国际的视角，就是从国际传播的视角来思考中国的对外话语。像“一带一路”，刚开始叫战略，被国际舆论质疑后，我们就改叫倡议。其实这是我们一开始考虑这些话语的时候，没有站在国际传播的视角。

五是要有多样的一致。社交媒体环境同向重于同质，我们不能再一味要求同质化。

六是要有正向批评。在对外传播中往往有批评才有真实性，一味地对国外说我们全是好的，是没有真实性的。我们要保证5%和95%的关系，不能完全是百分之百的正面。这个在国际传播中也是，一旦没有了公信力，讲什么都没有用。

七是要有一个理性的讨论。实际上应该给学界更多思考的自主性，学界的发言应该有更大的自由度，更大敞开。让学界更多的学者代表中国发声，让学界去思考中国的道路和中国的问题。

八是文化的题材，将中国文化作为传播中的战略内容。我们在西藏调研，给西藏宣传部和有关部门提的建议是，要把文化内容作为西藏传播的战略内容。

九是具象的话语，避免过度抽象化、概念化的表述。我们现在外宣内宣化的问题很严重，对西方的受众也讲三个什么、四个什么、五个什么，这是没有意义的，这都是给领导人看的，不是给国际受众看的。

十是创意的传播，充分发挥青年人的传播力量。现代青年经常自称的，一个是天然红，还有一个是数字原住民。所以“90 后”“00 后”的年轻人应该是我们要充分依靠的力量。

创意视角下的文化传播、文化形象、文化价值观，其实还是要推动中国传统文化的创造性转化和创新性发展。没有创意的文化是重复的，没有文化的创意是单薄的。比如，我们请一些现在最有流行度的摄影师来讲中国的文化创意，其实就很有价值。

面向对外传播，我们要培养面向主流的高手，就需要有更深的思想、更广的专业、更新的技术、更活的表达和更高的伦理。

国际话语权事关中国战略目标和长远利益，要将对外传播纳入国家战略决策中。国际话语权提升的基础是文化自信，核心是专业研究，关键是系统实施。要以大时间尺度，顽强而又创造性地建设当代中国的国际话语权，提升中国对外传播的人文感与青春度。

“新冷战”雾霾下的国际舆论引导

——全球社交网络下的新闻生态与运用

李希光*

编者按：全球社交网络下的新闻生态在美国和西方主流媒体主导下，正在出现加剧社会分裂的状态。在传统媒体时代，当疫情暴发时，媒体是政府与民众沟通信息的桥梁，新闻是权威人士和部门发布的。在社交网络时代，人人是传播者，政府合法性被削弱，社会组织力和动员力下降。美国和西方主流媒体把新闻舆论作为政治斗争的武器，甚至是国家战略。在多极化世界与多极化舆论空间，全球舆论生态的政治背景的大变局，正重塑世界政治版图。

以社交网络为特征的新闻传播加剧了社会分裂

在传统媒体时代，当疫情暴发时，媒体是政府与民众沟通信息的桥梁。主流媒体报道的疫情防控新闻是权威人士和部门发布的，其读者和听众都是新闻的忠实信众。但是在新媒体时代，社交平台的各个社交群大多是情趣相投的人聚在一起，在疫情面前，很多不具备医学常识、更没有防病治病专业知识的人，不停地在群里转发各个社交媒体平台传来的符合自己观点和兴趣的传言、谣言和假新闻。有的人在某个领域是出色的专家，但他的知识有局限性，在自己无知的领域也像个专家一样发表言论。在这个人人是记者和传播者的社交网

* 李希光，中信改革发展研究院资深研究员，清华大学国际传播研究中心主任。

络时代，大家都在传播能够证明自己观点的文字和画面。

在危机或疫情暴发后，社交媒体的平台制造和传播的新闻和言论总是把人分成两组：一组是不可信的坏人，一组是可信的好人。按照西方新闻学的二分法，政府部门、政府官员和跟政府有关的专家总是不可信的，批评政府或者反政府的人总是可信的。在重大的疾病疫情暴发后，社交网络及某些传统媒体不再是公众与政府的沟通桥梁，更不是凝聚共识和人心、团结起来一致与疾病作战的武器，而是把人类与疾病斗争这个科学议题转化为人与人互相指责的骂街运动——善与恶、好与坏、对与错的“大字报运动”。在重大公共卫生危机事件中，以政府为中心的权威性和合法性被大大削弱，导致政府的社会动员力和组织力下降。

新闻议题战、舆情战和心理战日趋激烈

美国和西方主流媒体作为其社会精英成员，坚信主流新闻媒体的重要功能就是设置议程。设置议程如同比赛场上的起跑线。你若在第一时间报道新闻、第一时间发表观点或声明，就在第一时间设定了议程，决定了你的读者观察和思考新闻的维度、发表评论的观点和立场。如果你未能在第一时间设定议程，而你的对手在第一时间设定了议程，你的对手在起跑时就冲到了你的前头，作为后来者你要想追上对手，要费极大的力气，而且还不一定能确保在到达终点前超过竞争对手。在全球社交网络，手机和社交网络平台的 24 小时新闻直播或者每时每刻新闻更新，就是一种议程设置战和新闻真相战。

在当前虚假新闻泛滥的社交网络，真实可信的信息不是媒体和网络刻意制造的话题热点和网络舆情。真实的情况不是由网络声音大小判断，也不是由新闻和舆论的传播渠道和传播的广泛性判断。中国的智库和媒体不应该把境外媒体和网络耸人听闻的传闻作为“舆情”报送党和政府有关部门，成为西方舆论战的传声筒和放大器。要谨防中国有关智库和媒体每天撰写的舆情内参和关

注度排名成为他人“兵不厌诈”的武器，预防境外势力通过操控国内舆论场、制造虚假民意，影响党和国家有关部门的决策。美国政客和精英从来都是把媒体、舆论、新闻报道作为政治斗争的武器。美国政客和精英不会关注，至少不会每天关注中国媒体和中国网络舆情对美国的看法和评论，美国媒体从来不会转载其他国家媒体的文章。美国人相信议题设置的强大功能，你可以不同意我的观点，但是一旦你知道了我的观点，我就实现了议题设置的功能。如果你每天都在关注我的观点，我就会在价值判断、政治立场、思想深处全面影响你、改造你。美国媒体充斥着真假难辨的新闻。在舆论宣传和意识形态领域，刻意误导是西方媒体的常态，甚至是其国家战略。但是，中国很多网络自媒体却总是抢着转发西方媒体的倾向性报道，全然不顾这其中的圈套——文字圈套、图片圈套、视频圈套、引语圈套和同期声圈套。

多极化世界与多极化舆论空间

观察和讨论互联网背景下的全球舆论引导，我们首先看一下全球舆论生态的政治背景——世界正经历百年未有之大变局。这个大变局正重塑全球政治经济版图。从经济和军事的存在看，世界呈现了美国、欧洲、中国和俄罗斯四个极点。[①] 如果从政治和意识形态上看，世界呈现美国等西方国家、伊斯兰国家、中国、俄罗斯四个极点。这种多极化的世界意味着区域权力的复杂体系、政治制度的多样性、不同身份的文化历史传统。全球经济和政治力量之间的平衡正在被西方的衰落打破，力量正从西方转移到东方。

① 亚历山大·杜金在2019年7月举行的“第三届思想者论坛”演讲记录。详见 Multipolarity：Greater Eurasia Vision Geopolitica. RU https：//www. geopolitica. ru/en/article/multipolarity-greater-eurasia-vision?nsukey = wnWnkuCsl0b5IgI8L9KxCwgWgvLCQragl2lfmea3fFcfEqNxCIPUnL0CN8vkCskP6QzGyLc1z7nOgwWzkyfOfLWfTwrxs809FSKbkcOvDl%2BL8MzY0ZU43a3tUMYxCfBX30wR9jsyBjSWyJLYVcmvHa9SoWPKR%2BtlzsyHfArrXKDtBSiZ5ehT98nM1c2eixOxQ6P1N%2FTY4rHafIxxUuZPow%3D%3D。

这种多极世界需要多极化的哲学，以取代新自由主义的全球主义理论——历史的终结、美国和西方文化霸权、世界资本主义、美国独尊的单极化世界。但是在这个多极的世界里，全球舆论、全球文化和全球哲学并没有呈现丰富多彩的多极化。作为一极的中国需要一个能够反映其价值观、国家利益和国家安全的国际话语体系和国际舆论环境。根据中国“一带一路”倡议、人类命运共同体、“中国梦”和“中华民族伟大复兴”的伟大愿景，中国要体现一整套为自己的世界观和目标服务的知识和思想，以支撑“一带一路”倡议、人类命运共同体、“中国梦”和“中华民族伟大复兴”的国际表述，对国际知识界施加影响。而这一知识和话语体系应该是一种与中国共产党的意识形态一致的且具有普遍意义的中国范式。

一个国家在世界上的位置决定了这个国家的政治，这是地缘政治的概念。地缘关系决定了一个国家在世界上相应的位置及对外政策。鉴于地缘、政治、历史、文化和经济发展不平衡等多种因素，“一带一路”倡议和人类命运共同体，就是要建立一个多极化共同体，把中国周边国家、“一带一路”沿线国家和人民团结起来。中国东部和东南部被海洋包围，北部、西部和南部有许多陆地接壤的邻国。如果越南出了问题，云南、广西和南海不会有安全感；如果印度出了问题，西藏不会有安全感；如果阿富汗和巴基斯坦出了问题，新疆不会有安全感；如果朝鲜出了问题，东三省不会有安全感；如果俄罗斯出了问题，整个中国北方都没有安全感。

“一带一路”倡议的本质是亚欧一体化，这不仅跟中国的地缘政治有关，也跟亚欧大陆地缘政治有关。“一带一路”倡议是要打通欧洲殖民者早年为实现分而治之在亚洲和中东设置的阻塞点，使亚欧各国人民及非洲人民重新流动和连通起来。中国提出的“一带一路”倡议及北极航道监测科学试验卫星计划，正是迈向多极化合作更紧密的一步，不仅通过“一带一路”倡议把东亚的儒释道文化圈、穿过中西亚的伊斯兰教文化圈与欧洲的基督教文化圈联通了，也通过北极航道，让南亚的印度教文化圈、东亚的佛教文化圈、北亚的东正教文化圈和欧洲的基督教文化圈联通了。中国走的是世界人民大团结的道路，西方走的是民族分裂、国家分裂和文明冲突的道路。陈旧的西方范式是制造界限、制造民族和国家的分裂，而“一带一路”倡议和人类命运共同体是让不同的民族、国家和文明重新联通起来。

建设一个支撑人类命运共同体的话语体系

西方帝国主义领土扩张的时代已经过去了，但其意识形态扩张仍在继续。虽然美国和西方主流媒体为了生存，也在积极地推进新闻的娱乐化、社交化、平庸化。但是，为了满足高端消费者和社会精英的议题设置和意识形态市场需求，美国政客和主流媒体继续在国际知识界向高端消费者提供传播和巩固西方意识形态和价值观的故事，捍卫所谓的西方范式。美国和西方媒体把中国提出的“一带一路”倡议和人类命运共同体视为中国精神的扩张——一条非西方的发展道路和非西方的价值观。

话语权是一种等同于一个国家的军事权力和经济权力的权力形式。具体讲，话语权是指表达“被他人尊重和认可”的思想、概念、主张的能力，这种权力确保一个国家的主流意识形态得到其他国家的接受，或者至少不被其他国家反对。过去一年里，美国国会通过制造所谓“新疆法案”“西藏法案”“香港法案”“台湾法案”，并通过新冠肺炎疫情，全面妖魔化中国。西方通过针对中国舆论战的全球战略布局，试图让中国感到全方位的步步紧逼。美国和西方主流媒体试图通过在舆论界和学界把中国降低为不平等的对话伙伴，在意识形态上、文化上、历史上、民族等国家生存的重大问题上搞垮中国。

因此，话语权建设不能简单地归属于对外宣传，不是对西方的歪曲报道的简单回应和反击，更不是在对外宣传话语和概念上与西方接轨。国际话语权的核心是道路、制度、价值观。中国共产党是通过先进理论武装的政党，要把中国共产党的先进思想和理论转化成国际话语权，而不是用西方的概念和话语来解说中国共产党的先进理论和先进思想、发展范式、理论范式，要跳出西方的话语陷阱。西方主流媒体制造的热点话题和舆情本身就是一种范式斗争和观念斗争。

话语权建设是一国对世界施加的思想和精神影响，是该国将为人类的未来提供什么样的智慧、思想、观念、知识、方案和愿景，目的是让他人自愿接受并认同某些概念、价值观和意识形态。① 中国必须从过去的与国际话语接轨的国际传播能力建设转变到在意识形态和价值观上（中国道路、中国理论、中国制度和中国文化）在世界范围内展开对话，逐步实现全球舆论在观念领域的力量平衡。中国要用中国道路、中国制度成功的经验转化成知识的创新与生产，在理论上塑造自己的话语、设计自己的概念，然后将其推向国际舞台，使中国的发展范式和思想范式最终可能成为一种与西方范式平行的系统。

2020 年 1 月 15 日，国务委员兼外长王毅在与中国公共外交协会座谈时指出，打造有中国特色、中国风格、中国气派的话语体系。讲清楚中国成功故事背后的文明逻辑、历史逻辑和制度逻辑。要善于把我们的道路优势、制度优势、发展优势、文化优势不断转化成话语优势。……我们要用听得懂、易接受的话语体系和表达方式讲好中国共产党治国理政的故事、中国人民奋斗圆梦的故事、中国坚持和平发展合作共赢的故事，引导国际社会形成正确“中国观”。② 为此，在“一带一路”沿线国家和我们援助对象国，除了经济援助、医药援助，也要开展知识援助、智力援助和制度援助。特别是通过知识生产，通过媒体、学界和交流，向国际思想界，特别是“一带一路”沿线国家传达和灌输有利于维护多极化世界的概念、观念、理想和价值观，推动中国话语权建设不断迈上新台阶，最终形成一个能够支撑“一带一路”倡议和人类命运共同体秩序的知识体系和话语体系。没有话语权，一个国家的综合国力是不完整的。

---

① 张国祚．关于“话语权”的几点思考［J］．求是，2009（9）．

② 王毅．加强公共外交是推进中国特色大国外交的必然要求［EB/OL］．http：//www. fmprc. gov. cn/web/wjbzhd/t1732676. shtml？from = groupmessage&isappinstalled = 0.

党的十九大提出的“两个一百年”的奋斗目标，不仅体现在民生、经济、科技、国防等硬实力领域，还体现在社会制度、价值观、意识形态和文化等领域。新华社在2016年的一篇社论中说，中国作为最大的发展中国家和世界第二大经济体，既有崇正义、尚和合、求大同的历史传统，也有共建人类命运共同体的大国担当。[①] 中国提出“一带一路”倡议后，150多个国家和国际组织与中国签订“一带一路”相关合作文件。……正如一位欧洲学者所言，中国构建多边世界的理念在全球范围得到广泛响应，“这样的理念一旦付诸行动，人类就迈出了一大步”。[②]

以“一带一路”沿线国家为重点的全球舆论引导战略

新中国成立70多年来，西方媒体和西方的主流社会就没有允许一个正面的中国国家形象存在过，因此中国官媒不应过于关注西方主流媒体和西方精英心目中的中国形象。中国对西方国家的外宣渠道重点，要从中国的官办媒体渠道转变为中国的个人对西方的个人、学者对学者、网民对网民、学生对学生、记者对记者、非政府组织对非政府组织，积极利用社交媒体，彻底改变旧的外宣观念和对外传播的工作评价标准。中国的舆论外宣要彻底改变以西方主流媒体为外宣对象的观念，中国的官方媒体和网络要放弃把西方媒体作为中国影响世界的主要渠道、平台和目标。新华社的英文稿件要以发展中国家，特别是“一带一路”沿线国家的媒体用户为主，与西方通讯社争夺发展中国家的稿件完整刊播的版面和时间，将中国官媒的新闻稿件在“一带一路”沿线国家和

① 新华社社评：贡献中国方案，共筑未来之桥［EB/OL］. 新华社，（2016－09－02）. http：//www.xinhuanet. com//word/2016－09/02/c_1119498453. htm.

② 新华社评论员：引领人类前途命运的中国方案——论习近平主席在中法全球治理论坛闭幕式讲话［EB/OL］. 新华社，（2019－03－27）. http：//www.xinhuanet. com/politics/2019－03/27/c_1124291512. htm.

第三世界国家媒体中的直接落地作为考核指标。奖励标准中，将“一带一路”沿线国家作为一类，其他发展中国家作为二类，西方发达国家作为三类，面向发达国家的宣传渠道从面向西方主流媒体，转变为面向西方使用社交媒体的个人用户。

中国不能为适应西方主流话语体系和新闻价值观调整自己的立场。中国应当在非西方的盟友中找准自己的定位，使这些国家认同并接受中国提出的双赢合作、总体小康和人类命运共同体的理念，也能与中国共享古代丝绸之路的宝贵遗产。中国要学会利用“一带一路”倡议主要沿线国家媒体的力量，打破西方的话语霸权，变发展中国家媒体为国际新主流媒体，形成一个符合人类命运共同体价值观的新闻新秩序。这个新闻新秩序将确保“一带一路”沿线国家不论在外交、政治、经济还是媒体议程方面都得到有效传播。

利用中国“90后”“00后”人才优势，加大对国外社交网络的影响

在以社交网络为特征的全球舆论战场上，中国只能通过弯道超车，赢得意识形态、文化和新闻领域的话语权。西方牢牢地占据着传统媒体的主跑道，在这个跑道上，依靠精英制造和生产内容。中国要超车的弯道不是依赖少数精英（记者、明星、学者、官员和企业家），而是依靠广大的人民大众去创造、生产和传播中国的故事和声音。中国要把看台变成跑道，把看台上的观众变成自己的运动员和赛车手。当年南京国民政府和重庆国民政府在人民群众中失去话语权和民心，其原因在于其依靠的是少数精英，而延安的共产党和解放区依靠的是工农兵人民大众。这将是一种革命性的观念转变：由精英面向精英的精英传播和互动改变为大众面向大众的传播和互动。

中国在国际互联网的生态环境里超车，要靠每一个中国人都深度参与、深度创造的新文化。中国的人口是美国的4倍，在文化上，14亿人作为一个有

共同文化认同的整体，其力量是非常强的。中国在全球网络上的力量在于释放出14亿人的巨大创造力和爱国热情，为那些有思想、有文化、懂外语的年轻人提供到巨大的网络空间发展的机会，让他们在互联网上通过与全球网民的互动，把14亿中国人的声音传播到全球。要鼓励、支持“90后”“00后”这些充满阳光和正能量的中国新生代，为他们创造自由的条件，让他们在推特、脸书等国外社交媒体上发声。他们正在成为国内舆论战中的优势群体，也必将成为国际舆论战的优势力量。

中国能用英文写作的人口包括大学生甚至中学生人口超过一个亿，而且今天的中外文翻译软件相当流畅和准确好用。放开国际社交媒体，中国在国际社交平台的用户将呈几何倍数增长，其正能量回报将是巨大的。社交网络平台为中国在西强我弱的国际舆论环境里创造了一个弯道超车的机会。中国广大爱国网民通过国际社交网络，绕过西方和美国主流媒体，可直达“一带一路”沿线国家乃至西方社会主流阶层、人群和个人。

中国要做好全球舆论引导，不仅要对西方的新闻炒作和行动做出反应，更需要对美西方涉华舆论有先发制人的想象力。中国要在国际舆论上先发制人，就要知道西方媒体会对中国人民说什么、西方媒体和政客会如何玩弄中国网民的想象力。在全球互联网舆论新环境里，中国面对的是一场严峻的思想战争，中国和“一带一路”沿线国家必须赢得这场思想战争。

重大事件发生后，在西方的思想通过互联网到来之前，中国必须积极主动，而不是被动应对。为此，有必要设立一个国际舆论引导议题设置机构，在重大事件发生后，在美国和西方的舆论通过互联网到来之前，通过各种形式的主动发布，引导中国亿万网民联合各国网友在国际社交媒体共同发声，制造声势，积极主动而非被动地应对，最终形成一个适应人类命运共同体价值观的全球舆论环境，并形成一个适应人类命运共同体价值观的新闻范式。

第三世界视野下的中国特色新闻学与党报理论

吕新雨*

编者按：中国崛起在世界发展史上具有极大意义，但是究竟该如何理解、解读和对待，却是一个严峻的挑战。面对再次由美国和西方霸权发动和强加的“新冷战”陷阱，中国能否冲出重围并实现“和平崛起”？中国在此过程中提出，“构建人类命运共同体”，“坚决摒弃冷战思维和强权政治，走对话而不对抗、结伴而不结盟的国与国交往新路”的理念。

第三世界的视野不可或缺

1974年，毛泽东主席在会见来华访问的赞比亚总统卡翁达时，提出了“三个世界”的划分，并指出，中国要联合广大的第三世界共同反抗世界霸权。不同于中共领导人对世界大势的政治判断，美国著名历史学家斯塔夫里阿诺斯出版了《全球分裂：第三世界的历史进程》，将“第三世界”看成是一系列不平等国际关系下，由一些在经济上依附并从属于发达的第一世界的国家和地区所组成。他描述了第三世界从殖民主义到新殖民主义的失败过程。他认为，“除中国之外，第三世界的革命运动本质上都是民主主义性质的”，即资产阶级基于民族主义而非社会主义的革命。新殖民主义的特点是，殖民列强与特权集团的结盟形成买办资产阶级，它要求民族独立之后国家政权必须完全是

* 吕新雨，中信改革发展研究院资深研究员，华东师范大学传播学院院长。

民族主义性质的，而不是谋求社会制度的根本变革。他们关心的是公民自由而不是民族解放。而城乡差别则成为第三世界的普遍社会问题，这些国家的上层精英与前宗主国在政治经济与文化上密切联系，与下层乡村社会之间严重错位和脱节，这既是新殖民主义的特点，也是第三世界政治动荡的来源。

《全球分裂：第三世界的历史进程》出版十年之后，苏联东欧发生剧变，此后世界霸权由两极变成单极。此时中国在邓小平领导下进入改革开放的历史新阶段。但是，后冷战时代不平等的程度不仅加剧了，而且世界范围内的政治动荡和暴力也如影随形，并蔓延进入第一世界西方霸权的核心地带，整个世界目睹了今天在美国和欧洲爆发的后冷战时代最大规模的社会抗议活动。而史学家描述的第三世界兴起的过程中，大多数国家却倒在了现代化的门槛前，这一被遮蔽的惊心动魄的历史断裂过程今天依然延续，这也是当今世界范围内如此大规模宗教激进主义和右翼民粹主义兴起的症结。中国崛起在世界发展史上具有极大意义，但是究竟该如何理解、解读和对待，却是一个严峻的挑战。面对再次由美国和西方霸权发动和强加的“新冷战”陷阱，中国能否冲出重围并实现“和平崛起”。在此过程中，中国提出“构建人类命运共同体”，“坚决摒弃冷战思维和强权政治，走对话而不对抗、结伴而不结盟的国与国交往新路”的理念。

2019 年底暴发的新冠肺炎疫情，以及由此产生的国内国际在意识形态领域的激烈交战，使得世界范围内战争与和平的问题再次被推到历史的前台。未来的世界会走向何处？中国会走向何处？如何改变今天中国在世界舆论场上被动挨打的局面？要回答这些问题，第三世界的视野不仅不可或缺，而且是解决上述问题的先决条件。

“延安道路”需要解决的问题没有终结

斯塔夫里阿诺斯批评一些美国学者把中国共产党的成功完全归于“中国

的民族主义”。他认为，中国共产党能赢得民众、战胜国民党主要在于“他们是社会主义者”，而中国共产党人之所以“了解民众需求”是因为有“延安道路”。它不仅仅是一种战斗模式，也是一种生活方式，体现着人和社会的愿望，“并提供了一种基于平等主义价值观和广大民众参与之上的发展模式”，这就是群众路线。它对内以整风形式要求党员干部进行批评和自我批评，对外则积极发动农民参与政治的主动性和创造性——延安道路即以政党政治的方式推动党和农民群众的融合，以构建革命的政治主体。今天的执政党需要回到“延安道路”作为“新长征”的起点，因为“延安道路”需要解决的问题并没有终结，不仅是鉴往知来，更是“不忘初心，牢记使命”。

中国特色新闻始自延安，因为它与革命党的使命、执政党的命运休戚与共。

以独立自主社会主义为归属道路是第三世界的希望

新自由主义在国家的实践中严重脱离它的理论模式，其不稳定和自相矛盾的政治形态正是世界许多国家暴力和霸权的温床，因为它需要霸权主义来维护其在国际竞争中的地位和镇压全球化过程中的反新自由主义力量，这既包括劝说、渗透性宣传，也包括赤裸裸的军事强权、勒索，以及关税保护。当教条与现实之间彻底破裂的时候，背后的新保守主义就显露出来。

全球政治和商业的跨国联盟作为新自由主义全球化的产物，正如同高速运转的分离器，在世界范围内把社会的上层与下层分离开来，这将是超越民族主义的。而右翼民族主义则成为收割被全球化甩出去的底层人民不满的联合收割机。事实上，西方左翼运动的普遍失败正是今天右翼民粹主义以民族主义/种族主义/地方（部落）主义方式兴起的前提——它所诉求的必然是右翼保守主义立场的国家及以民族主义为核心的意识形态。这是当前世界范围内最危险暴力的“民族主义”浪潮，以邻为壑的右翼民族主义浪潮使得世界格局更接近第一次世界大战之前——唯一的不同正是第三世界“中国的崛起”。作为半殖民地被压迫民族反抗殖民主义、帝国主义和封建主义的统治，一百多年来，中国多少仁人志士前仆后继、流血牺牲，争取国家独立、民族解放和政治民主的革命成果，“爱国主义”有完全的历史正当性。消解这种正当性的后果，必然导致对整个20世纪中国革命的否定，也必然拆解今天社会主义中国抵御世界霸权、维护世界和平的政治基础。

从拉美和非洲经验出发的依附理论代表人物萨米尔·阿明（Samir Amin，1931—2018）曾经提出，第三世界只有以“脱钩”的方式才能摆脱新殖民主义的依附关系。阿明在2015年生命的最后阶段，鉴于中国的经验，阐述了新“脱钩”论：主权国家利用全球化进程满足自身发展需要，把握发展机遇，从而实现一种渐进式的社会变革。利用全球化的进程，通过内部变革实现去依附化，这正是中国道路。

阿明告诫中国对现在的状况要有清醒的认识和深刻的理解，他准确预言了2019年的中美贸易战。阿明把视野投注在亚洲长时段历史研判，他告诫中国，如果变成一个资本主义国家，美、日、欧这三大资本主义寡头都不会接纳中国和允许中国崛起。如果无条件地接受了西方资本主义、资本主义美国以及资本主义全球化，向资本主义屈服，西方资本主义国家必将迅速摧毁中国，使之再度沦落成为帝国主义阵营提供原料的从属国。

阿明把独立自主、以社会主义为最终归属的“脱钩”道路作为第三世界的希望，号召组成新的统一战线来应对和抗争资本主义越来越严重的系统性危机，并聚焦大多数来自非洲和拉美、亚洲地区学者的观点表示：世界期待并需要一个团结、强大的中国以领导者的角色来应对这场全球系统性危机。一个团结而强大的中国对全球发展非常重要。阿明的判断在很大程度上可以看成20世纪70年代毛泽东关于三个世界的理论在今天的回响。

正是基于上述判断，阿明看到了很多今天西方左翼知识分子所看不到的现象，他区分了发展中的不平等和结构性的不平等，认为发展中的不平等是以追求平等而不是固化不平等为前提的，其鲜明表现就是中国正以举国之力消除内部贫困的巨大工程，即解决城乡、区域发展不平衡问题——非均衡正是资本主义市场经济的必然产物，也正是中国作为社会主义市场经济体的自我承诺：用政治责任和社会责任解决经济发展、地区发展非均衡问题，使整个社会全体人民共同富裕，这既包括东部支援西部、乡村振兴战略等一系列文化、政治、经济的国家制度安排，也包括此次抗疫过程中举国体制的发挥：全国驰援、党员带头。

重拾作为党报理论来源的“延安新闻传统”

正是在廓清上述历史脉络的前提下，我们才有可能重新打开“延安新闻传统”作为党报理论来源的历史画卷。1942 年，《解放日报》的改版与整风运动同步展开，作为党报的《解放日报》成为中国共产党政党组织传播的喉结——这是一个完全不同于欧美报刊作为资产阶级上升阶段同步起源的功能定位及使命，因而需要锻造“政党组织传播”的理论视野，以重新梳理中国共产党党报理论与实践的“革命史范式”，而无产阶级政党的自我定位与历史使命则是决定其组织传播特性的关键。正是在这个意义上，作为中国特色的党报理论与实践的“政党组织传播”应该成为一个新的理论研究范式。

作为 20 世纪中国革命的政治传播实践，政党组织传播是今天重建党报理论与实践的基点，亟待将无产阶级政党新国理论进行历史延续，这就是为什么它首先要与资产阶级的新闻报刊业划清界限。作为无产阶级政党，中国共产党提出的新闻“大众化”（群众路线）的主张与西方商业主义的便士报传统有本质区别，当然也无法南辕北辙地套用西方新闻专业主义的模式进行评判。在这个意义上，《解放日报》是 20 世纪中国共产党的政治组织传播模式的范式再造。

今天，中国共产党的党员人数已经超过了 9000 万人，基层组织达到 461 万个，党的组织建设正在不断深入，特别是在疫情之后。党报与党的建设的关系需要与新时代发展相衔接，并在此基础上，建设作为国家政治生活的党报与各级党组织的生态关系。以此作为定海神针，在新媒体时代放手发动群众、领导群众，如此才能冲破“新冷战”的封锁线，在世界范围内最大限度结成意识形态统一战线。党在新时期舆论的伟大斗争中，仍需要依靠三大法宝：党的领导、群众路线、统一战线，打造国际国内新闻舆论新格局，这正是今天中国的马克思主义新闻观需要面对的历史课题。

让政治经济学走上经济工作的主战场

江　宇*

编者按：长期以来，从经济学的学科设置、理论工具的使用、话语体系等多方面都存在西方经济学占据主流地位的现象。新时代的经济工作需要经济学理论创新。西方经济学将政治和经济割裂，我们必须以自己的经验为基础，创造为我所用的新的政治学理论。

十八大以来，以习近平同志为核心的党中央高度重视发展和应用中国特色社会主义政治经济学。总书记在多次会议上讲：有些人认为，马克思主义政治经济学过时了，《资本论》过时了。这个论断是武断的，也是错误的。对国外特别是西方经济学，我们要坚持去粗取精、去伪存真，坚持以我为主、为我所用。① 20世纪90年代，习近平同志在福建宁德和福州工作的时候，也发表过多篇文章谈这方面的问题。

在具体的经济工作中，西方的新古典经济学仍然占据着主流地位，这是长期以来形成的一个格局，从经济学的学科设置、理论工具的使用、话语体系等多方面都存在这样的现象。目前存在政治话语、学术话语和理论话语互相脱节的现象。一些人在正式场合讲坚持马克思主义，但在解决实际经济问题的时候，往往表面上用的是中央文件的提法，总书记阐述的观点，但具体分析问题

---

*　江宇，中信改革发展研究基金会青年会员，国务院发展研究中心副研究员。

①　习近平．不断开拓当代中国马克思主义政治经济学新境界［J］求是，2020（16）.

时所运用的理论内核，却是西方经济学的，甚至是新自由主义的观点和方法。

新时代经济工作需要经济学基础理论创新

随着我们进入新时代、新阶段，经济工作迫切需要基础理论的创新，首先要澄清一些似是而非的意见。比如有人说，马克思主义政治经济学是19世纪的产物，那时连中央银行都没有，它怎么能适应今天的实际？还有人认为，政治经济学是关于意识形态的理论，不是实际应用的科学。有人认为，社会主义国家在其发展历史中曾经走过很多弯路，说明马克思主义政治经济学的理论基础是错误的。还有人说，政治经济学没有数理基础，所以是不科学的。

这些观点实际上都是不成立的。从历史角度看，社会主义国家的发展路径和资本主义国家不同，现在的社会主义国家在历史上都是资本主义体系中的“边缘”国家，按照西方经济学的标准都是落后国家，所以我们才运用政治经济学指导自己的革命和建设。不能反过来说，是因为错误地运用了政治经济学才会落后的。

关于马克思主义政治经济学能不能用于解决具体经济问题的疑问，我们应给以历史的分析。

一方面，西方古典经济学产生于资本主义发展初期，从当时反封建的角度来说，它是进步的。它主张劳动价值论，主张市场经济，主张个人理性。直到19世纪，西方经济学的所谓“边际革命”，正是资本主义制度得到巩固的时期，这一学科逐步演变成为资本主义辩护的学说；随着劳资矛盾的激化，劳动价值论也被放弃了。

另一方面，社会主义国家特别是苏联过于强调政治经济学的政治性，忽略了它的科学性和应用性，也削弱了它的生命力。应该说，这个问题在中国也是存在的。这就导致20世纪80年代后西方经济学逐步成为指导经济工作的主流思想。

有人说，在马克思时代，对很多具体经济问题，包括银行理论、宏观经济学、产业组织，以及后来的信息经济学等，或者没有研究，或者当时还没有遇到这些问题。你怎么说它能解决现实问题呢？我们可以打个比方：政治经济学和现实经济问题之间是“主机”和“软件”的关系。“主机”的操作系统是有严格的意识形态属性的，新古典经济学和马克思主义政治经济学，两者的基本立场、价值导向有根本的不同。但现实具体的经济问题和人的经济行为，东西方理论是有共通之处的。意识形态和具体经济问题可以分开对待，取决于把“U 盘”插在哪个机器上。现在很多实用性的学科背后默认的理论基础还是新古典经济学。我们要把“主机”换过来，但这些解决具体问题的“软件”可以继续用。

政治经济学到了走上主战场的时候

从西方金融危机开始，西方经济学遇到了危机，西方人自己也在反思，但他们自身存在不足：第一，他们缺乏历史唯物主义观点，认定私有制和“个人理性”千古不变；第二，西方经济学偏好静态、微观分析和均衡理论，缺乏辩证、系统观点，而经济运行大部分时间处在非均衡状态；第三，西方经济学将政治和经济割裂，坚持维护资本主义制度的立场。当资本主义在上升时期，西方经济学理论上的不足可以被掩盖起来，而金融危机使得这些问题得以充分暴露。

我们处在新的发展阶段，遇到很多新问题，客观上需要政治经济学的新理论。

新中国成立后的第一个 30 年，我们在经济制度上进行了多方面探索和创新，但对其中的经验教训，缺乏系统的理论总结。改革开放 40 多年，我国创造了经济发展奇迹，一是因为市场竞争和对外开放激活了内生动力，二是前 30 年社会主义工业化奠定了基础。但理论总是落后于实践，这一时期我们的经济理论还处于引进和跟随的状态。

现在可以看得比较清楚：西方资本主义发展道路的成功，得益于很多特殊历史性因素，使得它占据了全球化的先机。西方发展模式不能代表普遍发展规律，我们不能简单照搬。在发展中国家，凡是全盘照搬西方政治经济体制的，几乎没有成功跨越中等收入陷阱的。我们必须以自己的经验为基础，创造新的经济学理论。

现在对一些具体政策的争论，对一些问题的认识，必须靠政治经济学理论的指导才能够解决。

第一，怎样认识百年未有之大变局。百年未有之大变局，是第二次世界大战以来长期发展周期的结束。长期周期就是《资本论》中所提到的从自由资本主义到垄断资本主义，又从工业资本主义到商业资本主义、金融资本主义这样的周期。尽管西方社会还没有发生社会革命，但它肯定跳不出这个周期。认识到这一点，就能够在中美博弈中坚定我们的立场。

第二，怎样认识经济增速下降，特别是民营资本的投资不足。按照一些人的主张，只要再降低投资的门槛、降低劳动力的成本，就能够激发经济的活力。但从政治经济学的观点来看，这种过度降低投资门槛，靠降低税收、降低环境标准、降低劳动力成本，搞竞争性的招商引资的发展模式，最终导致的是公共产品和私人产品供给的不平衡。现在，一般竞争性领域投资已经过剩，要加强投资拉动，必须扩大基础性、战略性领域的国家投资。至于鼓励消费的问题，因为居民收入苦乐不均，中产阶层以上人群的消费欲望已基本满足，低收入者甚至买不起必需品，所以必须调整分配关系才能解决消费不足的问题。

关于通过大规模投资拉动经济问题，有人批评这是“大水漫灌”，认为解决内需不足，关键在于简政放权。这实际上是陷入了西方经济学的凯恩斯主义和新自由主义两派之争。我们应从西方经济学流派之争中跳出来，以政治经济学理论为指导，通过调整生产关系，调整党政关系，调整政治和经济的关系，才能产生新的经济增长动力。

第三，是关于社会保障、医疗、教育等问题。我们曾经试图用西方经济理论证明医疗为什么要坚持公益性、坚持公立医院主导。西方经济理论是以私有制和市场经济为前提，要证明医疗领域的市场失效，就要用信息不对称、契约不完全等理论进行复杂的推导。这样的证明，等于用社会主义制度的优势给私有制的基础打补丁，理不直气不壮，而且推理太复杂，基层的同志也很难理解。

用政治经济学的观点来分析，问题很清楚：不管是政府办还是市场办，只要把医疗作为商品，它就有价值和使用价值的背离。如果重视疾病的预防，医疗本身的价值就不能实现。而医疗的使用价值恰恰是要保障人的健康，人最好不生病。所以在任何情况下，不能把医疗作为商品看待。这样就可以解释，现在我们大部分医院还是公立医院，而且已经取消了药品加提成，为什么医疗费用还这么高？就是因为“医疗商品化”的问题还没有得到解决。

从政治经济学的角度看供给侧结构性改革，就是要实现社会主义的生产目的，即满足社会的真实需要，而不是满足资本对价值增值的需要。其中包括房子是用来住的，金融是为实体经济服务的，医院是为人治病的，以及下一步怎样形成新的经济增长动力，如新基建、乡村振兴、西部开发等，就是要满足老百姓的真实需要，这样才能使经济增长获得动力。

1960 年，毛主席在读《政治经济学教科书》笔记中也提到“有支付能力的需求”，这个说法值得研究。社会主义社会中，没有支付能力的需求很多，低收入者没有支付能力，基础科研没有支付能力，有人对医疗和教育没有支付能力。但如果满足了这些需求，对社会就是人的再生产，是长期经济发展的动力。笔记中还提到，对社会的产品要分析，有的用来扩大再生产，有的用于社会文化教育和福利保健事业，这是用于间接扩大再生产的。关于农业农村问题，他主张不应该把人都搞到城市去。这是用系统的观点，通过解决不平衡、不充分的问题，增强经济增长的动力。这给我们启示，社会主义政治经济学理论有其内在的经济逻辑，完全可以用来解决我们经济发展中遇到的现实问题，而不仅是批判性的理论。

随着形势的变化，政治经济学广泛走入应用领域的条件已经逐步具备。在20世纪六七十年代，由于还没有引入市场经济，市场经济中到底存在什么问题，还缺乏实践指导，那时我们还没有条件系统完善社会主义政治经济学。现在，经过70多年的社会主义经济体制的探索，我们应该有条件进行理论的总结。马克思主义的经济学是在批判西方古典经济学的基础上建立起来的。在当代，我们有了丰富的社会主义市场经济的实践经验，对西方经济理论有了系统的了解，经过正反两方面的经验，我们完全有条件发展社会主义政治经济学理论，并实现螺旋式的上升。

加强马克思主义政治经济学研究和教学需要解决的问题

一是要明确定位。包括大学的学科设置，不应仅仅把政治经济学作为一个必修学科，而应认识到它是解决实际问题的工具。当然，研究过程中会涉及很多现实问题，比如在课堂上就会有学生问，国有企业领导和职工之间是否存在剥削关系等类似问题，这一定要从理论上说清楚，不能含糊，这样才能真正让大家接受这一理论。

二是要重视理论研究和创新。要改革僵化的课程和教材，促进政治经济学和现在“主流”经济学的对话，不同学科的学者要接触、交流、融合，不能各研究各的。《资本论》的逻辑起点和论证脉络很清楚，从商品的两重性出发，推导出社会阶级的分化，逻辑是完整的。而西方经济学自身也有完整的逻辑，就是从供给和需求分析开始，形成整套理论体系，当然它是以“私有制有效率”为基础。我们社会主义政治经济学也需要有这样的逻辑完整的理论体系。

一个涉及保护民营企业发展的重要问题

赵小鲁*

编者按：民营经济是中国经济发展中一支重要力量。国家政策和两高司法政策精神如何精准传导到每个案件，要有案例指导环节。民营企业在发展中遇到的问题非常复杂，党和国家多次提出保护民营经济、民营企业家合法经营权利。应当聚焦民营经济发展中存在的普遍性问题，对存量司法解释进行重大补充修改，在法理和法治理念上进行重大突破，建立法律反映意见的绿色通道，建立法律共同体，实现司法公平正义。

民营经济是中国经济发展的一支重要力量

目前，在我国国民经济的投资比例中，民营经济占到了41%以上，外资占到20%左右，国有经济占到39%左右；民营经济对全国GDP的直接贡献率在62%以上；民营企业数量占到全国企业总数的97%以上；吸纳科研人才70%以上，吸纳全国就业人口80%以上。作为制造业大国，我国民营经济在制造业的投资比例为80%以上。民营经济已发展成为中国特色社会主义市场经济的一支重要力量。

在新冠肺炎疫情肆虐全球、经济发展受到严重影响的大环境下，国家应对经济下行的严峻局面时，如何增强民营企业家投资信心，保障民营企业正常经

* 赵小鲁，北京律师协会监事长，曾担任北京市第十、十一届政协委员。

营秩序，发挥民营企业的积极作用，已是社会主义建设大局中非常重要的问题。

发挥民营经济积极作用的十项建议

第一项建议：为保证国家政策和两高司法政策精神精准传导到每一个案件，最高法院应当对存量司法解释进行大幅度补充修改。

其一，我国法律是成文法。成文法具有稳定性的优势，同时在国家深化司法改革过程中，各种经济关系、法律关系，包括法学理论均在变化中，法律必须随之修改。但法律的修改具有滞后性，需要有国家政策对法律适用加以指导，在党和国家的政策精神与法官直接审判案件之间，需要有司法解释和案例指导作为审判指导的过渡依据。

其二，司法解释，包括最高审判机关和最高检察机关对审判工作和检察工作做出的具有直接指导作用和约束力的解释，是法院和检察院进行审判和检察工作的直接依据。由此，在法律修改之前，依据现行政策，在法律精神的范围内，可以使审判工作、检察工作适应社会生活和经济建设发展的需要。

其三，司法解释重点。一是围绕审判工作要充分保护民营经济发展为修改司法解释的指导思想；二是在成文法没有修改之前，加大对存量司法解释的修改工作，包括大量指导案例的编纂指导作用；三是司法解释的修改，应聚焦当前民营经济发展存在的具有普遍性的问题；四是由于民营企业在发展中遇到的问题非常复杂，我们在此文中仅涉及企业犯有涉税非暴力经济犯罪，企业实际控制人承担法律责任的若干具体问题。

第二项建议：各级审判机关主要负责人要提高政治站位，增强大局意识。

其一，一个案件能否正确判决，涉及非常复杂的因素，大体可以分为两类。一是业务素质的因素。将国家保护民营经济的政策精神、两高司法解释和指导意见，真正精准传导到每一个案件，对每一个承办法官的业务素质和理论水平均是严峻考验，需要部门领导的关注和指导，使一些疑难案件得以正确处理。二是案外因素的影响。一个案件，在明显证据不足、法理不清、政策导向不明的情况下，历经公安机关的侦查阶段、检察机关的检察阶段、审判机关的审判阶段，中间掺杂了太多的案外因素，日积月累，形成巨大的负面因素阻力，不是承办法官个人能够抵御消解的。这是对一级审判机关首长的政治素养、大局意识和担当精神的考验，一把手是关键。

其二，最高法院的司法解释和指导意见精神，能否精准传导到各个案件，各级审判机关的主要负责人责任重大。对民营企业犯有非暴力经济犯罪，民营企业家如何承担法律责任，直接涉及一个企业的生死存亡，涉及上下游供应链的正常运行，涉及大量员工的就业问题。因此，要从有利于提振、树立民营企业家的投资信心，促进民营经济发展这一政治大局，来衡量审判机关的审判指导思想。

其三，要有保护民营经济的担当精神。党和国家近年多次提出保护民营经济，改善民营企业营商环境，首先是如何保护民营企业家的合法经营权利，树立民营企业家的投资信心。在这一方面，社会舆论的不同认识、司法审判的传统思维定式、法学理论研究的滞后，都对运用法律保护民营经济发展造成困难。各级审判机关主要负责人应当直面和解决审判实践中的实际问题。

第三项建议：为保护民营经济所做的司法解释修改工作，要针对民营经济发展所遇到的具体问题。

民营企业受到损害的案件，突出显示了几个特点。一是民营企业家响应当地政府号召，投资建厂；二是民营企业家冒着经营亏损，艰难创业，取得成功；三是民营企业在经营中陷入当地复杂的政商关系和不正当竞争之中；四是民营企业家被长期羁押或判刑，企业破产，员工失业，经济受到严重损失。

民营企业家既是民营企业的投资人，也基本上是企业的实际控制人和生产经营的核心管理人员。对涉嫌非暴力经济犯罪的民营企业家，过度使用羁押、逮捕措施，直接后果就是，由于民营企业家长期被羁押，企业最终被拖黄、破产。企业中的大量员工面临失业。一个企业的上下游供应链也因此中断，导致更多的企业生产经营受到严重影响。处理一个民营企业家的问题，绝不是个人的问题，而是关乎企业能否保持正常的生产经营秩序的问题。要考虑到民营企业是吸纳社会就业人员的主要劳动力蓄水池。所以，目前处理虚开增值税发票罪这一类非暴力经济犯罪案件中，两高文件都不断释放出越来越宽松的司法解释精神。最高法院周强院长在两会后强调，要坚决修改不利于保护民营经济发展的司法解释。最高法院部分法官提出重要意见，虚开增值税发票罪中因抵扣造成的损失，只要企业在生效判决之前予以填补，就不再计入经济犯罪的数额之中。这已经是非常强烈的“宽松处理”的刑事政策信息。

但是，在司法实践中，党和国家的政策、两高司法解释和指导意见如何精准传导，落实到每一个具体案件，仍然执行得不是很到位。在我们处理的一些案件中，对民营企业家长期羁押，在定罪量刑方面依然采取过于粗糙和过于严厉的措施，致使有的企业受到不当处罚，对当地民营经济产生严重的负面影响。

第四项建议：及时对题述案件的相关司法解释做出重大修改。

我们讲公平正义，讲依法治国，首先要摆正政策和法律的关系。公平正义在不同的社会发展阶段，有不同的表现形式。要坚持“政治效果、社会效果、法律效果”三个统一，小道理要服从大道理。在我们承办多个民营企业和民营企业家被追究法律责任的案件中，多有对民营企业家处置不够公正，不考虑民营企业正常经营秩序，多有涉及当地政府的职责、背后的权钱交易以及不正当市场竞争等复杂问题。

我国法律的制定，要经过制定政策阶段、案例指导阶段、司法解释阶段，最终落实到制定法律阶段。作为成文法国家，法律制定既有稳定性和规范性，又有滞后性。最高法院的指导性案例和司法解释，就成为政策传导落地的重要环节。

由此，我们需要结合具体案例，对民营企业家案件类型中的一系列具体问题进行研究，并对司法解释做出重大修改完善，使之发挥保护和促进民营经济发展的重要作用。

第五项建议：对民营企业实行特殊保护问题。

民营企业家个人和企业的关系，具有主体混同、人格混同、财产混同、行为混同等一系列不可分割的特点。我们在立法中过去倾向对企业犯罪轻罚，对企业法定代表人和企业实际控制人重判。理论基础是，企业法人实际不具有独立人格，所以，法律责任落实在企业实际控制人身上。企业犯有非暴力经济犯罪时，对企业实际控制人过度羁押，忽略法律责任构成要件的精准分析，随意宽泛使用刑事推定，过度宽泛适用优势证据、盖然性认定，结果造成对企业实际控制人的粗线条判决，并且重判。这一结果，就使企业投资人不敢投资，不安心经营，对企业经营没有长期打算，严重影响了民营经济的发展。

我在诉讼第一线接触了大量民营企业家被长期羁押和被重判的案例。我们的立法，在涉及企业非暴力经济犯罪时，对企业轻罚，对企业实际控制人重判，这是否符合立法发展的大趋势？我们的“无罪推定”和“疑罪从无”等司法原则，在对企业家判刑方面极难落实，刑法理论中的刑事推定原则、优势证据原则、盖然性认定原则，取代了“罪刑法定”原则，取代了对犯罪责任构成的精准分析，为粗线条判决开了方便之门。

我认为，应该对民营企业实行特殊保护政策。特殊保护不是法外施恩，而是和法律面前人人平等完全一致的，任何人不能享有超越法律规定之上的特权。对民营企业进行特殊保护，是指要在立法上制定符合民营企业发展的相关法律，二者绝不相悖。没有政策就没有法律，没有特殊性就没有政策。所以，对民营企业实行特殊保护政策，是指为保护民营经济发展，对民营企业和民营企业家具体问题的精准保护，而不是无限制地扩大特殊保护范围。

当前，首先是对犯有涉税非暴力经济犯罪的民营企业，采取“重罚、轻判”原则。所谓重罚，就是对企业非暴力经济犯罪给国家造成经济损失的，一定要让企业全部填补并接受相应惩罚，包括滞纳金和罚金，使这一类经济犯罪无利可图，得不偿失，失去犯罪获取不当利益的内在动力。所谓轻判，就是对经济犯罪企业的实际控制人，采取刑事责任轻判原则。当企业填补了全部经济损失之后，对直接法律责任的承担者——企业实际负责人应当采取轻判的原则；对企业实际控制人尽早变更强制措施，脱离羁押状态，并且获得较轻甚至最轻刑罚，使其能够回到生产岗位指挥企业生产。

刑法修正案对偷税罪做了重大修改，不仅罪名改成逃税罪，而且只要行为人交纳了所逃税款和滞纳金，以及税务机关做出处罚决定的罚金，则可以不再作为刑事案件立案处理。这个规定在社会各界反响不一，但成为当前刑事政策改革的一个方向性问题。犯虚开增值税发票罪，处罚明显比逃税罪要严重几十倍以上。情节严重的，10 年以上的基准起刑点，虚开税款数额在 250 万元以上。逃税可以高达几亿、十几亿元，只要交纳税款和罚金，即可不受刑事处罚。而虚开增值税发票罪，即使企业填补了国家损失，企业的直接责任人仍然要接受严重的刑事处罚。两相比较，显然立法上确有严重失衡之处。我们讲公平正义，其中很重要的一点，就是要兼顾政治效果、法律效果、社会效果相统一。对企业为犯罪主体、企业家为直接责任人的非暴力经济犯罪，应该慎用羁押逮捕措施，在政策法律允许的范围内，能够从宽的尽量从宽，对非暴力犯罪的民营企业家的处罚，企业经济处罚从重、个人刑事处罚从轻，应该是刑事政策改革的一个方向和趋势。

早在 2004 年最高法院专业研讨会中，就有部分法官提出，只要在生效判决以前企业填补了国家损失，即不再计入犯罪数额考量。这一观点越来越凸显其现实意义。最高法院 2019 年底出台的新的司法解释，对于长期拖欠债务的企业纳入黑名单，但不再对企业实际控制人同时纳入黑名单，从而使企业控制人可以比较正常地履行企业经营的各项权利。这显然不仅是具体司法解释的重大突破，也是在法理和法治理念上的重大突破。

第六项建议：我们需要一大批指导性案例，以指导具体审判实践。

英国的判例法，并非所有判例皆可成为法律，还有一部分判例不具有法律效力，但经过一定程序筛选，作为指导性判例，为法官审判提供参考。由此，我认为，作为成文法国家，中国也可以取他山之石，制定相应的指导性案例，指导法官的审判工作。这样，司法解释和指导性案例，就成为政策转化为法律过程中的中间环节，使其精准传导到具体案件审判工作，并弥补成文法相对滞后的不足。实践中，我们需要一大批指导性案例，作为精准传导国家政策和法律的重要环节。

政策和司法解释精准传导落到实处，要有案例指导环节，司法实践中的很多问题，亟待最高法院剖析具体案例，并将其上升为理性认识，形成指导案例。通过指导案例，将国家政策、两高司法解释和指导意见精准传导，落到实地，指导每一个具体案件，最终条件成熟后制定为法律。

建议最高法院在制定制度时，应将复杂疑难案件、法理上存在重大争议的案件、律师和审判机关有重大意见分歧的案件，加以研究和具体指导，并形成指导性案例。

第七项建议：对犯罪构成要件精准分析，积极适用疑罪从无原则。

我们遇到的一个重要问题是，公安机关、检察机关、审判机关有一个思维定式，只要是企业实际控制人，就必然推定为对企业经济犯罪负有直接责任。然而，企业实际负责人和企业经济犯罪之间是否有必然的直接因果关系，需要经过精准的犯罪构成要件分析。在审判实践中，这一重要环节被完全省略。涉及证据不充分的案件，如何适用刑事推定？如何适用优势证据？都应该采取严格限定，审判机关不应有较大自由裁量权。我们很多案件存在不当使用刑事推定，没有犯罪构成要件的精准分析，而推定定罪是对“疑罪从无”在司法实践中的直接否定。例如，凡是企业控股投资人，即推定为企业实际控制人，推定为企业直接责任人，三个环节完全靠传统思维定式推定认定，显然违反了刑事责任犯罪构成要件分析的基本要求。

第八项建议：审判机关对于符合条件的被告人，应尽快变更强制措施，取保候审。

在司法实践中，我们经常遇到的问题是，律师在诉讼各个阶段提出，对在押犯罪嫌疑人、被告人，当主要证据均已到位并且被固定的情况之下，应当尽快变更强制措施，对在押企业家采取取保候审等措施，使其一方面继续接受司法机关的审判，另一方面能够回到生产岗位，对企业经营中遇到的各种问题即时亲自加以解决，保证企业的正常经营。对于严重存在证据不足的情况，应当大胆以疑罪从无的原则做出处理，包括公安机关撤销案件，检察机关做出不起诉决定，审判机关以疑罪从无宣告无罪。但在司法实践中，几乎很少有如此处理的先例。他们往往并不真正缺乏认识，而是受到各种案外因素的影响，致使很多证据确实不充分的案子，依然经过侦查阶段、检察阶段、审判阶段，最后被判有罪，或者在审判阶段，以判处缓刑结案。而在漫长的羁押过程中，民营企业已经被拖黄、拖垮。每一个案件，对企业家的过度羁押，或者判刑不当，都要付出巨大的社会成本、民生成本、经济成本和政治成本。我们要保护民营经济正常发展，需要正视和解决这些问题。

第九项建议：建立疑难案件直接上报上级法院的报告制度。

为什么保护民营企业家合法权益、保护民营经济生产秩序的国家政策如此明确，很多案件仍落实不了？其实，一线审判人员基本已具备很高的业务素质，但是囿于具体情况，法官难以解网破局。很多判决是在各种错综复杂的关系影响下做出的。下级法院在地方复杂关系中单靠自身力量不够，需要最高法院在制度上帮助下级法院解网破局。

鉴于此，本人建议，建立疑难案件直接报告制度，由上级法院直接拿出指导意见。将直接报告制度规定为硬性执行制度，以制约地方对审判工作的干扰，为下级法院依法审判撑腰打气。

第十项建议：最高法院和各级法院建立律师反映意见的绿色通道。

我们在业务第一线所遇到问题，最为困惑的是缺乏和公安机关、检察机关、审判机关顺畅沟通的渠道。我们希望建立法律共同体，是为了实现司法公平正义。但是，只有公检法三家，都是司法公权力机关，没有律师代表，没有制衡机制，就没有真正的法律共同体。特别是在法院审理民营经济发展的案件过程中会有很多新问题，多听取律师意见，对于提高审判机关的办案质量，有百利而无一弊。建议最高法院建立一条从上到下听取第一线律师意见的绿色通道，能够将意见直接迅速反映到最高法院和高层领导。

新时代新格局需要新法治新法学

支振锋*

编者按：在新的国际大变局下，中国的法治建设和法学研究出现新场景。新时代对中国法治提出新的要求，其特殊性和正当性不同于西方法治模板，中国特色法治道路蕴含的法治理论需要认真梳理，以适应未来五十年甚至更久的全球治理和全球法治的需求。

2020年，新冠肺炎疫情深深影响了国际局势，为“百年未有之大变局”提档加速。中国迎来新时代，国际出现大变局，这是中国法治建设和法学研究的新场景。

中国法治与法学研究者的新任务

经济基础的变革，一直是人类社会政治变革的驱动力量。农业革命推动了大规模的耕植与定居，催生了封建国家与专制帝制；工业革命极大提高了人类社会生产力，国家能力提升带来了不同形式的现代治理。法律也同样随着农业文明和工业文明的发展而不断演进。进入21世纪，中国复兴与信息革命，再一次带来“百年未有之大变局”。中国法治与法学研究面临新时代新格局，肩负新任务与新使命。

* 支振锋，中信改革发展研究院资深研究员，中国社会科学院法学研究所研究员。

一是中国进入新时代。党的十九大报告指出，经过长期努力，中国特色社会主义进入了新时代，这是我国发展新的历史方位。在新时代，我国社会主要矛盾已经转化为人民日益增长的美好生活需要和不平衡不充分的发展之间的矛盾。人民群众在物质文化需要之外，还对民主、法治、公平、正义、安全、环境等方面提出了更高的要求。人民美好生活的需要，是中国共产党奋斗的动力；十九大报告提出的民主、法治、公平、正义、安全、环境，都是法学研究的重要主题。

二是国际形势出现新格局。21 世纪最大的地缘政治事件就是中华民族伟大复兴。然而，以美国为首的西方世界对中国崛起有着结构性的不适应。为了维持霸权，美国在单边主义、逆全球化和国际霸凌的道路上越走越远，以举国之力打击中国高科技企业，试图与中国“脱钩”、对中国断供。

三是信息产业新革命。习近平总书记指出，从社会发展史看，人类经历了农业革命、工业革命，正在经历信息革命。而信息革命则增强了人类脑力，带来生产力又一次质的飞跃，对国际政治、经济、文化、社会、生态、军事等领域发展产生了深刻影响。① 信息革命使得国与国力量的分化变得更加急遽，大大增强了国际竞争的激烈性。

四是新冠肺炎疫情流行的影响。新冠肺炎疫情的全球大流行，是对各国治理体系和治理能力的极限考验。中国发起了全球第一场针对疫情的阻击战并取得重要胜利。但遗憾的是，西方国家未能抓住中国赢得的宝贵时机，导致了巨大的人道主义悲剧，却又倒打一耙。

法学研究的新挑战与新使命

马克思主义认为，经济基础决定上层建筑。每一次产业革命和生产力突

---

① 习近平．在网络安全和信息化工作座谈会上的讲话（2016 年 4 月 19 日）［EB/OL］．新华网．（2016 - 04 - 25）．http：//www. xinhuanet. com/politics/2016 - 04/25c_1118731175. htm.

破，都必将带来人类思想体系的突破。农业革命推动人类社会进入第一个轴心时代，孔子、老子成为这个时代的思想代表；工业革命又推动人类进入第二个轴心时代，源自西方古典时代以来的理论创新，将人类的思想和知识体系带入现代；如今，信息革命正将人类思想带入历史上的第三次轴心期。

一是工业时代知识体系的失效。相对于农业时代的封建王朝或者帝国专制，工业时代带给人类的，不仅有自然科学的勃兴，还有社会科学的创新。自由、民主、法治、人权，都是工业时代之后的产物，但实现这些价值的途径却正在发生变化。在互联网时代，信息科技在更大程度上为人类赋能。人工智能、大数据、物联网在将人类社会治理带入智慧时代的同时，也加剧了社会极化和社会撕裂，个人信息和个人隐私处于前所未有的风险之中。如何理解以数据为驱动的智慧治理，如何理解未来人与机器共生的社会，都需要更大的理论想象力。

二是中国复兴带来的理论寻求。中华人民共和国成立70多年，特别是改革开放40多年来，中国以十几亿人口的规模在长达30多年的时间里保持经济高速增长，同时还维持了社会政治稳定，甚至成为全球最安全的国家和地区之一，创造了举世瞩目的经济奇迹和稳定奇迹。中国的发展对内和谐包容，对外和平互惠。中国不存在西方资本主义早期的“圈地运动”和对工人抗议的血腥镇压，而是让发展成果尽可能为所有人所分享，实现了举世瞩目的脱贫成就。特别是在发展过程中不存在对外殖民、侵略和掠夺，不存在对外依附，更未发动对外战争、宗教屠杀甚至世界大战；相反，中国发展惠益全球，不仅为广大第三世界国家带去技术、资金，更是成为全球经济的发动机。可以说，中国走的是人类500多年以来最有道德的大国发展之路。如何破解中国伟大成就的理论密码，如何认识中国发展对人类和平与繁荣的意义，如何评价中国发展对全世界做出的贡献，如何以中国话语突破西方的理论围剿，都为中国的人文社会科学提出了实实在在的重大课题。

三是格局重整带来的具体问题。由于信息革命的不断深入，国与国之间的竞争更加剧烈，由于中国的崛起，以及美国自身的国家治理等问题，近年来国际格局出现重大变化，而新冠肺炎疫情又进一步加速了这个过程。此前，美国已经开始系统性调整对华战略和政策，逐渐将中国置于敌对位置。在疫情之后，贸易战硝烟未歇，“脱钩”、断供，美国不遗余力地打压中国高科技企业，遏制中国崛起在美国已经形成气候。那么，在后疫情时代，在中美“脱钩”、断供态势日益明显的背景下，面临国际格局变化，我们应该如何理解未来的中国与世界？如何从国际法和国际关系理论上予以回应？如何从理论上、政策上应对西方国家打压中国的具体措施？

法治新道路，法学新理论

长期以来，国家和社会的两分、计划和市场的两分以及自由和专制的两分，已经成为当代西方政治、经济与法学理论的“金规铁律”。相应地，规范上的一部宪法或权利法案，制度上的权力分立与制衡，机制上的司法审查，以及两院制的立法机关构造、两个或多个政党的竞争性选举，这种西式的法治“套餐”也渐成全球法治建设的“标配”，如采取不同做法就被视为异端。但实际上，中国正走的这一条法治道路，不仅不同于西方的法治模板，而且其背后蕴含的政道法理也不同于西方，值得我们认真研究。

一是中国法治的特殊性与正当性需要认真梳理。党的十八届四中全会提出了中国特色社会主义法治道路和中国特色社会主义法治理论的概念。党的领导是中国特色社会主义的本质，也是中国特色社会主义法治最大的特点。法治是当今世界的全球性理想，也是众多第三世界国家半个多世纪以来努力的方向。通过经验研究的比较可以发现，以西方法治为摹本的努力，面临的却是全球性挫折。在全球近两百个试图建设西式法治的后发国家和地区中，成功者寥寥无几。相反，在中国共产党的领导下，法治为中国特色社会主义建设提供了重要保障。政治稳定、社会有序、经济繁荣、人权进步，中国已经成为世界上最安全的国家之一，也是最大、最繁荣的经济体之一。中国特色社会主义法治道路及其背后蕴含的法治理论，已经成为亟待挖掘的学术富矿。

二是新格局新时代对中国法治提出的具体要求。后疫情时代的世界是一个什么样的世界？国际秩序和全球治理将面临什么样的新问题和机遇？中国与世界的关系将如何界定？回答这些宏大问题，既需要理论的想象力，也需要在对具体情势和问题的应对中予以细致解决。习近平总书记提出了“人类命运共同体”理念，中国一直是国际秩序的建设者和维护者。但是，面临后疫情时代国际格局的变化，中国法治不仅需要满足中国人民的美好生活需要，也要能够适应未来五十年甚至更久的全球治理和全球法治需求。这是包括法学家在内的中国哲学社会科学知识分子的重要使命。

三是信息革命带来的法治重构需要认真关注。人工智能、大数据、互联网和云计算，不仅深刻影响了物理世界人们生活和交往的方式，还创造了平行于物理空间的网络空间。互联网在造福人类的同时，也产生了一系列必须引起重视的问题。比如，网络攻击、网络犯罪、网络窃密、网络恐怖主义和网络霸权给全球互联网安全带来的隐忧，发展不平衡、规则不健全、秩序不合理所导致的网络空间国际秩序紊乱，人工智能武器化给网络空间甚至人类和平带来的威胁，智慧司法给传统司法体制和诉讼机制带来的潜在冲击，社交媒体操纵和舆论干预带来的政治操纵，新技术新应用新模式在促进产业创新的同时所导致的新型垄断和不正当竞争，重要数据和个人信息的跨境流动，等等。信息技术与产业的发展，正在给传统法治模式带来巨大的颠覆式影响。

正如工业革命催生了源于西方的现代法治，信息革命也必将因其对社会经济生活的深刻塑造而催生新的法治形态。这是巨大的挑战，也是中国法学的宝贵机遇。

新发展时代需要构建新发展理论体系

眭纪刚 *

编者按：经济发展问题一直是经济学家研究的核心议题，但科技和创新始终不是主流经济理论关注对象。发展政策需要对不断变化的经济复杂性深入剖析，不是简单数字公式和传统主流经济增长理论所能解决的，需寻求全新的思路。发展的核心问题是“资源创造”。世界上许多发展中国家，在创新追赶中制定自己的创新战略。中国经济实现了快速增长，在发展方式转变的新时代，需要创新发展理论指导发展政策。

当前，新一轮科技革命与产业变革正在兴起，与中国经济发展转型形成了历史性交汇，也为我国创新发展提供了重要历史机遇。在发展动力转变的关键时期，需要新的发展理论指导发展政策和实践，才能为制定创新发展政策、建设创新型国家提供合理的理论基础和启示。

主流经济理论对创新的忽视

现代经济学自诞生以来，经济发展问题一直是经济学家探讨的核心议题。但是到了新古典经济学时代，学者们的注意力却由经济发展问题转移到了资源

* 眭纪刚，中信改革发展研究院资深研究员，中国科学院科技战略咨询研究院研究员，中国科学院大学公共政策与管理学院岗位教授。

配置和效率提高问题上，对长期发展问题的关注相对较少。原因之一是新古典经济理论的研究重点转向市场均衡，更为关注那些隐藏在需求和供给曲线背后的因素，以及这些因素如何影响产出、投入和价格。例如，自20世纪以来，尽管科学技术对经济和社会的影响越来越显著，但科技和创新始终不是主流经济理论关注的对象，而是以“黑箱”方式来对待科学和技术（Freeman，Soete，2004）。直到20世纪中叶，主流经济学才把技术纳入其分析框架之中，但是长期以来把技术看作外生变量，仍然没有打开技术的“黑箱”。虽然新增长理论将技术内生化，但是没有考虑创新带来的结构性变化。因此，尽管经济学家对发展的兴趣由来已久，但一直到现在，传统的经济增长理论仍然无法有效地回答这一问题。对经济学家来说，经济发展仍然是一个谜（Helpman，2007）。

主流经济学家之所以不关心发明和创新，不仅是因为他们专注于其他问题或是对技术的无知，更根本的原因是主流经济理论本身固有的局限性（Freeman，Soete，2004）。新古典经济学基于一种机械轨道的概念发展成为一种经济增长理论。这种经济模型的特征是对资源数量的变化进行描述，但没有描述与“质变”相关的演化过程（Dopfer，2004；陈平，2019）。以偏好给定不变作为假设分析经济系统的运行，是现代新古典经济学的传统，其核心是价格理论，企业内部的运行机制被简化为以生产函数来表示。技术进步被当作外生变量，即技术变迁和新发明会“从天而降”，并向所有人免费提供，企业可以随时获得相关技术。但是这种理论没有考虑规模经济和累积经验所创造的进入壁垒，知识被这些壁垒所保护，具有很高的获取成本，一般不容易获得（Reinert，2010）。

在当代社会，因创新而引发的“质变”已成为各国竞争的基础，这也是各国政府积极发展科学和技术的理由。但是支撑当下发展政策的主流经济理论无法把握不同经济活动之间“质”的差异。主流经济学对当今世界经济发展的解释是苍白无力的，对提出科技和创新方面的政策建议没有多大帮助，这使人们对经济学的不满与日俱增（Reinert，2007）。

主流经济理论对发展中国家的误导

二战结束后，大部分发展中国家为了摆脱落后状态，其发展政策随着发展理论的变化而不断演进。但是新古典范式在发展经济学领域占据主流地位后，经济发展的政策建议基本上都是围绕保罗·萨缪尔森的要素价格均等化定理提出的。例如，20世纪70年代末，一些国际组织在发展中国家开始推行“结构调整计划”，包括自由贸易、外商直接投资的进入自由、放松管制及私有化等新自由主义改革措施（林毅夫，2012）。但是，这些政策建议不但没有促进发展中国家的发展，反而使很多发展中国家不断误入迷途、陷入困境。例如，拉美国家的改革在“华盛顿共识”的影响下，结构升级停滞不前，陷入了“低技术、低附加值、低工资”的恶性循环陷阱之中（Reinert，2010）。用李斯特的话来说就是，发达国家正在撤掉发展的梯子，即自己在崛起的过程中采用了重商主义手段，却向后发国家推销自由主义思想。

由于主流理论对增长和发展问题的解释力不足，从中得出的政策建议更是不可行。发展中国家要么不知道如何改变，要么根本不能实现必需的改变。世界银行在一份关于20世纪90年代发展教训的报告中指出，许多发展中国家的改革过于强调对资源的配置和有效利用，而不是能力提升。虽然它们致力于更好地利用现有能力，以建立长期持续发展的基础，但它们没有提供足够的激励来提升这种能力。因此，发展政策需要认识到经济发展的复杂性，而不是用简单的数学公式来解决。这就促使我们对现有理论的有效性和实用性进行反思，并寻求一种全新的思路，以确定制约每个国家经济发展最为关键的因素（林毅夫，2012）。

创新发展理论的主要观点

当一个更具创新性的经济主体出现时，经济学理论需要回应这些变化。新的理论体系应加入开放性、不确定性及新颖性等概念和假设，并成为经济学分析的基本原理（Arthur，2014）。创新发展理论的着眼点不应放在由一般均衡理论衍生而来的不切实际的假设上，而应该重点关注技术竞争和创新、制度变迁和经济发展等动态行为。为了实现这种转变，最重要的是形成另一种能够持久的基础扎实的可替代理论，而不是追随当前流行的正统理论（Hodgson，2007）。随着知识经济的兴起，发展的核心问题是资源创造，而不是新古典经济学推崇的资源配置。新奇事物的不断涌现要求我们更注重定性研究并与数量分析相结合，而不是脱离现实的数学形式主义（贾根良，2004）。

从经济学的源流来说，从亚当·斯密到马克思再到马歇尔（Alfred Marshall），他们一直都非常关心经济发展问题（Nelson，2001）。只不过到了新古典经济学时代，研究长期发展现象的理论逐渐被边缘化。在新古典经济学占据主流的沉闷世界中，熊彼特的创新理论犹如一记惊雷，打破了均衡世界的宁静。熊彼特（Schumpeter，1934）认为，创新在经济和社会变迁中起着重要作用。经济发展是一个“质变”的过程，当某个产业或部门的某个企业成功地引入了一项重要的创新时，它将获得高额的利润回报。一组新技术和一个新产业的问世会吸引模仿者蜂拥进入这个产业或部门，带来经济活动的扩张，从而引导出一个长期的高涨阶段。熊彼特用创新理论验证了康德拉季耶夫长波的存在性、持续性和规律性。但是由于熊彼特的理论与当时的主流经济学格格不入，在很长一段时期内它没有受到学者们应有的重视。

自20世纪80年代以来，一些演化经济学家继承了熊彼特的思想，因此被称作“新熊彼特学派”。该学派批判地继承了熊彼特的理论，广泛地探讨了“熊彼特竞争”的各种问题，如创新收益率、竞争的可持续性、企业规模分布、市场结构的决定因素和新企业创办的作用等，提出了技术、制度与产业结构共演的演化增长理论，发展了目前对企业战略产生重大影响的企业能力理论，以研究科学技术、知识经济和创新体系等闻名于世（贾根良，2004）。演化理论是对经济变迁的速率和方向的解释，是关于一般动态过程中主体的差异在绝对和相对数量上的重要性方面增减的理论。对经济学家和经济史学家来说，对经济现象的演化解释为他们提供了强有力的思想，使创新、竞争与经济发展之间的关系显得特别有意义（Metcalfe，2004）。

创新发展理论对中国的启示

对政策制定者来说，只有真正理解了经济发展的机制，才能提出并制定有利于发展中国家的发展政策。放眼世界，战后只有少数国家（或地区）实现了成功的追赶。这些沿着产业和技术阶梯不断上升的国家，很少遵循主流经济理论范式的政策处方，而是采取“创新追赶”战略。为赢得竞争优势，世界上许多国家正在制定自己的国家创新战略，改革税收和管理体系，加大对科技的支持，完善教育体系，鼓励对信息技术领域的投资，以及采取其他各类促进创新的措施（Atkinson，Ezell，2014）。

改革开放以来，中国经济实现了快速增长，但这种增长方式很大程度上是建立在传统要素投入的基础上。随着人口红利的消失和自然环境的恶化，传统发展模式已难以为继，走向创新发展是中国的必然选择。因此，党的十八大报告提出“创新驱动发展战略”，十九大报告进一步提出“创新是引领发展的第一动力”。自主创新作为进取性的精神状态、后来居上的竞争战略和实现技术进步的方式，在中国工业界顽强地扩散开来（路风，2020）。在发展方式转变的历史时期，需要新的发展理论指导发展政策。创新发展理论对我国建设创新型国家、实现发展方式转变极具参考价值。而中国的发展实践也为建立和完善创新发展理论提供了一个良好的机遇，甚至为重新思考整个发展经济学理论和政治经济学的基本原理，以及重新解读创新发展的机制提供了一个鲜活的案例和千载难逢的机会（文一，2016）。

与创新在发展实践中的重要作用相比，创新发展理论的研究相对缓慢，而且在主流理论中处于边缘地位。现有的创新发展研究多以发达国家的案例为主，对发展中国家并不完全适用。虽然创新发展很大程度上是经济现象，但是创新发展过程中涉及很多利益冲突（包括发展中国家与发达国家之间、国家内部不同群体之间），而非一种纯粹的市场行为，因此需要从政治经济学视角研究国家、制度与政策在创新发展中的作用。为了更有效地支撑创新发展政策制定、指导创新发展实践，亟须加强创新发展政策的理论研究。

工业互联网与工业数字化转型

邱伯华*

编者按：近年来，各国寻找产业转型突破口，同时数字化、网络化和智能化深度融合发展正在推动第四次工业革命。工业互联网为新发展赋予了多元化的新动能。工业互联网作为一种全新的工业生态与应用模式，使创新能力呈指数增长，将成为传统产业向网络化、数字化、智能化转型升级的重要破局关键，使中国工业在转型中总体上形成了战略牵引、政策扶持、技术创新和多行业全面推广的良好局面。

工业互联网提出的背景与作用

近年来，全球工业动能消失，增长乏力，直接影响了全球经济发展，各国亟须寻找产业转型突破口，寻求新的发展动能。而以物联网、大数据及人工智能等技术为驱动力的第四次工业革命，成为全球工业转型的破局关键。这场技术革命的核心是数字化、网络化与智能化的深度融合，它在提高生产力水平、丰富物质供给的同时，也会重塑人力与机器力结合的劳动形式和要求，在教育及产业政策方面增添新内容和新方法。随着信息技术和网络技术的发展，传统工业为寻求发展突破，和互联网结合是必然趋势。在此背景下，美国提出再工

* 邱伯华，中信改革发展研究院资深研究员，震兑工业智能科技有限公司总经理、研究员，哈尔滨工程大学兼职教授。

业化战略，德国提出工业 4.0 计划，我国提出智能制造战略。工业互联网跨越了物理空间，解耦与重构了旧有运营体系，为发展赋予了多元化的新动能，可加速提高工业在产品研发、质量以及生产率方面的国际竞争力，重塑人力资源结构，形成中国工业新产业、新业态、新模式。

新历史格局下中国工业面临的机遇与挑战

工业是国家经济发展的核心，40 多年来，我国以信息服务业的发展带动经济的蓬勃发展，但是工业特别是高端制造业的发展在很大程度上被忽略，关键核心技术对外依存度偏高、制造业大而不强、工业要素齐全而体系能力不足等核心问题，严重阻碍了我国由大国向强国转型的进程。实施“制造强国”战略，是中国特色社会主义建设的核心，而中国工业是中国力量的重要实力展现载体之一。中国工业如何重构重组完整的内需体系，如何快速适应新的内需体系，如何推动传统制造模式向以知识驱动智造的体系转变，工业数字化转型是破局的关键。

而在全球化、智能化快速发展浪潮下，工业企业面临着来自市场、效益、政策和生态等多方面的压力与挑战。中国工业的数字化转型是大势所趋，对我国有着现实和紧迫的意义。我国工业在发展初期，通过直接或间接吸收发达国家先进技术，短时间内取得了较大的技术提升，同时利用中国人口红利带来的物美价廉，形成了“中国制造”在世界范围内的强大影响力。这种成功来源于中国工业较强的学习模仿能力。以盾构机为例，我国用十几年的时间走完甚至赶超西方国家一百多年的历程，取得国产盾构机稳定占据国内市场 90% 和国际市场 2/3 以上份额的成就。我国盾构机研制企业走的是先进技术和设备引进、消化、吸收再创新之路，但目前仍有许多关键配套设备仍需要进口，尤其是涉及盾构机使用寿命与性能的关键核心零部件。

由此可见，我国工业遇到发展瓶颈，主要表现在：

一是我国工业的体系能力不足。我国是全世界唯一拥有联合国产业分类中所列全部工业门类的国家，拥有门类齐全、独立完整的产业体系。但是，实际发展中很多行业面临产能过剩、大而不强的局面，需要以智能制造带动体系效能的提升和资源的优化配置，从而推动国内国际双循环经济体系的构建。

二是技术引进吸收中模仿的模式已不能带来发展动能。我国擅长引进学习，但科技再创新的能力整体不强。在工业发展规模达到一定程度后，我国工业市场已逐渐饱和，当前消费模式的转变亦将主要市场投放于高端装备，因此中国工业迫切需要提升产品质量和性能。

三是我国工业产品以中低端产品为主。目前中国已发展成为世界工厂，中国制造大量的代工产品，整体产品附加值低，生产原材料与人员劳动支出占比大，利润率低，依靠低价取得市场竞争的优势逐渐减小。

四是我国工业产品原始创新少，核心技术为短板。在产品生产与经营过程中，工业企业需大量支付技术专利费用，致使工业品利润被进一步摊薄。

五是不同规模企业均面临资源整合问题。其中大型工业企业发展遭遇瓶颈，迫切需要通过产业链资源协同实现破局；中小型企业受限于生产规模及技术水平，面临扩大生产规模的压力；小型企业在市场末端寻求生存，迫切需要资源与抓手提升公司整体实力。

六是美国和西方的贸易保护政策限制了中国国内企业的国际市场推广。随着中美“脱钩”、疫情带来的全世界“去中国化”问题日益严重，越来越严苛的贸易保护政策限制了中国国内企业拓展国际市场，影响其跨国跨领域经营。

工业数字化转型的作用与意义

纵观历史发展，每一次工业革命的发生，就会导致世界各国的竞争地位发生变化，一些国家崛起并成为某些领域甚至世界经济的主导者。为应对新科技产业革命，争夺国际产业竞争话语权，各国纷纷启动重振制造业计划，着力兴建制造业创新研究中心，希望以高新技术改造传统制造业，推动国家经济再次走上可持续增长之路。在全球几乎同时起跑的第四次工业革命赛道上，中国如何实现弯道超车，挺进世界工业强国队列，当下是重要的历史机遇期。

与工业基础实力雄厚的德国及信息技术发展水平领先世界的美国相比，中国工业仍处于工业 2.0 与工业 3.0 并行发展阶段。在努力赶超美、德的同时，中国要解决当前工业发展中的产品质量提升、强化工业基础能力、制造业升级转型等基本问题，尚处于“边跑动边调整”模式。因此，中国提出先进工业技术与信息技术同步发展、深度融合的发展战略，即两化融合①。一方面，开展产业集成，通过高度集成的信息系统对工业设计、制造、物流、环境、人的活动等产业链要素进行控制，实现互动与决策；另一方面，开展企业内部信息管理系统提升，生产全生命周期精准控制、有序流动，最大化放大单体能力，形成体系效能。因此，工业数字化转型并非某个单一产品、软件、系统的升级，而是影响到全工业体系中的角色、流程、产品、服务、组织、商业模式的一次深层次、大规模重构，需要信息主导，以体系建设为核心，保持整体工业全球竞争性优势，同时通过搭建工业集成平台解决工业领域转型发展的基础问题，并在集成平台上开展面向工业领域核心问题的核心应用与算法研制，以推动数字化转型实践落地。而在其中，工业互联网是破局的关键。

工业互联网赋能工业数字化转型

随着世界工业变革的持续发展，我国工业结构呈现出三种显著变化：

一是企业组织结构和生产模式的变化。传统企业组织结构多为线型结构，具有明显的单线条、分工简单、迭代缓慢的特点。但随着企业运营面临越来越复杂的问题，企业组织结构向网状结构发展，每一个工作节点需多部门协同完成，具有明显的交互协同多、迭代迅速的特点。该项转变意味着企业运营管理复杂程度在大幅度增强。

① 两化融合是信息化和工业化的高层次深度结合，是指以信息化带动工业化，以工业化促进信息化，走新型工业化道路。

二是企业生产目标及效益产生来源的变化。传统工业企业仅单纯从事生产产品与销售工作。随着客户对产品需求标准的日益增加，以及市场产品供大于求的红海局面日益加剧，“产品 + 服务”的模式应运而生，以服务带动产品推动，以服务增加客户黏性，以服务创造新业务增值点成为工业企业的核心竞争力之一。

三是行业生态环境变化。万物互联程度加深，行业内以及行业之间的壁垒逐渐被日益增强的数据流动性打破，形成互利互惠的行业生态体系和跨组织联盟，跨学科发展成为影响创新发展的重要因素之一。因此，各行业都在构建行业生态体系以及跨组织联盟，以求通过资源整合形成优势。

在此变化上，工业互联网作为一种全新的工业生态与应用模式，将成为传统工业产业向网络化、数字化、智能化转型升级的重要破局关键。工业互联网由工业与互联网两方面组成，其中工业提供应用场景及必备的工业行业“Know – How”（认知系统）知识，互联网可以帮助解决工业的聚集性和规模性问题，使工业有更大的空间，有利于创新和创制。工业互联网以体系建设为核心，以体系效能提升为目标，以发掘影响体系效能的隐秩序和隐关联为手段，将开展对原有工业生态或流程的解耦与重构，通过内控外联构建全新工业智能体系（含商业模式、管理模式）。

商业模式方面：工业互联网将改变旧有价值模式，未来客户将通过设备数字孪生体的应用获得数字化的精益改善价值，经销商会获得产业共生价值，厂商获得数据服务价值，从而可实现相关方价值最大化。

业务运营方面：现在需求是单向传递，单点客户响应，业务独立运作；未来则是需求网络协同，全方位客户服务，数据驱动业务运营。

管理模式方面：现在工业企业管理模式主要依靠信息系统，通过流程驱动，实现烟囱式组织管理；未来工业互联网将管理聚焦到数字化业务能力，将以客户为中心，通过数据驱动实现端到端一体化，形成客户、伙伴生态的共赢。

销售模式方面：现在是销售后失联，通过标准化、规模化生产实现产品价值；未来将以客户为核心，通过工业互联重塑客户亲密度，提升用户体验价值，满足客户个性化定制需求。

工业互联网目标

工业互联网的根本目标，就是以数字化、网络化、智能化手段，通过内控（以供应链优化为牵引的企业内部管控能力提升）与外联（以生态链服务为牵引的企业创值能力的提升），实现工业"降本增效"这一基本目标。具体途径包括：

一是通过生产要素供应链的优化，实现产业优化；通过生产过程优化，实现产品更安全、经济、环保、高效。

二是通过内外部协同速度的提升，提高企业生产效率；通过投入产出最优模式，提升创值能力，实现体系效能的提高及放大效应。

三是以体系工程思想为指导，实现工业生态的重组和优化。

四是通过面向安全、经济、高效等方面核心算法功能的实现，提高工业互联网的应用能力的实践落地。

五是通过产业互联网集成平台，解决工业领域发展的基础问题，整合资源，提高综合效能，解决制约发展的基础问题。

我国工业互联网发展存在的问题

经过近几年的发展，我国工业互联网已越过概念宣传阶段，转入概念实践阶段，发展可谓迅速。但在一片大好局势之外，我们仍应发现我国当前工业互联网发展存在不少问题，主要表现在：

一是企业过于重视平台的建设，而忽视了平台与工业的融合。短短几年时间，我国已经在各行各业建设了几百个工业互联网平台，但其中很多平台只是简单地把消费互联网平台的概念复制到工业领域，无法与工业场景形成紧密联系，致使我国工业互联网发展呈现出百花齐放却收效甚微的局面。工业互联网不同于消费互联网，在组成要素、应用场景、具体特征等本质问题上存在明显区别。具体区别如表 1 所示：

表 1　工业互联网与消费互联网的本质区别

	工业互联网	消费互联网
组成要素	角色、装备、流程、产品	信息、人、社区、城市
应用场景	控制、运行、维护、管理等	市政、金融、医疗、出行等
具体特征	控制精准、流程有序、紧耦合	关联推荐、无序网络、松耦合

事实上，工业互联网平台建设在行业知识、行业资源、技术水平、运营能力等方面均具有门槛，并不是所有企业都适合做工业互联网平台，亦不是所有企业都必须做平台。

二是企业对核心算法与核心技术运用过于乐观。单点上的新技术应用在体系效能的提升上往往发挥的作用有限，很难解决体系性复杂问题。而工业作为复杂问题的集合，所需要的体系效能提升及工程问题的解决往往并不一定要追求最先进的技术，而是需要尽可能简单、稳定、可靠。

三是体系设计的问题。简单的模仿抄袭之路在工业互联网发展模式中行不通。工业互联网的本质是要解决工业发展中的实际问题。无论当今工业发展处于何种水平，降本增效问题是企业追寻的永恒目标。而各行业的特质也决定了不能用同一种方法解决所有工业行业问题，必须以具体行业特质为核心，引入互联网思维与方法，才能有效解决问题。

CPS 与工业互联网

CPS 的本质

CPS（Cyber Physical Systems，信息物理系统）是实现工业互联网的重要基础。工业最突出的特点是，有明确的目标、严密的组织、严格的流程、精准的控制，而 CPS 把“人机料法环”有机地结合起来，实现特定的生产目标。由于互联网泛在连接所带来的人、物、环境之间相互协作、交互、影响的体系越来越复杂，传统手段应对复杂体系的趋向问题和不确定决策问题愈见乏力，因此 CPS 技术应运而生。

CPS 的本质是通信、计算、控制技术的有机融合与深度协作，其中通信是基础，计算是关键，控制是核心。计算包括分析、建模、评估、推演、认知、决策等要素，控制包括自动控制、自主控制、协同控制等类型。

CPS 与工业互联网的关系

工业转型升级需要依靠体系的设计，以带动生态自重构，以平台为核心实现集成控制，需要通过多样化的应用激发产业活力。因此，CPS 是工业互联网的重要实现形式。

工业互联网的发展不是一蹴而就的，而是从数字化到网络化、信息化、智能化的迭代发展。2018 年，中国工程院组织多位专家进行研究，提出了工业互联网和新一代智能制造的基本组成（系统集成）架构——“一网 + 一云 + 三大主体”。新一代智能制造是一个大系统，主要由智能产品、智能生产及智能服务三大功能系统，以及智能制造云和工业智联网两大支撑系统集合而成。其中，智能制造云和工业智联网是支撑智能制造的基础，智能产品是主体，智能生产是主线，而以智能服务为中心的产业模式变革则是新一代智能制造的主题。在这个架构之下，以总装型大型工业消费品（如船舶、飞机、汽车等）带动工业生产型产品（如机床）发展，是实现智能制造及产业生态牵引的有效途径之一。从这个意义来看，总装企业具有成为工业互联网体系构建龙头的潜力。如离散制造领域的船舶行业和飞机行业，连续制造领域的汽车行业，这类行业企业的组织和流程在工业领域具有代表性、样本性以及复制性，可在全工业领域进行复制推广。

CPS 助力工业互联网

如何构建 CPS，认知形成是关键。该体系以优化协同为目标，体系建设为保障，通过 CPS 的体系应用，发挥重要核心作用。CPS 技术不能只应用在个别装备和个别系统的升级改造中，更需要在全产业链广泛应用，是技术体系创新和应用体系创新的协同发展过程。在构建体系中，如何把握技术总体，突破顶层的体系设计和底层的用户体验，充实中间层的集成技术和核心技术是关键。最终，CPS 将推动形成一个包含智能装备、智能系统、智能社区的巨大生态系统，带动产业链的整体效能增值。

CPS 技术最早由美国国家标准与技术研究院（NIST）于 2016 年 5 月发布。按照其论述，《信息物理系统框架》共包含三个典型层次，分别是：人机协同下的设备级、系统级、系统之系统（system of systems，SOS）级，如图 1 所示。该体系的构成和我国工程院的研究结论基本相同。

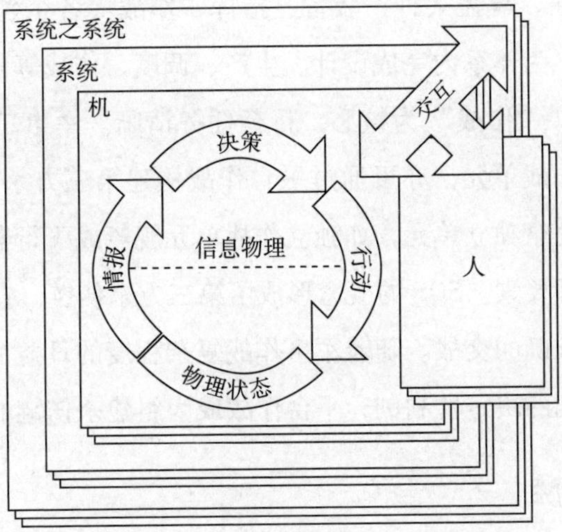

图 1　信息物理系统的三个典型层次

其中，企业的设备级对应智能装备，系统级对应智能工厂（解决企业内部管理问题），体系级对应产业生态。只有在设备级、系统级及体系级全面打通后，才能构成一个完整的工业互联网。

由此可见，工业互联网是一个体系工程，它以 CPS 为重要载体，将工业装备升级为智能装备，如智能汽车、智能飞机、智能船舶等，从而提高装备效率和企业效率。再开展体系设计，体系设计既可以从下而上，也可以从上而下，也可以从中间开始，但它的目标一定要清晰。中国工程院提出的“一网+一云+三大主体”架构为工业互联网建设提供了一条重要路径，以大型工业消费品和工业装备的智能化带动前后服务体系的优化整合，推动资源的重新配置和体系效能的增加，从而实现产业创值的目标。

海军与船舶发展对工业互联网发展的借鉴意义

军事工业的特点

军事工业体系具有工业互联网的典型特征：

一为全体系性。覆盖兵种、装备、指挥、作战等各个领域，组成 SOS 级网状结构特征；二为体系内完成设计、生产、调度、作战等各个环节，形成产业链闭环；三为以“作战”为核心，目标任务清晰。军事工业各单位各环节可形成完全独立作战单元，亦可通过平台作战构建第三方杀伤链。举例来看，第一级杀伤链是完全独立单元，如独立作战单元舰艇或飞行器，包括完成一项任务所要求的全部要素。SOS 的概念形成了第三方杀伤链，在第三方杀伤链中共享信息以实现准确的交战。随着军事作战复杂程度的日益加剧，单体杀伤力已不足以成为胜利的决定性利剑，平台作战成为组建杀伤链的关键。

海军与工业互联网

海军是强国的重要标志。海军的重要性不仅在于它的战略意义和作战使命的难度，还包括它的装备所凝结的综合技术实力，是综合国力的具体体现。因此必须坚持信息主导、体系建设，以对作战体系的贡献率为标准推进各项建设。其中以信息化为主导的体系作战，要求构建要素基于网络互联、信息基于网络共享、功能基于网络融合的信息体系，将作战单元、作战要素乃至武器平台联通起来，实现对作战地域的全覆盖。而体系建设则以“质量效能”为目标，要求立足安全形势新变化、战略全局新要求和信息装备新发展，着眼全域立体作战任务要求，以体系化思维构建适应信息化联合作战的力量体系。通过体系建设，提高海军精确作战、立体作战、全域作战、多能作战、独立作战能力。

美苏海军发展的鲜明对比，呈现出单体作战和网络中心战的明显区别。苏联强调单兵作战能力，“基辅号”航母是集重武装和舰载机作战于一身的航空母舰，运用大量高新技术，武器装备极其强大，既能进行空战又可担负反潜、电子战、侦察等多种任务，集航空母舰、巡洋舰于一身，其威胁力相当于一支特混舰队。但××艇等针对航母的杀伤性武器，对基辅级航母威胁巨大，一旦突破防御线，必造成毁灭性打击，是孤立的作战平台。而美国海军发展思路则更重视体系能力的作用，提出“网络中心战”的概念。它把作战目标分解到体系的各部分，设立了美国航母编队。航母编队主要由航母、巡洋舰、驱逐舰、护卫舰、舰载机、弹道导弹核潜艇等组成。执行任务时，可编成统一作战队形，也可以独立于航空母舰群行动，各护航舰艇根据各自专长和作战能力，分别担当不同角色。航母编队通过构建体系，发挥各类型装备特长实现协同作战，实现了海上体系化作战能力，体系效果实现“1+1>2”。

船舶发展与工业互联网

网络中心战转到工业，就是工业互联网。尽管目标不同，但设计原则和技术基础是相似的。船舶工业素有“现代工业桂冠”的称号，与国民经济各产业部门的关联面高达84%，海运支撑了全球85%以上的国际贸易，所以将船舶工业作为构建工业互联网的切入点，具有典型的代表性和对全工业领域的辐射效应。工业数字化转型的前提是有能力对整个行业生态进行控制，而船舶和航运是我国为数不多的自主控制完整生态的工业行业。我国是世界第一大造船国，也是世界第一大航运国，船舶装备数字化体系的发展，具有在众多工业领域延展应用的普适性。一旦实现船舶装备智能化，船舶行业自身所延展的前服务和后服务市场将实现船舶工业全产业链的突破，构建起船舶工业互联网新生态，同时能够向非船领域复制拓展，对其他行业起到引领作用。

我们的思路与实践

震兑工业智能科技有限公司（以下简称“震兑公司”）是中船集团及中信集团两大央企携手打造的科技产业化混合所有制企业，是新模式下央企头部在工业智能和工业互联网领域的试点示范。震兑公司具有船舶领域数字化转型的丰厚积淀，以成为“跨行业平台型工业互联网领军企业”为目标，立足船舶、面向工业领域进行工业互联网平台建设，提供安全、经济、高效的工业数字化产品、服务及整体解决方案，为行业客户工业智能转型赋能。

智能装备案例：复杂工业装备智能化——世界首艘智能船“大智号”

我国民用船舶智能化发展处于世界前列。其中世界第一艘智能船舶“大智号”由中船集团设计建造，智能船舶的核心智慧大脑——智能船舶运行与维护系统，由中国船舶工业系统工程研究院和震兑公司联合研制，是世界首个功能最多、认证符号最全的船舶智能系统（经 CCS、LR 两大船级社认证）。加装该系统能为船舶重点解决如下三个问题：

一是以设备的健康管理为核心，解决安全性问题；

二是通过燃油能效管控解决船舶运营经济性问题；

三是通过岸海一体通信及管控一体化，实现船舶更安全、经济、高效运行。

目前该系统已成功应用于多型数十艘远洋船舶，经实船验证，每航段综合燃油节约率达 3%—6%，每年为船东用户节省数百万元的经营成本，整体技术水平处于国际领先地位。鉴于震兑公司在智能领域的优秀经验，于 2019 年再次获得英国劳氏船级社颁发的全球第二张数字孪生（Digital Twin Ready）认证证书，标志着震兑公司在行业内的领先地位。船舶智能化系以装备的智能化为基础，向前服务（生产）市场和后服务（服务）市场两端延伸，通过两端的降本和增效，推动企业内部的信息化和智能化改造。

离散制造思路

离散制造是生产过程由不同零部件加工子过程或并联或串联组成的复杂制造过程，具有生产品种和系列多样、物料工序多样、各类加工要素的配置合理性决定产能的特点。其数字化转型的关键在于“抓两端、促中间”，即通过供应链管理（内控）+服务管理（外联）实现产业突破。以智慧煤矿为例，应主抓“安全条件下的高效管控”等关键问题，促进设备、环境、人员、作业安全下的高效管控和高效生产。

连续制造思路

连续制造是批量物质或材料的生产，例如化学品或金属卷材，具有硬件（设备产能）决定产线产能、需要保障高品质生产的稳定性的特点。其数字化转型的关键在于效率与质量的提升，如通过产业生态的优化，实现订单、资源、生产、管理、质量的精确掌握，以及通过系统与体系的构建，实现管理流程的知识化，解决单体短板成为组织短板的问题。主要解决“产线优化与管理+流程知识化”这一关键问题，实现生产线无忧高速工作与知识标准化，提高效率与质量。

流程制造思路

流程制造指被加工对象不间断地通过生产设备、通过一系列的加工装置，使原材料发生化学或物理变化，最终得到产品，如化工、钢铁。其具有物料的变动性强、工艺流程的制约变量多等特点，强调对工艺流程的基于预测的精确控制。数字化转型的突破点在于精细化控制，这就要求持续开展标准化管理与生产工艺过程优化。标准化管理主要包括生产管理业务分析、生产过程控制系统（含排产、订单等）、生产指挥协调等，生产工艺过程优化包括降低生产成本、提高产品质量、减少人为因素干扰等。

产融结合领域思路：船舶租后资产管理系统

产融结合是指产业与金融业在经济运行中为了共同的发展目标和整体效益，通过参股、持股、控股和人事参与等方式而进行的内在结合或融合。目前，产融领域企业的经营方式主要有两种，一为金融租赁（贷款），二为经营性租赁（制定租金）。市场中，民航公司主要开展金融租赁，而海运公司主要开展经营性租赁，整体分析比较其经济性，通常后者的获利性好于前者。

产融领域的数字化发展主要是要结合金融与产业各自的特点，建立端到端的业务与金融整合的运营体系，即实现对装备、生产的有效把控以及使装备金融化、货币化。其突破的关键在于"资产精准掌控+外部系统深度外联+金融级财务管理+闭环的风控体系"，以此来实现对船舶航行、运行以及维护情况的透明化管理，提升租赁用户对租后资产的管控效率。

总结上述实践案例，工业互联网平台建设需要有三种属性能力的融合：

一是对工业行业的认知能力，即"自顶到底、端到端的行业属性"。工业包括多个行业和专业，和IT相互沟通存在壁垒，但隔阂不是不可逾越的。行业间的很多差异其实可以归结为"Know-How"问题。解决了"Know-How"问题，就能实现工业和IT的跨界和融合。目前总是在强调数字和数据，是因为有机器的帮助，就可将数字和数据转化为虚拟实体场景，一个人就不再需要用二三十年去了解"Know-How"，通过CPS可以把各个场景逐渐地适应起来。

二是集成能力，即掌握从感知到控制的体系性工业智能技术。其中最重要最复杂的是IT和OT（运营技术）的集成能力。多数信息企业只会做IT，制造的机器人大多数只是控制自动化，而智能化是依据特定行业的"Know-

How”，解决认知条件下的自我预测和决策问题。

三是知识利用能力。CPS平台一定是基于场景的知识利用（从虚拟架构到物理实现的IT应用），是从过去数据的自动流动，变成知识的自动流动。

所以，数字化的具体方案要针对特定场景，而不是“包治百病”。不同的行业，不一定把上述三部分全都用起来，而是针对具体问题做解决方案。

正确认识与工业互联网的融合

第一，工业互联网是两化融合最主要的结果，是OT与IT深度融合后的新产业，也是中国的一次全新探索。IT行业应对工业有充分的敬畏心态，要尊重工业。工业也应对变革有充分的开放心态。工业互联网当前是一片蓝海，但政府要冷静一些，院校和IT部门要保守一些，工业人员要开放一些，投资要有耐心一些，这个行业就是有发展前途的。

第二，工业互联网作为改变现代工业体系的重大变革，不可能引进一个概念就立刻见效。这是一个长期迭代发展的过程，需要多年脚踏实地的研究和积累。决策者、投资者和实践者应该有足够的韧性与耐心。

第三，工业的特点决定了工业互联网不会出现一统天下的工业互联网平台。与野心相比，工业互联网发展更需要脚踏实地的工匠精神和大胆假设、小心求证的科学精神，而实践是检验真理的唯一标准。

第四，工业互联网和智能化不能搞一刀切，应该充分发挥大、中、小型企业头部各自的带头作用。大型企业头部建设完善的工业互联网平台、引导相关标准的制定、协同全行业组织业态，中型企业头部负责实施工业互联网平台、支撑重点工业企业，小型企业头部应积极加入工业互联网平台家族、突破关键价值点等。

关于中美科技战的几点研判与对策建议

孙会峰 *

编者按：近年来，美国对我国高科技企业发起制裁，不断泛化制裁标准。中国在改革开放中利用后发优势，学习、追赶世界先进水平，科技创新进入反超的阶段。中美科技战的本质，主要是美国政府狙击中国高科技的崛起，实施中美高科技“脱钩”。中国应集中精力补齐产业短板，做好自己的事情，同时要构建“反脱钩”的战略目标。

近年来，美方频频以“国家安全”为由对我国高科技企业发起制裁，不仅逐渐扩大打击手段和范围，且不断泛化制裁标准，越来越不按常理出牌。从中兴事件到华为事件，美国对华发起的科技战不断升级，从贸易战的谈判筹码升级为赤裸裸的产业战略遏制，工具手段之多、范围之大已经远超美苏、美日科技战。产业战的本质就是科技战。从科技发展的历史规律来看，我认为美国对中国的科技封锁将越来越难以奏效，以下是几点研判。

中国利用后发优势进行追赶，直达科技前沿的发展态势已成形

在科技追赶过程中，发展中国家的后发优势可实现科技的跨越式发展。以日本为例，日本战后经济从1955年开始进入快速发展阶段，仅用了十几年的

* 孙会峰，中信改革发展研究院资深研究员，北京智源人工智能研究院产业知识计算引擎创新中心主任。

时间便一跃成为仅次于美国的经济大国。其间，日本以 60 亿美元的支出获得了全世界近半个世纪以来的大部分先进技术，迅速赶上国际先进水平，节约了 67% 的时间和 90% 的研究资金，实现了后发优势带来的最优结果。在科技追赶过程中，中国只用了短短三十年就跑完了欧洲列强几百年走过的工业化道路。

新一轮科技革命和产业变革推动创新模式从线性转变为放射状

纵观世界技术发展史，我们可以发现，技术的发展往往先是呈线性发展状态，待积蓄到一定力量之后，便呈现出百花齐放的放射状发展趋势。技术封锁在不同的技术发展阶段发挥着不同的作用。在线性发展阶段，对技术封锁几乎是难以逾越的，而到了放射状发展阶段，美国的拦截难度大、成本高，再实行技术封锁则逐渐式微，乃至失效。

中国教育科技投入显现厚积薄发效益，科技创新进入反超的阶段

在尖端科技研发方面，世界上第一个研制出高性能量子雷达的是中国，第一个设计出量子计算机的是中国，第一个研制出量子通信卫星的是中国，第一个完成反通信量子试验的是中国，第一个突破全电推进技术的是中国，第一个突破四翼倾转旋翼机技术的是中国，第一个独立建设空间站的是中国，第一个实现连续开采可燃冰的是中国，等等。英国《经济学人》指出，中美之间的技术差距越来越小，美国有些地方还被中国超越，“如今世界科技领域的格局，已经不再是美国动脑、中国出力了！”

中国应集中精力补齐产业短板，做好自己的事

中美科技战的本质，主要是美国政府狙击中国高科技的崛起，试图借助掌控核心技术的优势地位，通过长臂管辖渗透全球供应链，实施中美高科技“脱钩”。“反脱钩”是我们根本的战略目标。中国不想打，但的确也得展现出“不怕打”的真实能力。接下来，双方科技战无疑将进入比拼实力的相持阶段。我认为，集中精力补齐产业短板，做好自己的事是决定这个阶段整体态势和走势的关键因素，以下是几点建议。

成立国家研究与开发银行

建立研究与开发性金融机构，已成为各国推动科技创新与成果转化的重要途径，如美国的硅谷银行、印度的中小企业银行、联合国的技术银行等。其一旦建成，可根据国家发展战略，以各种金融手段，为我国科技和产业创新提供发展所需要的资金支持，创造充裕、便捷、有效的资本环境。逐步放弃以国家财政资金直接投入研究、制造或服务企业的 R&D 的做法，避免给发达国家以口实，污蔑中国违反 WTO 规定、违背市场经济原则、拒绝承认中国的市场经济地位等。

我国应尽快统筹协调国家科技部门和金融监管部门相关资源，成立国家级研究与开发银行，为中小企业科研提供资金支持。要做到以下三点：一是明确定位。国家研究与开发银行的整体定位应当紧紧围绕服务国家重大科技产业的中长期发展目标，以开发性业务为主，主要服务对象是科技型企业。二是多元化资金途径。可借鉴美国硅谷银行模式，硅谷银行的资金来源主要是风投机构的客户存款而不是公众存款，这能够增加研究与开发银行的风险承受能力。三是融合股权与债权模式。在资金退出时，研究与开发银行既可以与贷款企业签订股权协议，以获取股东权益，又可以利用从风投公司那里获得的客户存款为企业贷款，进而大幅减少成本与风险。

推动信息及计算机教育普及化

随着新一代信息技术变革的到来，推动信息及计算机教育普及化以适应未来产业人才的需求，成为各国共识。美英等国家均已将信息及计算机融入 K12 教育（基础教育），着重培育学生计算机思维能力。我国推动信息及计算机教育普及化，主要着力点有：一是构筑全年龄层的数字教育体系。逐步完善从幼儿园、小学、中学到大学的计算机教学培训体系，根据各年龄层的特征及实际需求，明确不同年龄层应当学习的计算机重点课程。二是建立跨领域立体数字人才培养体系，搭建数字转型人才供需对接平台和专业人才数据库等，构建数字型人才图谱，把各类数字转型人才培养作为专业技术人员知识更新工程、企业经营管理人才素质提升工程等国家人才培养计划的优先领域。三是围绕企业数字转型急需短缺人才，在重点院校、大型企业和产业园区，建设一批产学研相结合的专业人才培训基地。

培育孵化一批科研企业

当今世界，以科学家为主体、以科学研究为主要活动、以科研成果及其他知识产权的商业化和市场化推广为主要盈利手段的科研企业正在快速兴起。Google X 实验室、Facebook 人工智能研究院、IBM Research 等均是当代科研企业的代表。一是要立足优势统筹协调各方科研资源，加快推动部分科研机构及大企业研发中心向科研企业转型。二是国家在相关政策、资金等优质资源上应优先向科研企业配置，在产业创新平台、企业孵化器、企业加速器等创新载体建设方面，应重点根据科研型企业的特点和需求进行调整。三是传统配置给大学等公共研究机构的基础科学研究资源（如国家自然科学基金等）同样需要配置给科研型企业，甚至适当倾斜。四是重视推广和应用科研型企业产生的基础科学研究成果。

提升产业链现代化水平

产业链现代化包括产业基础能力提升、运行模式优化、产业链控制力增强和治理能力提升等方面的内容，对于支撑高质量发展具有重要作用。可从产业链重点环节、产业链上下游关系作为切入点，提升产业链现代化水平。一是推动产业链更新换代。高水平发展一批新兴产业，转型升级一批传统产业，提升产业链供给质量。二是促进产业链纵向拓展。引导制造型企业向设计、研发、品牌等高附加值环节拓展。三是完善产业链生态体系。促进基础材料、核心零部件、关键设备、研发设计、生产制造和市场应用的协同发展。四是积极发展智能产业链。利用工业互联网、人工智能等技术，促进产业链上下游快捷高效配置。五是加强产业链控制能力。增强产业链对外部制裁、价格波动、限制出口等方面的管控能力。

确定制造立国战略导向

制造业是国民经济的主体，是立国之本、兴国之器、强国之基。可从以下三方面促进制造业发展：一是保持战略定力，坚定不移地推进制造强国建设。在错综复杂的形势前要保持战略定力，应认识到我国制造业已经实现了历史性跨越，庞大的市场、完备的产业链条和适应全球标准的品质保障体系等为我国制造强国建设打下坚实基础。应继续抓好制造业创新中心建设、智能制造、工业强基、绿色制造、高端装备创新等工程实施，统筹推进十大领域创新发展，推动制造强国建设迈上新台阶。二是着力引导资源向制造业聚集。充分发挥“制造强国”的战略导向作用，引导技术、人才、劳动力、资本等生产要素发挥叠加效应，协同投向实体经济特别是先进制造业，促进企业技术进步、行业供需衔接和产业优化发展。三是提高制造业人才待遇。支持企业提高技术工人待遇，加大高技能人才激励，增加制造业对人才的吸引力度。改革国家奖励制度，在全国劳模、五一劳动奖章、五四青年奖章等国家奖励中，增加制造业企业家的比重。弘扬企业家精神和工匠精神，优化企业家干事创业的社会环境，努力培养大国工匠。

美军颠覆性技术创新秘诀何在

石海明*

编者按：颠覆性技术的技术路线选择是对未来技术发展的一种战略预测。目前面对新科技革命、新产业革命、新军事革命交织推进，新兴交叉前沿领域大量涌进，我们应研究美国在颠覆性技术创新方面的有益经验，探索中国特色的颠覆性技术创新之路。

颠覆性技术又被美国国防部称为"让人半夜惊醒的技术或技术群"。它所强调的是以一种让人意想不到的方式取代当前的主流技术，进而达到让对手防不胜防的目的。

颠覆性技术的技术路线选择

关于颠覆性技术的技术路线选择，实质上是对未来技术发展的一种战略预测，选择的根本原则是应该以战略意图为指归，并在战略意图和具体技术之间搭建过渡的桥梁。DARPA（美国国防部高级研究计划局）每两年会发布一次服务于国家安全的突破性技术报告，在此基础之上，美军会对其潜在对手技术的实现度、成熟度、影响力进行评估，并根据评估结果对相关技术进行优先排序，从而制订下一步的项目研究计划。

* 石海明，中信改革发展研究院研究员，国防科技大学国防科技与社会发展研究中心副主任。

具体到实际的技术选择流程，将按照“提出问题—分析问题—解决问题”的逻辑，以“提出待决策问题—相关信息收集与分析—制定方案评价标准—综合分析做出决策”。其中决策机构是整个战略高技术选择决策过程中的核心，决策机构指引着整个战略高技术选择过程。其职责在于结合已有资料以及咨询机构所提供的建议，对战略高技术预选方案进行评估，最终根据国家战略需求、科技实力、投入成本等综合因素，做出颠覆性技术的最佳选择。咨询机构则是服务于国家战略高技术选择的咨询性综合研究机构，包括官方机构、民间智库、大学下属的研究咨询机构等。咨询机构在得到较为全面的信息之后，运用科学方法对相关信息做进一步的评估，按照颠覆性技术选择的需求最终得出技术选择初步方案，判断技术领域和路径的可选范围。

项目资助与管理

在颠覆性技术创新的项目资助与管理上，美军采取资助多个机构、平行竞争和淘汰的方式。在最初阶段，小额资助多个团队开展平行竞争，对于进展不力的团队予以淘汰，或资助有更好技术方案的团队和项目。

以 DARPA 为例，其基本程序为：采用自上而下的方式，提出技术难点问题；采用自下而上的方式，发现解决问题的创新思想，即该局局长与国防部部长、国防部副部长、参联会主席、作战司令部司令、各军种部长、军种参谋长、各军种与国防业务局各级人员，对项目进行评估、交换意见，然后由该局局长做出决策。具体而言，首先 DARPA 在项目“酝酿”的基础上，开会进行“选择确定”，在此期间，DARPA 将会听取包括美国国防部、各军种及其他科学顾问的建议，并最终由 DARPA 局长决定即将要研发的战略高技术项目。确定的项目通过竞标的形式进行投资研究，参与竞标的既可以是政府的实验室，也可以是私人承包商。在此基础之上，美军实施其战略的主要措施是在全球范围内不断探索具有创新性的高回报的前沿技术，对通过评估的项目提供经费资助。

难题论证与重新审查

在颠覆性技术创新的难题论证上，确定需求，提出解决方案，并不意味着任务的终结。美军得以成功的一个关键原因是，它总是能详细地确定战略挑战，即对项目的积极论证与重新审查。在对建议的或正在进行的项目进行论证和重新审查期间，经常会受到一系列问题引导，这些表面上看起来比较简单的质疑对于了解计划是否正确很有帮助。例如，准备制订的计划内容是什么，现在制订计划的方法有什么不利的限制因素，克服限制因素和改进性能的方法是什么，如果研制成功将产生什么影响，检验假设所需的中期技术里程碑是什么，技术转移策略是什么，需要多少投资，计划细节是否明确。

举例而言，在20世纪60年代，DARPA曾资助当时新成立的美国国防分析研究院开展了一项对导弹进攻和防御的研究，该研究最初的名称是“STRAT－X洲际弹道导弹进攻/防御项目”，后来DARPA又对其进行了一次名为“PEN－X”的论证，对美国和苏联的突防导弹防御系统能力进行评估。20世纪70年代后期，DARPA开始资助一项题为“华沙公约对西欧国家态势的影响”的研究，旨在判断如何提供技术支持以消除华沙公约在成员国数量和地理上的优势。评审小组的严格把关从内部加强了监督评估的力度，而从外部来看，“公开招标”的嵌入在监督评估上也发挥了重要作用：对于同一目的的项目，有可能接收到两个完全不同的方案；对于同一个项目，有时甚至资助不同的承包商。

颠覆性技术的组织沟通与管理

颠覆性军事技术的战略预研需要灵活有效的沟通，DARPA在组织沟通形式上与其他的技术研发组织有着明显的不同。

注重产学研协同创新的合作模式

美军在颠覆性技术的研究上，注重与工业部门和大学的联系与交流。其产学研协同创新的主要模式有以下 8 种：大学科技园模式、企业孵化器模式、合作研究中心模式、契约合作研究模式、咨询协议模式、技术入股合作模式、技术许可模式、大学衍生企业模式。以上模式在技术创新的实践过程中并不是一成不变的，不同合作者将根据技术实现的复杂性及自身需求做出最优选择。

从系统科学的观点来看，产学研协同创新的合作运行动力不仅包含内在动力——主体要素（企业、大学和科研院所），还包含美国政府及其相关部门通过组织和实施产学研合作计划项目、制定政策法规等方式推动产学研协同创新合作的外在外力。例如，基于二战需求的“曼哈顿计划”（1942 年）、基于太空军备需求的“阿波罗计划”（1961 年）、基于大国角力需求的“星球大战计划”（1985 年）、基于新技术领导权需求的“信息高速公路计划”（1993 年）、“纳米技术计划”（2000 年）、基于人工智能领域领先需求的“美国人工智能计划”（2019 年）等。

强调信任的项目经理负责制

项目经理负责制就是以专职项目管理人员担任项目负责人的制度，是现代管理理论在科学技术界的具体应用。人们普遍认为，现代项目管理起源于第二次世界大战时期的美国“曼哈顿计划”，而奥本海默则被视为项目经理的开创者。美军在颠覆性技术项目的具体实施过程中，普遍采用项目经理负责制。项目经理需要具备一定的研究背景和技术能力，最重要的是，他必须具备出色的项目管理能力。

项目管理能力一方面体现在个人能力上，即领导能力、沟通能力、应变能力、执行能力以及协调能力，主要考量的是个人是否具有组织项目团队完成预定战略高技术研发计划的能力，另一方面则体现在科学管理方式的运用上。这些方法包括多种类型：如 1958 年美国的北极星潜射弹道导弹项目中美国军方提出的计划评估和审查技术法（Program Evaluation and Review Technique，PERT）、由 PERT 发展成的工作分解结构法（Work Breakdown Structure，WBS）、关键路径法（Critical Path Method，CPM）等。

项目经理基本上不会参与具体的研发活动，他主要在外围充当协调和保障角色。其任务包括：物色合适人选，组建项目团队；提取意见建议，拟定研究方案；协调冲突矛盾，调配人力物资；监管经费开支，制作报告报表；同时他还需要利用管理方法对整个项目运行进行把控。总的来说，项目经理负责搭建整个项目团队运行的骨架，保障整个团队协调一致地沿着预定研发路径推进。

鼓励试错与宽容失败的文化氛围

颠覆性技术创新本质上是一种有组织的探索与冒险。创新的过程往往是一个不断从失败中吸取教训，通过不断试错达成真理性认识的过程。美国 IBM 公司设立了专门的创新执行官职位，每当启动一项新技术开发时，创新执行官将会重新重用一批“败将”——他们甚至赢得了“数字杀手”（digital killers）的“美誉”。正如 IBM 创新执行副总裁尼克·多诺弗里奥所说：“这个项目如果他们都搞不定，别人也不会有办法。”因此，技术创新在试错中前进的特征使得失败成为实现创新突破不可避免的现象，这就需要营造鼓励试错与宽容失败的文化氛围。如为消除创新人员对“高风险”研究的“后顾之忧”，DARPA 建立起一整套“允许失败”的创新制度，从而使得创新者不必在精神上受到失败的困扰，进而影响到可能的创新实现。

美国国防部对颠覆性技术的研究开发方式具有借鉴意义。面对当今新科技革命、新产业革命、新军事革命交织推进，新兴交叉前沿领域大量涌进，我们必须抓住颠覆性军事技术发展的历史机遇，强化战略前沿技术与军事领域变革的耦合，借鉴美国在颠覆性技术创新方面的有益经验，探索中国特色的颠覆性技术创新之路。

抓住特殊机遇　撬动国内旅游需求增量

唐　遥*

编者按：我国在新冠肺炎疫情中率先控制住疫情发展，为经济发展创造了机遇。本着危中寻机和化危为机的理念，抓住特殊机遇，把出境游需求转化为国内旅游需求，可拉动万亿级别的内需，转化为巨大的消费需求。

目前我国新冠肺炎疫情防控工作已经取得决定性成果，如何在常态化疫情防控的形势下推动经济工作，做好“六稳”工作、落实“六保”任务，是全社会的当务之急。基于习近平总书记提出的危中寻机和化危为机的理念，我国正在积极开展经济发展“内循环”工作。各地应系统性地投资旅游基础服务设施，重点完善针对自驾游、乡村旅游的配套设施，把中高收入人群出国旅游的需求转化为国内旅游需求，撬动规模可达万亿元人民币的内需增量。旅游基础设施投资可以兼顾多方面经济社会目标，除了拉动内需、强化国内经济大循环，还可以巩固精准扶贫成果、振兴乡村和提振就业，稳定经常项目下的贸易顺差。

把出国旅游需求转化为国内旅游消费

从2020年上半年的经济数据来看，需求的恢复落后于生产的恢复，进一

* 唐遥，中信改革发展研究院研究员，北京大学光华管理学院应用经济学系副教授。

步提振内需是迫切的需求。上半年 GDP 同比下降 1.6%，其中二季度增长 3.2%，实现了强反弹；然而，上半年社会消费品零售总额同比下降 11.4%，二季度仍然下降 3.9%。

在国际防疫形势严峻的情况下，国内疫情控制相对稳定，旅游业获得了特殊的发展机遇。如果能把出境游需求转化为国内旅游需求，就可以拉动万亿级别的内需。根据国家外汇管理局发布的《2019 年中国国际收支报告》数据，作为服务贸易逆差主要来源的旅行逆差（中国人的境外旅游花费减去外国人在中国的旅游花费）高达 2188 亿美元，约 15000 亿元人民币，相当于当年中国 GDP 的 1.5%。

在疫情影响下，2020 年居民出入境旅游基本清零。由于多国疫情仍然处于失控状态且疫苗的研制和普遍应用还需要一段时间，出境游在 2021 年也难有恢复。对于中国的国内旅游业来说，这是一个危中之机。文化和旅游部等部委以及各地政府应当大力采取措施，努力把过往出境游的消费，转化为境内的旅游消费支出。如果能把一半的出境游逆差转化为国内消费，规模将达 7500 亿元之多，相当于 2019 年 GDP 的 0.75%。如果措施得当，亦有可能实现万亿级的消费增量。要撬动这万亿级别的旅游消费，需要通过有效的投资来完善地方的旅游业基础设施。

有效增强新的旅游基础设施投资

中国极为丰富的自然和人文资源，具有吸引出国旅游人群，将境外旅游消费转为境内旅游消费的潜力。要释放这一潜力，需要有针对性地进行旅游基础设施投资。过去一段时间，各地纷纷斥资规划和兴建、扩建大型景区，通过提供景区内的交通、游览、餐饮、娱乐和住宿等“一条龙服务”来收回投资。这种谁投资、谁受益的“圈地收费”模式，客观上促进了我国旅游业的发展，但是，随着居民文化生活水平的提高，以景区为核心的旅游模式的吸引力逐步下降。偏好出国的旅游者更加重视全方位的旅游体验，包括核心景点、美食体验、文化浸入、自驾自助等多样化模式。游览的景点可以是免费的特色地点，美食可能是“网红”深巷小吃，文化体验来自和本地人的自主交流，自驾则提供了多样体验的可能。这些类型的需求都难以被精确规划到封闭的景区中去。许多国内大型景区提供了民俗体验、购物休闲、餐饮服务、精品住宿等服务功能，却往往事倍功半，原因是游客体验的“套路感”太强、特色不足，导致游客停留时间不长，游客的“黏度”不高。为了使游客深度体验国内丰富多样的自然风光和风土人情，需要把有限投资用到真正产生新效益的地方。

相比“高大上”的封闭景区建设，我们需要进行新的旅游基础设施投资，注重提升旅游目的地城乡开放空间中的硬件和软件环境，增强游客的渗透式体验。

针对自助式、强调体验的新一代游客，应做好以下方面的设施建设：第一，系统地建设省级线上和线下旅游信息引导系统，线上系统方便游客在出行前进行路线规划，下沉到市县乡级的线下旅游信息服务点为游客出行提供面对面的个性化的指引；第二，依托现有加油站、旅游服务中心等设施，改造国道沿线的停车、加油、充电、卫生和便利购物设施，提高自助游的体验；第三，疫情后，游客更加偏好自然体验，露营或者宿营车的受欢迎程度可能会上升，相关部门应制定露营设施、宿营车停泊地的建设标准，培养这类新兴的细分旅游市场；第四，很多旅游设施的建设，并不能通过收费直接实现收入，而是通过改善整体旅游环境来取得区域性的经济效益。因此，此类投资具有很强的正外部性，这意味着改善个别县区的旅游环境对自助游的体验帮助不大，而对相关旅游线路上的多个县区进行整体协同改造则有望收到较好的效果。所以，相关的投资需要在更高层面进行统筹建设，如在省市一级进行规划和实施。

更重要的是，文化和旅游部及地方相关部门需要深入调研游客的需求。相关部门可以通过经营境外游的旅行社以及互联网平台，对典型的出境游游客进行深度调查，了解其在出境游和境内旅游体验方面存在的核心差异，有针对性地进行相关旅游基础设施投资。此外，政府部门也应调研旅游业经营者的专业意见，解决旅游企业在转型时遇到的困难，帮助企业推出出境游的替代产品。

在扶贫、就业、振兴乡村中发挥长期作用

除了拉动内需、做大国内经济循环之外，旅游业对巩固精准扶贫成果、稳定就业和振兴乡村都可以发挥长期作用。首先，根据央视 2020 年 7 月 27 日援引文化和旅游部的统计数据，乡村旅游总人次占全国旅游总人次的一半以上，乡村旅游年总收入超 1.8 万亿元，占国内旅游年总收入的近 1/3。2019 年，全国乡村旅游扶贫监测点检测显示，通过乡村旅游实现脱贫的人数占脱贫总人数的 33.3%，监测点乡村旅游对贫困人口的就业贡献度达 30.6%。

其次，相关基础设施的建设不仅仅服务于旅游业，更提升了当地人民的生活品质，普遍增加了经济发展带来的获得感。

减小服务贸易的逆差

改善国内旅游设施条件、丰富文化内涵，可以扭转我国的服务贸易长期存在逆差的不利局面，稳定中国经常项目的收支状况。根据《2019 年中国国际收支报告》，中国经常账户顺差是 1413 亿美元，其中货物贸易顺差是 4253 亿美元，服务贸易逆差是 2611 亿美元（包括旅行逆差 2188 亿美元）；资本和金融账户顺差是 567 亿美元。从表面上看，经常账户及资本和金融账户是“双顺差”的良好局面，合计 1981 亿美元。然而，根据国际收支平衡原则，这两个账户的余额之和应当为 0，出现“双顺差”意味着我国的国际收支的净误差和遗漏项下有高达 1981 亿美元的流出。虽然这一金额不一定全是资本外逃，但我国仍然要对国际收支中的风险保持警惕。通过发展国内旅游业来减小服务贸易逆差，可以有效降低我国面临的国际金融风险。

第三篇

构建新发展格局

促进国内大循环，形成国内国际双循环发展

苏　宁*

编者按：实行国内国际双循环要把扩大内需作为促进国内经济循环的关键环节。仅靠投资产生供需不平衡，不能促进消费，要形成循环，最终环节是消费。提高劳动者收入在国民收入中比例对促进国内大循环有根本意义。

习近平总书记在参加全国政协十三届三次会议的经济界委员联组会时指出，逐步形成以国内大循环为主体、国内国际双循环相互促进的新发展格局，培育新形势下我国参与国际合作和竞争新优势；同时还提到，我们要把满足国内需求作为发展的出发点和落脚点。①

过去我们强调国际大循环，现在要把国内循环上升到一个重要位置，实现国内国际双循环，这是需要认真讨论和解决的问题。

扩大内需和国内循环不完全是一个概念

扩大内需，国内经济未必能循环起来。

在我国的经济成长历程中，从20世纪90年代末，我们就从过去供小于求

* 苏宁，中信改革发展研究院资深研究员，中国人民银行原副行长，中国银联原董事长。

① 把满足国内需求作为发展的出发点和落脚点（我和总书记面对面）[N]. 人民日报，2020-05-24(4).

的短缺经济，走向了产品供大于求或基本平衡的状态。此后，我们遇到了几次大的国际金融危机。一次是1997年亚洲金融危机，一次是2008年国际金融危机，当时的问题都是外需减少，所以我们要扩大内需。1997年后，扩大内需主要是运用积极的财政政策；2008年则侧重货币政策，国家4万亿元投资加上大量银行贷款，主要也是扩大投资规模。我们在扩大投资、促进内需这方面办法很多。

当然，1997年以前我们也出现过几次投资热，主要是用压缩投资的办法克服经济过热问题。例如，改革开放初期的“洋跃进”，经过几年的“调整、改革、整顿、提高”，这是一次大的调整；1988年“价格闯关”之后又经过一次治理整顿。这两次都是靠压缩投资的办法。总之，我们用调整投资的办法调节社会需求是轻车熟路，但调节投资可以扩大需求，也可以减少需求。

仅靠投资不一定能形成循环

投资有两面性：一方面，可以扩大对当期产品的需求，拉动当期经济的增长；另一方面，它形成了未来的生产能力。形成新的产能后，如果增加的产品卖不出去，就形不成经济循环。比如，2008年后，我们进行大规模投资，几年之后又要去产能、压库存，就是因为不少行业生产能力过剩了。

2008年之前，我们已经在考虑控制钢铁出口，因为这是高耗能、高污染的产业，还要大量进口铁矿石。但2008年后，又有大量钢铁企业上马，后来也不再说控制钢铁出口了，结果大量钢铁出口引发很多贸易纠纷。所以说，投资本身可以扩大内需，但不一定能形成大循环；要形成循环，最终环节是消费。

马克思清楚地论证了再生产理论，指出生产资料和消费资料两大部类要平衡。我们的当期投资可以拉动需求、促进当期生产，但所形成的生产能力，必须能够被未来形成的消费市场所消化。否则，国内经济就循环不起来，部分产品只能靠出口消化。

真正要实现习总书记提出的国内大循环，就要认识到，关键在于扩大国内的消费，其中主要是居民的消费。

改革开放以来，应该说我们的居民消费增长很快，人民生活不断改善。但是居民消费的增长没有赶上 GDP 的增长，更没有赶上投资的增长速度。比如，2019 年 GDP 为 99.09 万亿，其中投资是 60 多万亿，占到 GDP 的 60% 以上。1978 年我国居民消费支出占 GDP 的比重是 48.8%，2018 年居民消费支出占 GDP 比重是 39%，比 1978 年降了近 10 个百分点。40 年来，居民消费占 GDP 的比重不断在下降，更不用说更好地起到拉动作用。

过去，国家计委曾有一条不成文的规定：积累率不能超过 30%。当然积累率和投资率不完全一致，但投资率不断上升。这成为我们经济中的一大问题，影响了中国经济的长期稳定发展。

如何提高消费在总需求中的比重

如何提高居民消费，我们曾经尝试过很多办法，比如工业品下乡、新能源汽车补贴。但归根结底，还是要提高劳动者收入在国民收入分配中的比例，也就是提高劳动者工资。否则，鼓励扩大消费是没有基础的。

中国宏观经济学会秘书长王建最近提出，现在中国经济的一个重要问题是城乡二元结构，必须解决农民进城的问题，这样会带来今后很长一段时期的高速经济增长。但是，怎么让农民进城？为什么农民进不了城？因为收入太低。比如说，很多在东部地区企业中工作的农民工，来自西部贫困地区，那里还有大量的留守儿童等。但是因为企业工人的工资太低，要想让农民进城，就必须提高工资，他才能够支持家人进城后的基本生活，包括住房、医疗、儿童教育和保险等，否则他的家属只好留在西部农村。所以说，提高劳动者收入，对扩大内需、支持国内国际双循环的形成，有非常重要的意义。

过去我们强调国际大循环，倾向于维持低劳动成本。正是低工资成本，使得我们的出口产品有价格竞争力，从而促进了外向型经济的发展。所谓“人口红利”是廉价劳动力带来的红利。但我们忘了，低劳动成本不利于国内需求的扩大，阻碍了中国经济进一步的稳定发展。

有人说，我们现在经济很困难，增加工资有可能吗？这就是微观视角和宏观视角的不同。企业当然希望工资越低越好，但是从宏观视角看，广大职工工资那么低，谁来消费？所以，我们要让国内经济循环顺畅，关键在于弄清楚哪个环节没有做到位。

对比中国和国外的情况可以说明一些问题，当然各国口径有所不同，但多数情况下，一些国家劳动者收入约占国民收入的70%。我们这方面的差距还是非常大的。

怎样提高劳动者收入

这里既有市场行为，也有政府行为。国有企业应该可以有政府行为，其他企业应该是市场行为。现在中国正在经历劳动力从供大于求到基本平衡，再到逐步短缺这样的拐点。随着劳动力供需状态的改变，市场力量就会推动劳动者工资的提高。在市场没有发挥这些作用之前，政府可以通过转移支付扩大劳动者的收入，或者强制性规定最低工资水平。转移支付的方式包括医疗保险、养老保险、失业保险等。

当然，我们不是只讲国内循环。国内循环和国际大循环应该是互相促进的。提高劳动者收入、扩大内需有助于增加进口，同时减少无效的企业出口，促进外贸平衡，减少贸易摩擦，促进国际大循环更好地发展。

所以，增加劳动者收入，提高劳动者收入在国民收入分配中的比重，对促进国内循环具有根本性的意义，是落实习主席提出的双循环战略的一个非常重要的环节。

关于当前经济发展中内循环的几个问题

贾　康*

编者按：中国需要动态地优化现代化的战略策略组合，以内循环为主的“双循环”是实现中国现代化战略命题的重要步骤。

我从三个方面谈谈内循环提出的背景，它的学理逻辑和它与外循环的关系。

内循环提出的背景

中央提出要构建“以国内大循环为主体、国内国际双循环相互促进的新发展格局”这样一个指导方针。从提出的背景看，可以从三个层面加以勾画。

一是从2010年之前的几十年，我国实现了平均年增长9.8%的经济增长速度，成功抵御了世界经济危机的影响。2010年人均国民收入已经达到4000美元。但是从2010年开始，中国经济进入下行通道，2010年底中央经济工作会议提出了“稳字当头，稳中求进”的指导方针，寻求软着陆以后的中高速高质量发展。此后又明确表述为向“认识、适应和引领新常态”这一阶段转换。这是中国成为中等收入国家之后，和其他类似经济体在告别经济起飞阶段的粗

* 贾康，华夏新供给经济学研究院院长，全国政协参政议政人才库特聘专家，财政部财政科学研究所原所长。

放型发展特征大同小异的阶段转换。往后的发展速度有所降低是必然的。《人民日报》发表的一篇文章提出，要完成一个“L”形转换，形成一个以结构优化支撑的较长的中高速发展阶段。2010—2012 年，我国经济增长速度回落到 8% 以下，3 年后回落到 7% 以下；2015 年下半年到 2018 年上半年的 12 个季度，我们的 GDP 增速在 6.7%—6.9% 这个很窄的区间里波动。

二是从 2018 年一季度开始，不期而至的中美贸易战。现在美国国内朝野已经空前一致，要全面遏制中国；贸易战已扩展到科技战、外交战、金融战以及对人文交流设限等方面的对立甚至对抗局面。这对中国经济的影响，就是使原来 6.7% 的底线再次被击穿，2019 年全年的增长速度只有 6.1%。

三是 2020 年初突发的新冠肺炎疫情，使我们的经济增速在一季度陡然下降到 -6.8%，这是几十年也没有出现的情况。不过二季度已回调，1—6 月增速是 -1.6%。三、四季度能够把全年的增速扳到正值上。不过，经过三重因素的叠加，经济增速回落带来的市场预期并不好，现实生活中诸多矛盾进一步凸显。

我们所面临的问题之复杂前所未有。贸易战必然是一个互相缠斗的中长期过程。我们需要在处理一系列挑战性问题中，力争和美国方面斗而不破，力争延续中国的和平发展和崛起。尽管我们取得了对新冠肺炎疫情防控的阶段性胜利，但前景还不是很确定。由于目前全球疫情态势，我们的防疫抗疫工作要常态化，经济生活要与防疫工作同时进行，对疫情进行有效控制、收敛和最终将它消灭。

中央指出，现在一些主要问题都有中长期特征。我们可能要经过 5—10 年的努力，让我们的国民经济以可能还要比 6% 稍低的增长速度完成 L 形的转换，以中高速的高质量发展跨越中等收入陷阱，使中国成为高收入经济体，这是我们的战略性目标。

尽管在中长期我们面临巨大的不确定性，但中央的基本判断是，中国经济长期向好的基本趋势没有变。

从客观条件看，经过几十年的发展，中国综合国力得到了明显提升。当然，中国目前仍是最大的发展中国家和新兴市场经济体。我们的工业化、城镇化还有相当可观的提升空间。中国最后消除二元经济结构这个发展中国家的特征，要经历相当长的一段时间。这既说明我们存在的差距，也意味着我们还有非常可观的成长性。我们的工业化和城镇化，可以较高速地推进这样一个现代化进程。当然我们需要动态地优化现代化的战略策略组合。

利用中国自己的成长性，把握好我们的韧性与回旋余地，调动一切积极因素，用现代国家治理的制度创新，带动科技创新、管理创新，提升我们的全要素生产率，发挥出我们的发展潜力。在这个过程中，最值得我们把握住的能够做出正确选择的确定性因素，就是坚定不移地贯彻党的基本路线，坚持以经济建设为中心，坚定不移地在改革深水区攻坚克难，啃硬骨头，解放生产力；同时，继续参与全球化，化解逆全球化的不利影响。

对内循环的学理逻辑的理解

第一，以内循环为主与稳中求进、扩大内需的方针是一脉相承的。

扩大内需，是从我们已经形成的巨大市场规模这一基本国情出发，考虑到在经济低迷时期，我们也有可能利用一系列的政策组合，调动和扩大国内需求，拉动有效的供给加以回应这样一种循环。“内循环”这一表述，强调了扩大内需首先形成的是基于国内市场潜力的有效供给的回应；而内需得到的有效供给的回应，也必然伴随着我们推进开放所带来的外部的回应。以内循环为主，意味着工业化、城镇化一轮一轮地扩大、接纳进入城镇的农村人口，一轮一轮的基础设施建设和升级换代，一轮一轮的产业结构优化和升级、人力资本的培育，随着人民收入的提高而不断地释放巨量需求，而得到本土和外部市场的有效供给回应，支撑经济循环。

第二，以内循环为主，将更为倚重本土雄厚的市场潜力的释放。

我们现在有必要更多地依靠已经发展起来的社会主义市场经济所形成的市场潜力，进一步做好自己的事情。这合乎改革开放、促进生产力发展、发展动力体系升级的顺序。

20世纪80年代，我们提出国际大循环理论，那时我国的基本情况是国内市场还处于初级发育阶段，内循环可以调动的潜力比较有限。通过沿海开放“两头在外”“三来一补”，不仅扩大了出口型工业，也带来了国外资金、技术、管理经验和商品经济意识，加快了本土的资金积累。而今天，我们的市场机制有了很大发展，虽然还需要进一步完善，但毕竟有了一个可依靠的、支持内循环的本土市场基本盘。当然，国内国际双循环是相互促进的，但是合乎逻辑的情况是，国际大循环的分量要调节，内循环的分量要提升。

第三，以内循环为主体现了防风险、稳增长、把握升级发展主动权的战略思维。

我们要做好自己的事情，其中的一个重要问题是，要考量“做好自己的事情”的主动权如何更好地把握在我们自己的手中。要有能力对自己内部的因素进行调控，利用以内循环为主的经济运行，推动内外循环的相互促进。这是一个更明确表述的战略方针指导下的发展格局。

综合上述背景和学理逻辑，就可以更清楚地认识以内循环为主的必然性和可行性。

内循环与外循环的关系

内循环和外循环是相互促进的，也就是相得益彰的，这是一个完整的框架。讲内循环不要忘了外循环，而“以内循环为主”有非常明确的对经济结构特征的把握，而且双循环的相互促进，应该放在改革开放发展的系统工程之内理解。

第一，注重以内循环为主，绝不意味着重回闭关锁国，而是在坚定不移扩大开放的道路上，更有风险耐受力地行稳致远。

第二，注重以内循环为主，是以供给侧改革为主线，打造现代化经济体系过程中寻求高质量发展的动力体系的升级。升级离不开继续以全面的开放来催化和促进改革。目前改革到了深水区，我们需要取得决定性的成果，还需要克服许多困难。开放在客观上就是在催化和倒逼改革。中央如此看重自贸区概念，要求多轮复制，就是要进一步以开放促改革。建立带有示范效应的粤港澳大湾区、在海南打造全球自由贸易港等战略举措，都体现了这个战略意图。

第三，注重以内循环为主，要坚定不移推进产业结构和国民经济综合水平的升级和发展。当然，这离不开继续以全面开放对接全球合作竞争的市场检验和内外相互的造就。我们不否认大国之间存在竞争，中国也一定会守住底线，但是我们还要坚持和平发展。

一方面，中国的发展有益于全球，我们对全球经济增量的贡献越来越显著；另一方面，中国只有加入国际竞争，才可能完成从全球产业链低端向中高端的攀登，才能实现现代化。这两方面的相辅相成，是供给侧创新带来的共赢境界，以及打造人类命运共同体的时代机遇。当今时代的主题仍然是和平与发展，这个主题现在虽然遇到了挑战，但是方向并没有变。中国应该在改革开放、实现发展是硬道理的过程中，一步一步去实现和平崛起。上述这些认识，可以落脚于以内循环为主的“双循环”，实现中国现代化这个战略命题。

疫情常态化下的全球地缘政治新格局

陆忠伟[*]

编者按：随着新冠肺炎疫情的全球暴发，地缘政治出现新常态，引发世界格局产生重大变化。“生命缘之变”倒逼各国加强公共卫生能力，在新型力量平衡基础上建立新的国际秩序。疫情中，中国扮演了应急行为主力军的角色，美国暴露了在国家综合治理上不堪一击的一面，但其真老虎的钢牙利爪仍对准走社会主义道路的战略竞争者。

新冠肺炎疫情给人类带来巨大挑战，引发了地缘之变、币缘之变、物缘之变、人缘之变，同时要求各国确立性命相关之缘。全球地缘政治关系也发生变化。

后疫情时代的地缘政治新常态

我认为，疫情与地缘政治的互动关系是继天缘之变，也就是宗教文化的交锋，地缘之变，就是政治外交博弈，币缘之变，就是金融货币消长，物缘之变，就是商品贸易流通，以及人缘之变，就是生产关系革命之后，并列产生的又一次重大的格局性的变化，我把它概括为“生命缘之变”。所谓生命缘就是这次威胁到人类生命安全的特殊类型危机，已经对处于崩溃状态的世界格局的

* 陆忠伟，中国现代国际关系研究院原院长。

方方面面产生了影响。

我们常说，新旧交替，必乱一气，或古今，或新旧，或春夏秋冬，在交替之时，往往会闹出点毛病，搞出点折腾，这是力量的惯性使然。可以说，这场危机加快了旧世界的消亡，但新世界又难以顺产。

一方面，在疫情肆虐的背景之下，各大力量围绕着生命医学展开着效率的竞合，围绕着治国能力一比优劣，围绕着抗疫斗争显示国格的高下。

另一方面，反映出欧美国家在“庙堂之上”“勘破三春景不长”的无可奈何。此次世界性的灾疫，提升了学界对综合国力的认识。国力之强，不唯是产业力、技术力、金融力、军事力、情报力之强，也应该是生命科学技术之强，更应该是生物安全之强。所以此次疫情倒逼各国提升加强公共卫生能力乃国家安全当务之急的认识。

后疫情时代的形势要求各国确立生命缘，也就是在新的力量平衡基础上建立新的国际政治秩序。换句话说，这个生命缘类似国际政治关系、经济关系中的贸易平衡、收支平衡、常规军力平衡乃至核导力量的平衡，以及在这些平衡的基础上达成新的合作协议，构建新的机制安排。

随着疫情的常态化、长期化，有些学说会随之而出，比方说新冠经济学、新冠国防经济学、新冠地缘政治学等。基于对于疫情常态化或者对于秋冬可能暴发的第二波疫情的认识，以及前疫情时代出现的国际安全矛盾的主要方面，与大国关系基本矛盾依然未变，甚或矛盾更为激化的认识，各大力量正在展开新一轮的博弈。全球地缘政治关系或将出现一个持续十几年的新常态。中美关系、美俄关系、美欧关系、欧俄关系、中欧关系、欧日关系，或者中日之间，围绕经济、军备竞赛以及人工智能开发，将展开新一轮的竞合。

在此轮疫情暴发后召开的第 56 届慕尼黑安全会议上，讨论的主题是西方缺失。西方冀望借这个平台诠释国际安全乱局之因果关系，对正在崩塌的西方至尊地位加以弥合。参会的美国国务卿蓬佩奥和国防部长埃斯珀把世界划分为西方世界和非西方世界，并且辩护说，尽管存在战术分歧，但欧洲、日本和美国的其他盟友在应对中国、伊朗和俄罗斯的问题上是团结一致的。此言实属自恋、自怜，蓬佩奥他们并未看到，源于西方价值观的内部认同以及外部崇拜已不复存在。

法国总统马克龙称得上是一个知天下兴衰的领导人。2019 年末，马克龙在法国驻外使节年会上发表演讲，他说，西方霸权已临末日。联想起他关于“北约已经脑死亡”的锐评，可以说，21 世纪第三个 10 年的开局之年，因新冠肺炎疫情而出现的乱象，预示着国际形势的不稳定、不太平、不可测的将来。

在 20 年前，我把全球地缘政治冲突概括为三句话：太平洋更窄了，大西洋更宽了，欧亚大陆更高了。而今我认为还需要加上三句话：印度洋行将改姓，北冰洋已经融化，星球大战更近了。

后美国时代，中美影响力的升降

中国应对疫情屡战屡胜以及所展示的制度优势，为国际社会带来了经济、物质、制度和文化等公共产品，凸显了中国对全球公共卫生领域治理的引领作用。相反，大疫来临，资本主义制度乃至议会民主制没有发挥其功能，无论是英式民主、法式启蒙，抑或是被视为代议制政府的美国，都是大败亏输。可以说，美国输掉的并不仅是其在境外开打的 7 场战争，而且失去了阻击病毒扩散的战绩。在世界的战疫之中，中国是战胜国，美国是战败国。

国家形象和国家品格是一个国家软实力的核心要素。2020 年 6 月 30 日，位于美国的德国马歇尔基金会对法、美、德公民展开的调查问卷显示：疫情之前，中国的世界影响力还是一个抽象概念；但疫情之中，中国扮演了应急行为主力军的角色，其世界影响力就变得非常具体了。

当前，美国的疫情风险远未压平，人与人交叉，州与州传染，愈发严重的疫情将进一步扩大民粹主义和种族主义的空间，进而加剧 1% 和 99% 的矛盾，若由此引爆“华尔街之秋”2.0版，也不是没有可能。每个阶层总是要竭力维护包括意识形态和社会制度的政治安全，以资为本的政治本能及西方中心的外交站位，决定了美国的共和党与民主党的政治底色。他们打心底不愿意看到“以人为本”的中国道路给西方国家上“思想政治课”，为此不惜撕下“富裕、开放、自由”的外衣，为维护霸权而践踏法律。中国并未因战胜疫情，并为全球提供公共卫生产品而获得赞誉，反遭美国政客的“甩锅”和索赔。这就是国际政治“不是东风压倒西风，就是西风压倒东风”的现实，凸显了大国竞争的残酷性。

先贤老子有曰：“大道甚夷，而人好径。”美国不走阳光坦途，而走斜径。可以肯定，疫情之下或者疫情之后，美国将变得不那么安全，不那么慷慨，不那么守信，不那么有能力应对挑战，这就是“东风压倒西风”的大趋势。但这并不意味着美国的霸权将于今日终结。疫情暴露了纸老虎不堪一击的一面，但真老虎的钢牙利爪仍对准走社会主义道路的战略竞争者，并企图将其扼杀于将强未强之中：每年递增的巨额军费开支，遍布海外的军事基地，长于奔袭斩首、跨境干预的常规军力乃至核战力，还有纽约国际金融中心所扮演的资本变压器的无双作用。

2020年以来，在纽约证券交易所和纳斯达克上市的中国企业数量为19家，比2019年同期的9家翻了一番，这反映出美国发达资本市场的吸引力，超过了地缘政治影响。此外，美元的国际枢纽地位及SWIFT，仍是白宫和国会在金融方面实施长臂管辖的工具。而要言之，美国虽受特朗普的政治操弄，国势颓丧，形象崩溃，压倒性优势不在，但此乃霸权终结之开始，而非告终，现阶段的美国仍然颇具强势。

美国新政府的外交

从2020年11月的美国大选来看，特朗普举行竞选集会的剧场效应，不及拜登攻击现任的钟摆效应。特朗普的基本盘就是未上过大学的白人和中西部的白人天主教徒，虽然这个力量正在流失，但他还有白人福音派群体和共和党的白人中产阶级等支持，除此之外，警察工会、步枪协会仍然是他的铁票。所以从这场选举的结局看，不论是拜登驴革裹尸，或者是特朗普埋身象冢，这个结局或者正应了中国古代先哲的一句话：为善不同，同归于治；为恶不同，同归于乱。

美国政治和社会分裂的畸形，不会因为选战而弥合。在经济走势上，美国经济将走出一条 K 形复苏曲线，也就是最富裕的阶层进一步上扬，最贫困的阶层进一步下跌，贫富差距更加扩大。在阶级关系上，社会思潮整体向左转，桑德斯的社会变革思想市场在扩大。在族群关系上，白人内部再次分裂，黑白对立的怒与火将席卷东西海岸。在两党关系上，将继续“冷内战”的对抗属性，政治体系进入锁死状态。

总而言之，政治、阶级、社会、经济诸领域的痼疾会不断加深，积重难返。拜登代表建制派，致力于恢复旧常态，故而其在竞选纲领中提出，上台后的首要任务是修复对国际伙伴造成的巨大损害，修正美国优先，重回世卫组织，重返伊核协议，等等，基于此重振美国在世界的领导地位。对拜登此言，虽不能简单视为选举语言，但其入主白宫后，即便搭建一个理性的国安团队或者专业的幕僚班子，面对政治态势激化，他也难以成为全民总统，协调各方，扼制疫情，重振商情，平复社情，故而他仍然是一个弱势总统。新政府或以大国竞争为外交主旋律，主导全盘工作，同时必将应对如下挑战。

一是尽早结束疫情，力促疫苗开发，推进复工复商。二是就势刺激，推动经济复苏。三是破解中国抗疫转化的政治优势，阻止美中力量对比恶化。这一系列的挑战将倒逼新政府重回国际舞台，塑造战略优势，挽回政治劣势。但是，鉴于科技等“脱钩”的险象已经深入共和党的内部，共和党、民主党两党会不惜付出高昂的代价。为此，美国极有可能将以美英的贸易协议、德俄的“北溪 - 2”项目、美法的数字税谈判为筹码，要挟英、德、法对华政策随美起舞。

军事冲突并不遥远

中国不会因为崛起就再无军事威胁，可以高枕无忧了。富而不强，难免挨打；将强未强，易遭强食。古有迦太基、威尼斯，今有科威特、伊拉克的前车之鉴。

为了把走社会主义道路的战略竞争者扼杀于将强未强之中，帝国主义历来是文与武两手并用，战争是第一手，“和平演变”是第二手。战争起源于人之思想，从当下的白宫到五角大楼的安全观，武装冲突离我们并不遥远，美国所缺少的只是一个找碴儿开战的莫须有的理由。

此前，美国哈佛大学荣休教授傅高义在接受访谈时坦承，中美有发生军事冲突的可能。对傅高义的话，一是不能不听，要警惕白宫唆使五角大楼制造事端，提高险情，为此须始终把军事作为保底的手段。二是不能迷信，不排除美国政府通过这些人搞心理威慑，尤须谨防中美关系滑向错误乃至危险的方向。

综上所述，今日的美国处于一个“由好到了、从福到祸”的历史转折点，成为当今国际“形”与“势”最难预测的不稳定因素。善谋善断者，能从事物的外在之形，推知其内在规律与发展情景之势，所以“草摇叶响知鹿过，松风一起知虎来”。中国的战略学界应真正做到眼中形势胸中策，缓步徐行静不哗，为决策谋高见、谋先见、谋预见，蓄势取势预势，调配战略思维，运用安全文化，致力于把地球真正地管起来。

完善养老保险体系　推动长期资金入市

李克穆　刘宏健　董　炎*

编者按：在转变社会养老观念方面，要处理好基本养老保险与第三支柱的关系。在巩固基本养老保险制度主导地位的同时，重视发展第二、三支柱以及探索其在提供补充养老保障、提升养老保险体系效率的有效措施。

完善养老保险三支柱体系：首先，要坚持立足国情，充分考虑我国社会经济发展现状和趋势，以及我国养老保险体系形成的历史沿革和主要特征；其次，要选好改革突破口，把握好改革节奏和力度，针对养老保险三个支柱的定位和作用，研究制定相应的改革目标和政策措施；最后，要注重发挥养老保险体系的正外部性，把完善养老保险体系与形成并推动长期资金入市有机衔接起来。

增强制度体系的公平性和可持续性

首先，基本养老保险在广泛而较为公平地覆盖全体国民、提供基本养老生活保障、体现政府责任等作用方面，是其他养老保险制度无法替代的，要始终坚持并巩固基本养老保险制度的主导地位。其次，要重视发展第二支柱、第三

* 李克穆，中国保监会原党委副书记、副主席，第十二届全国政协常委；刘宏健，中国银保监会人身险部副主任；董炎，中国银保监会人身险部养老险处处长。

支柱在提供补充养老保障、改善国民养老保障水平、满足差异化需求等方面的重要作用，不能将“补充”简单等同于规模小、作用小，而是要积极鼓励和引导其加快发展。这也是提升养老保险体系效率的有效举措。

要突出改革重点。基本养老保险由于其覆盖全国，社会影响力大，民众依赖度高，其制度的调整应稳妥有序，以完善政策为主。第三支柱仍处于起步阶段，制度空白较多，存在较大的发展空间，可以广开思路，大力推进改革。

要引导社会转变观念

在养老观念方面，要处理好基本养老保险与第三支柱的关系，正确地看待养老保险的责任划分，正确认识基本养老保险的保障水平，才能正确看待自身养老的责任，开展养老金积累。在金融消费观念方面，要正确认识什么是养老金融，通过金融方式解决好养老金积累与安排的问题。这些都是形成长期资金的基础。首先是要形成合理的养老金安排和规划。

坚持提供长期资金，长期提供资金的基本思路

一是在扩大资金规模方面，要将重点放在发展第二支柱、第三支柱等市场化养老保险制度上。虽然第一支柱现有结余资金远远超过第二支柱、第三支柱资金规模的总和，但受到缴费水平和潜在支付压力等因素影响，已很难维持并继续扩大。在制度不发生重大调整的前提下，第一支柱可投资的资金增长有限，未来养老金发展的重点在第二支柱和第三支柱。

二是在延长资金期限方面，要用好现有的具备长期资金特征的基本养老保险结余资金，完善第二支柱制度设计和运行管理，强化长期资金属性，加快建设第三支柱，从起步阶段就坚持围绕长期属性开展制度设计。

完善养老保险三支柱体系的思路和建议

要巩固制度、提升效率，完善第一支柱制度

坚持基本养老保险的主导地位，改进制度管理运行。

一是要增加制度透明度。长期以来，社会各界对基本养老保险运行情况了解不多，相关信息数量少，更新速度慢，这也是引发各界对基本养老保险可持续性质疑和争论的主要原因之一。在国家大力推进社会治理现代化的大背景下，有关部门应研究如何改进信息披露，适当提升制度运行透明度，减少社会争论，也有利于广大群众形成合理的养老金预期。

二是要更为合理地开展养老保险制度预测。结合我国社会经济发展现状，科学制定相关参数，对养老金缴存和支付、资产与负债等进行更为准确的预测。同时，可以考虑适时引入相关政府机构、外部专业人员或机构等参与，增强预测的科学性。

三是要对基本养老保险制度计发月数、个人账户记账利率等重要指标进行评估。结合预期寿命延长、社会投资收益率波动等适当进行调整。

四是要制定合理资金委托投资方案。在编制科学的养老保险资产负债表、现金流量表等基础上，合理计算可以用于委托投资的资金规模和期限，细化管理，在确保养老保险制度平稳运行的基础上，进一步提升资金管理效率。

五是要进一步做好基本养老保险预期管理。结合基本养老保险预测结果，制定针对广大群众的科学的基本养老保险宣传教育方案，让他们了解基本养老保险的定位、功能，引导其自愿加入第二支柱、第三支柱，为补充养老保险扩大发展空间。

优化制度、改进管理，完善第二支柱制度

当前，我国经济发展正面临前所未有的挑战，推动企业年金制度改革要充分考虑企业承受能力，应坚持立足国情，重在优化制度，改进管理。

一是对企业年金制度进行评估。企业年金制度已运行多年，在覆盖面、养老金规模、作用发挥等方面未达到预期，应组织相关领域专家或借助第三方机构的力量，系统梳理总结造成上述问题的内外部原因，科学评估制度运行效果。

二是探索完善制度运行模式。首先，应进一步理顺委托人和受托人之间关系，强化受托人选择、监督、制定投资策略等职责，使受托人真正发挥基金受托管理的重要专业作用，而不是简单的“传声筒”。其次，可考虑取消账户管理人。现有四类管理人增加了企业年金制度运行的复杂性和成本，近年来金融机构信息化水平提升很快，账户管理完全可以通过信息系统予以解决。最后，简政放权。调整现行的企业年金计划、各类管理人资格审批管理方式，逐渐向事后备案或完全放开转变，以减轻相关主体负担，提高管理效率，增强企业年金制度吸引力。

三是改进企业年金投资管理方式，健全长效评价机制，引导长期投资理念。企业年金是长期养老金，现行的短期业绩考核和排名规则引导委托人过分关注短期收益，也会导致管理人出现跟风投资和增加交易频率的行为，不利于形成长期规模资金。应探索制定科学合理、符合其养老金特征的业绩考核指标，增加长期投资业绩考核比重。引导参与主体提供长期管理服务和长期养老金产品，而不是简单采取委托投资管理模式、签订短期委托管理合同。

四是研究非正规就业条件（弹性就业、灵活就业）下，如何发挥企业组织、缴费的能力，引导个人开展养老金积累。例如，允许企业为员工个人养老金积累提供支持，相关企业缴费可比照企业年金制度享受相应的税收优惠政策。

五是研究调整税收等政策，适时打通第二支柱、第三支柱。允许企业年金计划参加人在调整工作单位、失业等情况下，将第二支柱积累养老金转入第三支柱。

六是探索企业年金与职业年金联动发展。鼓励机关事业单位为编外人员建立企业年金计划，并提供缴费支持，在已解决正式员工加入职业年金计划后，解决编外人员养老保障的公平性问题。

市场主导、政策引导，加快建设符合我国国情的第三支柱

一是尽早将税延政策试点范围扩大到全国。公众对投保税延养老保险呼声较高，希望能够享受到国家税收优惠政策。试点保险机构经营平稳，在涉税操作、产品设计、销售管理、支持服务等方面积累了经验，具备扩大经营地域的能力。我们认为，将试点范围扩大到全国，符合公众需求，具备实践基础。

二是将符合条件的银行养老储蓄、银行理财产品、养老目标基金等纳入税收递延政策试点。

三是简化税延额度计算方式，取消6%的比例限制，直接采取定额模式并适度提高额度上限。

四是坚持养老金长期终身领取原则，在领取期通过制定差异化税率，引导参与者在领取时将所积累的养老金转换为可长期终身领取的养老年金产品，实现与基本养老保险的有效衔接。

五是研究调整目前的税收递延模式，从EET模式（在补充养老保险业务购买阶段，资金运用阶段免税，在养老金领取阶段征税）转换为直接免税的方式（EEE），不再对个人领取养老金征缴税款，鼓励个人加快养老金积累。

六是简化涉税流程，将税延养老保险涉税操作相关功能纳入个人所得税App，推进税务系统与中保信平台对接，引入个人养老金积累补贴政策。

七是探索制定交费补贴政策，引导个人将金融资产转换为养老金。

八是探索将养老金融业务纳入金融消费者教育，提升国民养老金融素养。加强对养老金融业务期限长、收益稳健、长期终身领取等基本特征的宣传，引导消费者理解并逐渐认同养老金专业管理、长期积累的消费观念，接受养老金终身领取的制度安排。加强对不同类型养老金融产品特点的宣传，引导消费者建立生命周期投资观念，合理选择符合其年龄阶段、风险偏好、目标收益等的金融产品。

完善制度，加强监管，引导推动长期养老金入市

养老金入市，有利于资本市场稳定与良性发展，但资本市场本身也需要自我完善，加强信息披露、投资者保护等制度建设，为养老金入市创造基础条件，有效保障其正当权益，营造出适合养老金发展的市场环境，吸引长期资金不断流入资本市场。总体来看，就是要打造规范、透明、开放、有活力、有韧性的资本市场。

一是坚持保护投资者权益不动摇。依法保护各类股东知情权、监督权、参与决策权、资产收益权等各项权利，鼓励企业长期经营，合理回馈投资人，逐渐使投资管理人，特别是养老金管理人形成稳定回报预期，逐渐调整追涨杀跌的短期投资风格。

二是优化资本市场相关税收政策。建立引导性的差别税收制度，鼓励机构投资者的长期投资行为。目前，我国对股息、红利征税，但对价差交易的资本利得不征税，可能间接刺激投资者的短期行为。研究建立以引导鼓励长期投资为导向的资本市场税收政策，有利于吸引养老金入市。

三是支持产品创新，丰富长期资金投资标的。推动 REITs（房地产投资信托基金）等适合养老金投资的产品加快发展，研究推出适合养老金投资进行风险对冲的金融工具。

四是监管部门要秉持依法监管、从严监管的原则。加强对上市公司内外部的约束，避免上市公司出现追求规模增长而忽视股东回报以及脱离主业盲目投资等行为。

五是健全符合养老基金长期性和稳定性特征的投资长效评价机制，引导长期投资理念。

中国如何应对大变局

李　玲*

编者按：中国作为一个大国要强大起来，不能只顺着西方的道路走，要探索新型发展模式。从国民经济和社会发展的总体战略高度制定保障国民健康的基本制度，建立以健康为中心的医疗卫生服务体系，从单纯治病模式转变为全方位全生命周期的健康保障模式。

抗疫让中国重新认识世界，也让世界重新认识中国

我们现在正处于百年未有之大变局中。我们面临巨大的挑战，但拿百年前的中国和今天相比，现在的形势要比那时好得多。

这次疫情，使整个西方世界陷入大萧条和大停摆，远远超过了 20 世纪 30 年代经济危机。如果说新冠肺炎疫情是百年来最大的一个天灾，对于美国和西方世界来说，这个天灾造成了多重问题的叠加：经济的疫情、社会的疫情、政治的疫情，天灾人祸都冒出来了。美国在这次疫情中暴露出许多内部治理的大问题，这些问题其实早就存在，只是疫情把这些问题充分暴露出来而已。

目前，全世界主要经济体只有中国一枝独秀。我们已经实现全面复工、复产、复学。最近美国 1500 所大学也复学了，但根据消息，这 1500 所大学里又都发现了疫情。

* 李玲，北京大学中国经济研究中心教授，中信改革发展研究院资深研究员。

可以说，中国确实到了后疫情时期。我们在 2020 年 4 月取得应对湖北第一轮疫情的胜利，后来北京、新疆、大连出现新的疫情，我们都是在 20 天之内精准扑灭。第一轮疫情中，我们总共死亡 4600 多人，而美国 2020 年 8 月已死亡 17 万多人。美国感染新冠肺炎的人数是我们的 70 多倍，死亡人数是我们的 40 多倍。如果按每 10 万人发病率，美国是我国的 2000 多倍。

这次抗疫，让世界重新认识了中国，也让中国重新认识了世界。全世界都没有想到会是这样一个结果。一直以来，我们对美国的公共卫生心存敬意，它是世界头号强国，人均医疗费用是 11500 美元，而我们人均不到 1000 美元。但在新冠肺炎疫情的应对中，美国是这样的表现，完全让人想象不到。

面对这样突如其来的疫情，其实谁都没有经验，没有老师可教，没有教科书可学，没有确定的治疗方式，完全是干中学、学中干。这就需要国家有应急能力和学习能力，以及资源调配、社会动员和民众的纪律协调和配合。通过这次抗疫的胜利，我们看到中国的综合实力确实增强了。

所以这次抗疫，对中国来说，是往上走的助推器，对西方来说则是走下坡路的加速器。现在全国人民的安全感、幸福感得到极大的提升，凝聚力和信心得到极大的增强，在很多问题上达到了高度的共识。这次抗疫也彰显了中国和西方的发展已经不在一个层次上，我们应该有信心走自己的道路。

从 1840 年以来，我们一直是在仰视西方，以西方为老师的。我们还应该向发达国家学习，但更应该走自己的路。从治国之“道”来讲，我们要确立和坚持以人民为中心的发展理念。从“术”的层面看，这次抗疫中现代信息技术得到广泛的应用，我们走在了世界前面。我国正处于智能化初级阶段。我们是全球唯一能够用一部手机搞定生活中一切的国家。这是在境内，到境外就不行了。30 年前香港人普遍使用“八达通”，现在还是“八达通”，而内地人随便到哪里都是用手机支付。新中国成立后我们实行了社会主义制度，但先进的社会制度和当时的生产力还不匹配，今天在信息化的条件下社会主义制度与生产力是匹配的。在 70 多年的实践中，我们不断改革，构建了中国特色社会主义制度。我们现在成为一个充满生机活力、与时俱进的新型强国。

而西方现在反而拿着我们晚清时代积贫积弱的剧本，特别是美国，对中国充满了傲慢和偏见。美国说中国的疫情数据不准，而实际上美国的信息化是较差的，因为美国的医院是以私立医院为主，各自为政。经过10年医改中国不仅建立了公共卫生体系，整体信息化水平也已完全碾压美国。美国等西方国家还处于传统资本主义后工业化时代，所以不能理解我们这样的大数据管理，但我们的数据是准确的。

这次抗疫，我们为全世界提供了公共产品。我们的防疫经验以及抗疫的物资源源不断地供给全世界。所以和百年前相比，中国和西方换了位置，一个是新型智能化的社会主义国家，一个是尚处于传统资本主义后工业化国家。我们和西方已经不在一个维度上了，他们还沉浸在空洞的民主政治和市场经济的二维空间，我们已经创造了有为政府、有效市场和有机社会和谐共存的三维空间。尽管我们现在的问题仍然很多、困难仍然很大，还是一个发展中国家，但是我们要看到大势已经开始扭转，我们的发展如初升的太阳，蒸蒸日上。

探索人类新型发展模式

中国作为一个大国要强大起来，不能只顺着西方这条路走。现在美国人均GDP是中国人均的6倍，中国14亿人如果要达到美国的人均收入水平和消费水平，地球的资源是难以支撑的。这给我们提出了一个严肃的问题：我们必须探索人类以健康和幸福为目标的新型发展模式。

西方工业文明两百多年，实现了不到10亿人的现代化，却几乎将地球的资源消耗殆尽，西方一些国家为争夺资源和利益而争斗，战乱频仍。中国的现代化理念，是要让70亿人在这个地球上真正实现低成本的共享的兼顾生态环保的可持续发展。健康领域恰好是一个发力点，因为健康是人类共同的追求，是普世价值，具有广泛性、整体性和社会性。

影响人类健康的因素非常多，绝不仅仅是医疗问题，它和政治、经济、社会、文化、生态都紧密相关。影响我们健康的因素中，60%可归因于人的生活方式，而生活方式和我们生活的环境是紧密相关的。

所以，“健康中国”的努力方向，应该是“人人享有健康，一切为了健康”。人民健康和社会发展是相辅相成的，我们应该从国民经济和社会发展的总体战略高度，制定保障国民健康的基本制度。我们要建设全民参与、全民享有的健康保障体系，包括符合国情的全民医疗卫生保障体系和有利于人民健康的经济社会发展体系，包括环境、社会经济、人的生活方式等因素。这应该是全面综合改革中的重要一环。

中国在一百年前曾被称为“东亚病夫”，而到1978年改革开放时，中国用最小的成本解决了近10亿人民的基本医疗和健康问题。和新中国成立时相比，1978年中国人口翻了一番，而人均预期寿命也翻了一番，这是人类历史上没有先例的奇迹。对比印度，为什么印度还是农业国，而中国现在是世界工业化强国，就在于改革开放时期，中国已经拥有世界一流的人力资本，能够向工业部门源源不断地提供健康的受过教育的勤劳能干又报酬较低的劳动力。

美国作为世界强国，1949年时的人均预期寿命已经是68岁，2018年是78.5岁，而中国2018年的人均预期寿命是77岁。美国花了10倍于我们的人均医疗费用，但他们的人均预期寿命只比我们多1.5岁。这不是医疗能解决的问题。美国其实是把生命当成汽车装配车间，所以其医疗边际效用在不断递减，昂贵的医疗费用也拖垮了美国财政。还有就是美国死亡率的飙升，是因为它的社会出了问题：吸毒、酗酒、枪杀、肥胖，他们疫情的死亡率已经上升到第一位。

我们要走自己的新路。我们可以在健康基础上实现赶超，这是最有话语权的。

疫情防控促进了医疗卫生体制改革

新冠肺炎疫情促进了我国医疗卫生体制的改革。这次抗疫斗争是一个极好的医改的试验场。习总书记亲自部署、亲自领导了抗疫斗争，国家在第一时间承诺免费医疗：在基本医保、大病保险、医疗救助的基础上，对医药费个人负担部分由中央和地方财政给予补助。有些地方还对异地就医患者实行先收治、费用财政兜底等政策，保证了患者不因费用问题延误救治。同时医院运行和医生待遇没有后顾之忧，老百姓的幸福感和安全感倍增。

免费医疗制度让医院和医生回归本职，让医患关系空前和谐。中国工程院一位副院长访问武汉方舱医院后欣慰地说：感觉 20 年前那样的医患关系又回来了。

这次疫情是一次很好的社会试验，它让群众看到：这不是医生本身的问题，医患关系不正常主要是因为制度有问题，逼着医院和医生去创收。其实只要把医生当成天使，不要逼着他们想方设法挣钱，我们的医疗费用就可以大幅减少。这次新冠肺炎免费治疗，人均费用是 2.5 万元。当今中国，实行免费的公益性医疗制度是完全有能力的；减少医院创收机制造成的浪费后，医疗费用是可控的。

用制度托起“天使的翅膀”。从非典到汶川地震，从埃博拉病毒到新冠肺炎疫情，只要一有危机，我们的医生都是义无反顾地冲到一线，不计报酬，为人民健康舍生忘死，尤其这次医护人员很多是“80 后”“90 后”，正在一代一代地接力传承。

我们要给中国公立医院的医护人员点赞。他们是守护人民健康的天使，是新时代最可爱的人。这次疫情过后，深化医改要真正把公立医院办好，用制度托起“天使的翅膀”。整个社会应该尊医、敬医、爱医，赋予医生更高的地位、更好的待遇，让他们有尊严、有体面地生活，这样我们未来才有一支持续不断的队伍守护人民健康和安全。

公益性医疗制度不仅凝聚了民心，而且通过医疗的转移支付，可以促进消费，振兴经济。我认为，如果宣布全民免费医疗，消费很快就可以上升，因为老百姓储蓄主要是为了医疗、教育和养老。如果把基本民生问题解决了，老百姓就愿意花钱了。

抗击疫情促进了药品耗材的国产化。这次抗疫我们取得的成果，跟国产的试剂是紧密相连的。过去为什么没有国产的试剂，首先是医院喜欢用进口的，老百姓也更信赖进口产品。而这次疫情出现后，我国疾控部门在两周内就迅速完成了病原体确认和基因组的提取，这得益于国产检测试剂的快速研发和生产，中国国内实现了对可疑人员的监测全覆盖。湖北疫情能成功控制住，普遍、大量、反复检测是关键；自己能大量生产检测试剂，才能不停地检测，才能识别可疑病例，实现应收尽收、应治尽治，才能成功切断病毒传播。

我们在这次试剂的大量生产和使用中发现，我们完全有能力把高科技产品价格迅速地变成“白菜价”。国产试剂一支15元，而香港用进口试剂，一支3000港元。中国已向80多个国家和地区提供包括新冠病毒检测试剂在内的各种医疗药品耗材。

所以，如果我们能够把人才保障、筹资支付、药品研制生产等集成起来，再加上严格的监管体系，免费医疗其实完全可以做到。中共中央、国务院《关于深化医疗保障制度改革的意见》中也提到，完善重大疫情救治费用保障机制，探索建立特定群体、特定疾病医药费豁免制度。因此我们要总结新冠肺炎疫情期间医疗保障实践做法，将这次疫情防控的政策措施转化为长效的制度安排。

构建平战结合、医防结合的风险防控体系。今后相当长的一段时间，我们将面临新冠肺炎疫情的输入性风险。西方的“群体免疫”估计还搞不定，因为病毒在变异。所以，我们要构建这样的疫情风险防控体系：实现以人民为中心的目标融合、公共卫生和医疗机构的融合、一体化公共卫生和医疗服务任务的融合、全民全方位全生命周期的健康数据信息融合。我们要将这次万众一心的抗疫精神保持和传承下去，应对可能的疫情风险。

建立以健康为中心的医疗卫生服务体系。从单纯的治病模式转变为全方位全生命周期的健康保障模式。这包括如下要素：医院回归公益性，医保支付健康，监管部门以考核健康绩效、大数据智能化的手段，以及自主创新推进医药耗材国产化，发挥中医药优势，用较低的成本为全体人民提供高水平的健康保障。

这次抗疫，让我们看到中国充满发展活力。我们把危机变成机遇，在危机中酝酿新的机遇，这个机遇就是我们要善于集成、超越和创新。中国共产党有近百年的革命和建设、改革开放以及现代化建设的经验，将我们的历史经验进行新的集合，创建新的经济社会发展模式、新的文化观，探索低成本、高效率、可持续的健康模式，这一条路我们将坚持走下去。

我们可以利用自身的优势，解决人类现在难以解决的问题，同时也能够创造一种新的模式，这就是习总书记提出的构建人类卫生健康共同体。中国的崛起，一定是充满活力的新的文明的崛起。

美军“反威胁金融”行动概况及启示

卢周来*

编者按：随着多域战、超限战、混合战等新概念发展与运用，现代作战体系发展到军事、经济、金融、外交、法律、舆论等全方面对垒。现代金融战作为一种新的作战样式粉墨登场，其也被作为威慑敌对国家军队的一种创新性工具。金融已成大国博弈的新疆域，必须高度重视美国“反威胁金融”能力建设及“金融战”。

随着多域战、混合战、马赛克战等作战新概念的发展与运用，现代作战体系已经由当初狭隘意义上的纯军事攻防，发展到军事战、经济战、金融战、外交战、舆论战、心理战、法律战等全方面对垒。其中，金融作为现代经济的命脉，不仅支撑着一个国家的经济运行，而且也因此支撑了国家的军事实力和动员潜能，还维系着军心民气。因此，现代金融战作为一种新的作战样式，早已粉墨登场，并且在配合传统作战过程中发挥着重要作用。

美国在《国家军事战略》《多域战：21 世纪合成兵种的演进（2025—2040)》等安全战略文件中，多次强调国际金融体系在跨国威胁和国家安全方面的中心地位，并把“金融战”作为威慑敌对国家军队的一种创新性工具。为此，美国防部一直重视所谓“反威胁金融”（Counter Threat Finance，CTF）能力建设，并进行了一系列实战行动。在国防部《反威胁金融行动指令》、联合

* 卢周来，中信改革发展研究院资深研究员，中国国防大学国防经济研究中心教授。

参谋部《反威胁金融行动联合作战指挥官手册》等作战纲领性文件与方案中，“反威胁金融”被定义为，“国防部阻止、破坏、摧毁或挫败对手对美国利益有负面影响的金融系统和金融网络的活动和能力”。具体地说，就是通过分析对手金融网络的经济地形、金融轨迹、节点和边缘特征，开发金融工具，部署秘密金融行动，利用金融诱导和金融工具攻击敌人金融系统脆弱节点，破坏金融基础设施，增加敌人战争成本，从而说服或胁迫对手达成己方战略目标。美国防部称，反威胁金融能力在维护国家安全上发挥着越来越重要的作用。美军正通过反威胁金融能力建设，为金融战争做准备。

美国防部“反威胁金融”行动基本实践

美国防部正式定义并启动“反威胁金融”行动，是在2001年“9·11”恐怖袭击之后。那次袭击给美国本土安全造成巨大冲击。美外交关系委员会通过调查发现，恐怖主义金融网络对这一行动发挥了很大作用，而美国家安全部门不但不了解恐怖主义金融网络，更没有打击金融网络的手段。2002年，布什政府发布《国家安全战略》，强调“全球反恐战争”（GWOT）中反威胁金融打击恐怖分子金融网络的重要性，指出“为了战胜恐怖主义威胁，我们必须使用我们能够使用的所有军事力量切断并摧毁恐怖主义金融网络”。

美《国家安全战略》（2002年）引发了国防部和财政部在反恐战争和反威胁金融领域的重大重组：国防部任命特种作战司令部为“全球反恐战争”的领导部门，负责协调国防部其他相关部门的反威胁金融活动；财政部负责恐怖主义与金融情报事务，为此创建了情报与分析办公室。此前，财政部的主要反恐任务仅限于反洗钱，如今还负责跟踪与研究恐怖组织和其他威胁国家安全的金融网络情报。最初几年，美国防部和财政部各干各的，彼此之间几乎没有互动。伊拉克战争和阿富汗战争中，国防部和财政部联合成立了“反威胁金融小组”，首次将平民金融分析师、情报人员派到战区，成为美军一体化联合作战的新生力量。

“反威胁金融小组”自成立之日始，就与作战人员并肩战斗，极大地提高了美军事行动效益。以下是小组在历次实战中的行动概况。

伊拉克反威胁金融小组（2005—2010）

2005 年底，美国中央司令部在原有的“反威胁金融开采小组”（Threat Finance Exploitation Unit，TFEU）基础上成立了“伊拉克反威胁金融小组”（Iraq Threat Finance Cell，ITFC），总部设在巴格达，伊拉克各地设有联络官，以“加强收集、分析和及时传播相关的金融情报，以打击叛乱活动”。ITFC 由中央司令部的一位陆军上将和财政部情报与分析办公室一位官员共同领导，成员还包括来自国防情报局、中央情报局的情报人员，以及联邦调查局、特勤局、移民与海关执法局和国税局的特工人员。小组在伊拉克战争中运行 5 年中，人数最多时达到 30 人，主要执行三项任务：（1）扩大金融情报收集的深度和广度；（2）分析情报，为作战指挥官提供军事行动建议；（3）与伊拉克政府合作，提高其自行处理反威胁金融的能力。

阿富汗反威胁金融小组（2008—2013）

2008 年底，美国战场重心开始从伊拉克转移到阿富汗。基于伊拉克反威胁金融小组的成功经验，成立了“阿富汗反威胁金融小组”（Afghan Threat Finance Cell，ATFC），总部设在喀布尔，小组成员最多时近 60 人，遍布阿富汗各地战区司令部。鉴于阿富汗毒品犯罪突出，该小组由美缉毒局（DEA）的一位特工领导，财政部人员和情报人员负责金融情报搜集、分析，中央司令部作战人员实施军事行动。ATFC 成立之初将工作重点放在阿富汗政府能力建设上，这也是伊拉克反威胁金融小组的经验。

反“伊斯兰国”威胁金融小组（2015—2017）

2015 年，叙利亚局势出现动荡。美国国防部认为，恐怖组织“伊斯兰国”的权力很大程度上受其控制资金和资源能力的影响。为支持美国国务院和财政部打击“伊斯兰国”财政活动，国防部采纳了反“伊斯兰国”威胁金融小组提供的信息展开联合军事行动，打击了近 24 个“伊斯兰国”大宗现金储存点和与“伊斯兰国”非法石油工业有关的多个目标。

美国防部认为，历次作战行动表明，“反威胁金融”能够以传统武器通常无法实现的方式，在特定领域瓦解、削弱对手。这种能力在包括非常规和非对称战争在内的各种冲突中都具有很高的价值。比如，伊拉克和阿富汗的反威胁金融小组，不仅发现和破坏了支持恐怖分子和叛乱分子的金融网络，且通过“追踪资金线索”获得了袭击恐怖分子和叛乱分子的重要信息。叙利亚反威胁金融行动，则使“伊斯兰国”的石油产量下降了 30%，创收能力也同比下降。正因此，美国防部负责特别行动与低强度冲突的部长助理在国会听证会上曾指出，国防部“反威胁金融”行动对《四年防务评估》提出的国防战略三大支柱，即保护国土安全、建立全球安全、投射力量并取胜都做出了重要贡献。

目前，国防部反威胁金融活动由战时临时应急转向常态化。国防部在每个区域作战司令部、美国特种作战司令部、美国运输司令部、国民警卫队局和情报部门都设有专门的反威胁金融小组。美国特种作战司令部是国防部协调反威胁金融活动的领导机构，反威胁金融小组分析和整合金融情报，支撑各作战司令部和其他国防部机构开展反威胁金融活动。

美国国防部重视“反威胁金融”能力建设

美国国防部认为，当代混合型战争以及多域战，对国防部“反威胁金融”

能力需求空前高涨。此前阶段，美国国防部“反威胁金融”行动主要作战对象是恐怖主义组织或非法武装力量，但也一直在为行动上升为国家间对抗行为做准备，尤其是要为与“亚太地区具有威胁性大国进行混合战争做准备”。为此，国防部陆续采取一系列措施，加快反威胁金融能力建设，持续为军事行动、执法和外交活动提供支持。

反威胁金融纳入国防部指令

美国法律和总统政策指令授权国防部制定并颁发“反威胁金融政策”指令（2017 年最新修订），明确国防部反威胁金融的政策是“与其他美国政府部门和机构，以及伙伴国家合作，阻止、破坏、挫败或削弱对手利用全球合法和非法金融网络对美国利益造成负面影响的能力”，并对国防部长办公室、各军种部、参谋长联席会议主席及联合参谋部、作战司令部和其他相关部门在反威胁金融活动中的职责进行了界定。

反威胁金融纳入联合参谋部条例

联合参谋部（J–7）颁布了《反威胁金融行动联合作战指挥官手册》（1.0 版），指导联合部队指挥官和参谋理解反威胁金融的重要性及活动范围，并将反威胁金融活动融入联合行动中。手册介绍了反威胁金融理论、程序、规划、执行、评估、资源和成功案例。这仅是第一版，作战部门在执行过程中还需进一步完善。

反威胁金融纳入国防训练课程

美国防部正在开发一套标准化的反威胁金融分析师课程，以加强和扩展现有初级到高级的反威胁金融课程。各军种也开始采取措施，视情况在专业军事教育、专业训练课程和执行任务培训中嵌入反威胁金融内容。此外，还持续寻觅具有反威胁金融技能和经验的人员并与其保持密切联系。为了推进未来的反威胁金融任务，国防部还总结并分享了伊拉克和阿富汗战区建立反威胁金融小组的经验与教训。

反威胁金融纳入国防部规划、计划、预算和执行（PPBE）流程

国防部将反威胁金融资源定为优先级，重点放在对美国国家安全构成最大威胁的目标上。国防部特别行动与低强度冲突助理部长在国防部政策副部长的授权、命令和控制下，负责指导国防部反威胁金融项目的年度规划、计划、预算编制，并监督执行情况，有关禁毒和反毒品活动的反威胁金融项目也包括在内。

反威胁金融研究纳入了 DARPA 研究项目

作为一种新的金融战手段和样式，DARPA 把反威胁金融理论、手段与工具列入研究项目，予以资助。比如，DARPA 专门为阿富汗反威胁金融小组开发了全新反威胁金融分析工具，用于摄取结构化和非结构化数据并执行数据可视化，大大提高了情报分析效益和效率。更有意义的是，DARPA 对反威胁金融项目的研究，还推动了情况分析方法的创新。传统情报分析是定性的、结构松散的，分析师针对给定的主题读取原始情报，然后编写情报评估报告，构建摘要或创建目标，情报分析师常采用“分析师记事簿”等图形化工具。而 DARPA 为反威胁金融小组提供的定量分析方法，推动了社交网络分析（SNA）、多目标决策分析（MODA）和影响网络建模（INM）等新方法的组合应用，并取得了不同程度的成功。

美国防部“反威胁金融”对我启示

借鉴美国相关做法，高度重视“金融战”这一新的作战样式，尽快启动我国金融战研究与金融战力量建设，对于确保我国家安全与军事安全都具有重要意义。

启示一：金融已成大国博弈的新疆域，必须高度重视“金融战”。2009年3月17日至18日，美国防部在约翰·霍普金斯大学战争分析实验室，组织了一次以中国作为假想敌的金融战演习。演习结果认为，中国在金融战争中一旦遭遇失败，其社会动荡并解体的可能性很大。当前，美国正在以“反金融威胁”为借口，为金融战争做进一步准备。美国国防部公然将“反威胁金融”作战与训练纳入国防部指令、联合参谋部的指挥官手册，并在各战区设置了反威胁金融小组，彰显了美军准备打金融战的新任务使命。

近年来，中美之间经历的“贸易战”“科技战”，警示我们要预先做好应对金融战的准备。但一直以来，我们尽管强调要不断发展新的作战理论，要研究强敌作战概念与模式，而实际上，对美国有可能对我发起“金融战”的感知不够敏感，对运用金融手段配合达成作战目的不够敏感，有时更本能地将其排除在视野之外，认为这是“金融系统的事”。必须尽快摒弃这一观念，从思想上高度重视金融作战在维护国家安全中的作用以及在未来我军作战中的地位。

启示二：金融战理论、工具和样式十分复杂，必须尽快启动联合研究。在美国，一方面，金融战理论与金融前沿理论发展紧密相关，已经由最早的新古典金融建模走向了多主体行为金融仿真，近期将更为前沿的复杂科学应用到金融领域研究。另一方面，美国国防部又专门针对金融战工具与样式，布局了金融地形图刻画、金融脆弱性分析以及金融外生冲击作用机理及效果分析等基础研究。与此同时，还对金融战的作战样式、战法、流程、指挥控制体系等都进行了充分论证。在进行大量的实践化演训后，这些成果都已体现在指挥官手册上，并应用于实战之中。

我国在金融战理论、工具与样式的研究上，目前几乎都是空白。仅国家金融部门主要从和平时期维护国家金融稳定与安全方面，在进行风险防范、压力测试工具等研究方面有一些积累。因此，现阶段，建议尽快由有关主管部门牵头，布局一批前沿交叉融合项目，制定金融战领域研究计划，组织优势单位开展金融战基本理论、作战样式、战法、流程、指挥控制体系等各方面研究，适时开展金融战技术与工具概念开发和实验及演示评估。

启示三：金融域作战是典型的军民融合行动，要尽快整合跨军地跨部门力量进行一体化建设。美国国防部“反威胁金融”行动小组人员主要来自国防部、财政部与美联储，除了配合国防部作战之外，还帮助财政部制定了针对从事非法金融的个人和组织的制裁措施，帮助国务院制定了监督美国境内外恐怖分子和跨国犯罪分子的制裁措施。同时，还支撑了法制部门搜寻和没收非法资金，起诉威胁金融家，挫败非法收益和洗钱等活动。因此，其天然具有军民融合属性。我国要防止对手打金融战，也需要跨军地跨部门整合力量。

为此，建议在中央层面设立具有军民融合属性的组织协调机构，以作战需求为枢纽，协调各方面的军地专门机构，系统整合“网络战”“心理战”“舆论战”“反洗钱”“金融刑侦”“缉毒”“反恐”等领域已有技术资源和技术力量，逐步发展物理、信息和认知多域协同的金融作战能力，以阻止、破坏、挫败、削弱对手利用全球合法和非法金融网络损害国家利益的行动。同时，要建立和培养一支跨部门的军地融合型金融战人才队伍。为此，要基于“平战一体”的人才培养思路，有计划、有组织地培养金融战人才。采取军地联合培养、联合聘用、联合训练等模式，加快组建一支支撑金融战的队伍，以解决人才松散和匮乏之急。

数字经济与产业转型机遇

朱　岩*

编者按：数字经济是我国经济发展的一个重要引擎，数字经济的发展和要素市场化有着重要的关系，我们可以利用数字资源创造新的价值。我国需要加快培育数据要素市场，这是我们做数字化转型的最基础的工作。

数字化转型是疫情之后我国经济发展的一个重要的引擎，我们希望能够借助于数字化转型来实现经济的高质量发展。

充分利用生产要素推动经济发展

数字化转型，是要充分利用我们新的生产要素去推动经济的发展。2020年4月9日中共中央、国务院正式发布《关于构建更加完善的要素市场化配置体制机制的意见》，这份文件拓展了生产要素的内涵，把数据作为生产要素之一。

我们知道，土地、资本等要素都是掌控在以政府为核心的市场主体手中。某一个新要素一旦出现，它可能会带来经济上的巨大革命。我们之所以现在如此重视数字经济，这是和数据要素市场化有着非常重要的关系的。虽然我们现在看到各种统计中说到，我们的数字经济占了百分之多少，实际上那些统计数

* 朱岩，清华大学互联网产业研究院院长。

据包含了很多传统产业的数据，而并不真正都是数字产业的直接贡献。习总书记强调，积极推进数字产业化、产业数字化。

挖掘数据的内涵价值

如何把数据的内涵价值发挥出来？一个企业面对土地、资本的时候，知道该如何去使用，如何去创造价值。但当面对的是100T的数据时，它到底有没有价值，有什么样的价值，它如何创造价值，这些肯定不同于土地、劳动力、资本这样的要素。我们需要加快培育数据要素市场，这是我们做数字化转型的最基础的工作，应该说它是理论的贡献，也是实践的土壤。

政府在上述文件里讲了三个方面。

首先是推进政府数据开放共享。这部分数据，不论是工商注册方面的，还是交通方面的，还是其他的一些市政数据，都是非常有价值的，要善于挖掘，勇于思考，尤其是对参与这一类数据的企业而言，更要想办法从中间创造更多的价值。因为这是政府所能掌控的资源，要推进它的市场化，就要有更多的市场主体能够参与其中。比如说公交系统，公交系统原来是政府的补贴大户。例如北京公交，有20万员工，北京市政府一年要补贴150亿元左右。以前我们只看到这是城市便民的基础设施，没有去挖掘它背后的数据的价值。如果仔细分析这家公司，会发现它拥有几千公里的运营线路，约12 000个站台、3万辆公交车，每天有1000万人次的乘车量，这样一家企业在数字时代，有如此巨大的数据量，是有着巨大的发展潜力的。如果我们能够充分发掘这些数据背后的价值，把这些数据资产推向市场，北京公交就不再需要靠政府的补贴过日子了。如果能省下来150亿元，意味着有可能可以补贴三个清华大学了。这是在推进政府数据开放共享时一个非常实际的有巨大价值潜力的一件事。

目前政府数据已相对标准化，但还没有实现跨部门的共享，数据跨部门打通，这里要做的工作还是很多的。真正大量的数据还不是政府的数据，而是来自社会的海量数据，这部分数据资产的价值更是难以挖掘。

其次要提升社会数据资源价值。通过什么手段来提升，培育数字经济新产业、新业态、新模式？也就是说，我们一定是在新业态、新模式当中找到社会数据应用的一些新方法，才有可能把其中的价值创造出来。现在全国各地可能很快出现类似土地交易市场的数据资产交易市场。数据资产交易也将会是一个巨大的行业，我们要起到对社会数据进行规范，对它的新业态给予支持的作用。当然核心是要加强数据资源的整合和安全保护，这里面包括了确权、定价、交易的一些基本理论、基本模式。这是经济发展进入数字经济阶段之后，需要加以利用的社会生产要素。利用的方式，是“上云用数赋智”，这六个字念起来比较拗口，其中有三个层次。

上云的是企业，要推进打造数字化企业的工作。现在大企业都在自己干这个工作，中信集团也在做自己的云。我们更加希望中小微民营企业能够上云，可是对这些企业来说，上云最大的问题是成本太高。在生产要素发生改变之后，我们要让中小企业能够通过上云创造出新的价值，就是要转型，要做新业态、新模式、新产业。这样它才能有价值。

我们不是为了上云而上云，为了数字化而数字化，而是要实实在在地帮中小企业解决其经营困境。中小微企业现阶段面临的最大问题是融资难、融资贵。其原因是，现有的金融体系基本上是以主体信用为核心。简单说就像是当铺一样，你必须要有多少 A 级的主体信用评级，你必须要有抵押物给我才能获得贷款。而我们的中小微企业以灵活性见长，它的主体信用评级肯定比不过国有企业，它能抵押的东西都已经抵押得差不多了，这时候怎么办？

我们是希望通过上云盘活动产而不是不动产，就是要解决交易信用在整个经济循环中的价值，而不只是主体信用。如果我们的金融能够以交易信用为核心，中小微企业的融资难问题就能得到根本解决。但是交易信用、订单这些东西造假太容易，很难识别它的真伪。我们通过鼓励“上云用数赋智”，鼓励企业用大智移云、区块链等新技术，实现资产（尤其是动产）的可穿透，从而使金融机构能够了解每一笔订单的真实性。这就可以用它的交易信用代替它的主体信用，中小企业面临的一些问题就有可能得到解决。

利用数字资源创造新价值

第一个是数字化企业，这是要鼓励做的一件事；第二个是产业链；第三个是产业生态。

从这三个角度，我们可以看到怎样利用数字资源帮我们创造新的价值。这里需要做两件事：第一是要有硬的基建，就是现在国家强调的新基建；第二要有软的基建，就是数字化的生产关系。

硬基建不同于传统的基建。从投资的角度比较，投资主体要实现多元化，尽可能地鼓励市场化运营的模式，而不是传统基建如 PPP 这样的经营模式。

新基建所覆盖的范围，实际上涉及每一个行业，这是一个万亿级的投资，可带动十万亿级的产出，它完全不同于一般理解的高速公路、高速铁路等投资的计算方式。这里要有新的盈利模式，比如说 5G，5G 留给中国的窗口期其实并不是很长，我们需要加速找到它价值创造的方式。如果仅仅投资建 500 万个基站，投入万亿资金，但如果没有带动效应，可能会给中国带来巨大的损失。

运营商现在正在算账，5G 基站的密度远高于 4G，总体耗电量大幅增加。中国移动这样的运营公司，目前每年电费消耗就是百亿级。如果电费消耗要增加 8 到 10 倍，意味着这家公司的利润将会被吃光，因此必须有新的盈利来源。

所以新基建的瓶颈不在基建自身，而在于企业在新基建中的价值创造。我们怎么能够在新基建的过程中让企业发挥作用？5G 的真正价值创造的地方不在 To C 端（面向个人客户），而是在 To B 端（面向企业客户）。对大量的企业而言，一旦 To B 端的 5G 网络进到厂子里边去了，它的价值从哪里来？这是在硬件的基础设施建设时要思考的问题。

数字化的生产关系特征

从软的基础设施角度来看，重要的是重构生产关系，价值来自生产关系重塑的过程中。我们现有的生产关系是层级化、职能化的，这一套生产关系是适应于工业化的大规模生产需要的。现在需要跟数字化生产力匹配的新的数字化生产关系。这里举个例子，货币是最典型的生产关系，一旦它变成了 DCEP，也就是我们正在第二批试点的数字人民币，它所带来的方方面面的社会变革是极其巨大的。

这类的数字化生产关系，具有一些数字时代的典型特征。

第一个特征是数据透明。我们原有的层级化很容易出现上级对下级信息不透明，这就会带来权力寻租，导致劣币驱逐良币等现象。我们现在的很多产业生态，实际上是在低端循环，如果这种低端的产业循环不被打破，我们不可能实现整个产业的转型升级。所以我们首先要敢于在企业内、在产业链内、在我们的产业生态内做到数据透明。

第二个特征是全员可信。在 1994—2019 年这 25 年间，消费互联网在中国创造了很多奇迹，但是消费互联网没有解决的一大问题是可信的问题。我们现在说进入到产业互联网阶段，产业互联网的核心是可信，是企业之间要建立一种新的信任关系。新的信任关系一旦建立起来，企业和企业之间、人和人之间的关系就会发生根本性的转变。

第三个特征就是身份对等。每个人都是平等的。中国是一个人民民主专政国家，我们一直希望能够做到人人平等，现在有了区块链等技术手段，能够让我们实现身份对等。它的好处是"智慧人口红利"，也就是说，它有利于充分释放每一个人的创造性。就劳动力而言，我们的"人口红利"可能告一段落，我们要实现高质量发展，但我们现在可能还没有能够充分开发每个人的智慧。原有的层级化、职能化的架构，导致我们每个人一辈子工作下来，往往会有"人生不如意事十之八九"的感慨，这中间造成了多么巨大的浪费。假如我们能让每个人“人生如意事十之八九”，所能创造的价值将会远远多于现在创造的价值。这样的生产关系才能够释放更加巨大的生产力，给我们带来更多的财富。

所以，在数字化转型中，我们希望构建的社会与企业是二维的：一个是实体市场，也就是城市；另外一个是虚拟市场。银行不再只是在各个社区、各个城市去开设营业部，而是要在网络空间经营，我们可以叫 PCS（个人通信服务）或者叫 CPS（信息物理系统），因为人是在一个双重空间里的。我们的人群已经从树状结构变成了网状结构，所以我们要重新构建这样一种类型的企业，构建相应的社会，从而使企业治理模式和社会治理模式发生改变。

双循环发展新格局与能源安全

吕建中*

编者按：近年来，全球能源转型持续加快，各类新能源加快发展，但还没有一种能源能够真正替代石油的战略地位。影响石油安全的非经济因素越来越多，不排除发生石油战争、石油禁运的可能性。在国际发展的大变局中，产业链、供应链的风险很大。在此背景下，保能源安全可能会成为与保粮食安全同等重要的任务。

构建“双循环”需要同时考虑市场潜力和资源约束。石油行业一直坚持立足国内，充分利用国内国外两种资源、两个市场。现在大家讲构建“双循环”主要谈的是开发国内市场，但是，仅讲市场需求是不够的，能源资源供应问题绕不开。

构建“双循环”发展格局绕不开能源安全

应当重视能源约束和资源约束

资源、能源、资本和技术这些要素离不开国际循环。因此，国内国际两个循环必须是相互连通的。但是在目前的国际环境下，国际资源、能源、资本、技术市场正处于大变局之中，产业链、供应链的风险很大。在此背景下，保资

* 吕建中，中信改革发展研究院资深研究员，中国石油集团国家高端智库研究中心专职副主任。

源、保能源、保资本、保技术的安全可能会成为与保粮食安全同等重要的任务。现在一说起粮食安全，大家都比较关注。中国老百姓说柴米油盐酱醋茶，开门七件事，第一件柴就是能源，第二件米是粮食，所以能源安全和粮食安全同等重要。

过去我们搞能源或资源国际大循环，一直有几个基本假设。一个假设是，依靠矿产资源和初级产品的出口转型到进口矿产资源，再加大出口附加值较高的产成品，这是国际分工向高端升级的一种需要。比如大量进口原油，加工为成品油，然后作为化工产品再出口。后来造成国内一些炼油厂的炼油能力严重过剩。

还有一个假设，就是在一个相当长的时期内，国际能源矿产资源市场总体是宽松的，发生能源危机或供应中断的可能性极小。中国的超大规模市场优势足以吸引资源出口国，这也是我国战略机遇期的重要组成部分。在全球化的背景下，世界经济联系越来越紧密，不可能出现“脱钩”。这是我们过去的一些判断，甚至是两年前的判断。

当时谈国际能源矿产资源供应链、产业链的风险，主要是指价格风险或价格波动，对别的关心不多。只要推动人民币的国际化，掌控话语权，加强国际经济外交合作，对外依存度高一点不是什么问题。这是我们经常听到的观点。

中国是最大矿产资源生产国，但缺口依然很大

如果我们的资源和能源被“脱钩”，会出现什么样的现象？如果供应链中断，会对我们造成多大影响？可以看一看下面这些数据。

2019 年，按照 45 种主要矿产资源统计，中国消费量占到全球比重 50% 以上的有 16 种，占 30%—50% 的有 11 种，占 18.8%—30% 的有 8 种，占 18.8% 以下的大概有 10 种。

当然，我国也是第一大矿产资源生产国。在 45 种主要矿产资源中，我国的产量占全球比重超过 50% 的有 13 种，占 30%—50% 的有 9 种，占 18.8%—

30%的有5种，占18.8%以下的有18种。总体上看，我国的矿产资源消费比矿产资源生产的占比更大。

因此，在45种矿产资源中，有25种矿产资源存在着对外依存度问题。其中对外依存度超过50%的有15种，30%—50%的有5种，30%以下的有5种，还有5种产品是可以净出口的。

再看看能源。在过去40多年里，随着我国经济的快速发展，能源生产和能源消费都有大幅度增长。1978年，我国能源可以自给自足，当时全国产量是6.3亿吨标准煤，消费量只有5.7亿吨标准煤。2019年产量达到39.7亿吨标准煤，消费量则已达到48.6亿吨标准煤，中间有将近10亿吨的差额。

目前，中国是世界最大的能源生产国，也是最大消费国。我们是以全球近1/5的人口，创造全球约1/6的GDP，生产全球约1/5的能源，消耗全球近1/4的能源。2000年，世界主要国家的一次能源消费占比，美国是24%，中国是11%，到了2019年中国超过24%，美国降到了16.8%。这样我们成为世界第一大能源消费国。

考虑到中国正处在城镇化、工业化加快发展的阶段，要保持经济社会长期平稳与较快发展，必须把保障能源安全提到十分重要的位置。

中国能源结构下的减排压力

我国能源结构总体上是多煤少油缺气，非化石能源占比较小。从近十几年全球能源结构变化来看，煤是增加的，从25%涨到了27%，天然气也从22%涨到24%，基本保持平稳。石油适当有所降低，从39%降到了33%。

中国的情况是煤大幅度下降，从70%降到了2019年的57%，石油从23%降到20%。主要增加的是天然气和可再生能源，特别是可再生能源几乎从0增加到2019年的5%，天然气也从2%涨到8%。从中国与世界能源结构对比可以看出，我国碳减排的压力非常大，主力能源煤炭的清洁利用的任务特别重。油气部分，天然气在增加，油气消费占比虽然说增加不大，甚至还在下降，但是其绝对量在增加，所以油气的获取成本非常高。此外，非化石能源的发展潜力非常大。

目前我国能源发展也面临着世界上许多国家普遍面临的“三元悖论”困局。讲能源革命也好，能源转型也好，现在所有国家都在讲三个要素。第一个叫能源资源的可获取性，即资源能不能大量获得，是不是有足够的量。第二个就是老百姓用的能源与生活密切相关，价格不能太贵，老百姓可承受。第三个就是现在大家最关心的环境问题，是二氧化碳排放能不能接受。所以世界上很多国家的能源政策都在能源的可获取性、可承受性及可接受性之间进行平衡。

自2010年以来，联合国世界能源理事会（WEC）陆续发布《世界能源三元悖论指数》报告，对世界主要国家和地区的能源安全、能源公平、能源可持续性政策平衡效果进行评价。这个指数里面主要涉及三个方面的评价：一个是能源安全，保供；第二个是能源公平，就是价格上能不能让穷人用得起；第三个是能源系统的安全可持续性，就是环境保护。在该报告中，中国的排名比较靠后。全世界一次能源消费与GDP增长基本是同步的，我国波动较大，在一定程度上反映出我们能源政策的不连续性、不稳定性。一段时间对环境问题强调得比较多，一段时间又对保供强调得比较多，能源政策在调整时，我们的能源消费也发生很多变化，这实际上就是一个三元悖论。

中国能源安全的核心问题是石油对外依存度过高

当前和今后一个相当长的时期内，我国能源安全的核心问题是石油对外依存度太高。2018年，我国进口能源10.7亿吨，出口1亿多吨，净进口9亿多吨，排世界第一。总体上，我国的能源对外依存度不高，不到20%。这与我们“十三五”规划要求一次能源自给率保持在80%以上是吻合的。1993年，我国成为石油净进口国，1996年成为原油净进口国，2007年成为天然气净进口国，2009年成为煤炭净进口国。2019年石油对外依存度超过70%，天然气对外依存度接近45%，这就引起各方面的担忧。

现在大家十分关注能源的对外依存度问题。从理论上来说，如果世界太平，对外依存度高点，没有问题，因为石油这个行业本身就是国际化的，全球石油消费的2/3都以国际贸易解决，石油的国际贸易现在大概占全球贸易量的20%以上。目前全球原油日均海运量是日产量的40%。换句话说，40%的石油产量要通过海运，在产地和消费地之间转移。从进口方向来看，现在欧洲占24%，中国占20%，美国占12%，印度占10%，日本占8%。也就是说，石油资源丰富的地方不需要那么多油，需要大量石油的地方又没有那么多石油资源，就造成国际大转移。

目前中国的进口来源是多样化的，但依然难以摆脱资源地和运输通道的双重风险。大概念是：原油进口的50%靠中东，进口油的80%要借助海上运输。

美国、沙特、俄罗斯三个国家现在的原油产量占到全球供应总量的40%，已经成为左右国际油价走势的重要力量。2020年的油价连续波动跟这三国之间的博弈有着密切关系。沙特是OPEC的主要产油国，俄罗斯是非OPEC的主要产油国，美国现在也加入到原油生产大国里面了。我国从这三国进口的油（当然目前主要是从沙特和俄罗斯进口），占了我们总进口量的1/3。下一步在中美贸易谈判中，石油和能源产品的进口又是一个重要的筹码。美、沙、俄之间的石油市场博弈，包括美元的变化，中国不可能置身度外，能源外交在整个大国外交中是一个很重要的内容。

全球油气生产西移，油气消费东移

目前全球能源产业链和供应链面临重大调整，主要特点就是油气供应中心西移，消费中心东移。这个基本态势对全球能源稳定影响很大。

一说到石油都谈中东，过去我们说的主要是以中东为中心的全球能源供应格局。但自从北美的页岩油气革命和南美的巴西深海油气开发实现重大突破之后，形成了从北美到南美的月牙形的新油气供应带。这个供应带跟我们传统的中东供应区和中亚俄罗斯的供应带形成东西呼应。这就是油气供应中心西移。

而世界主要油气消费中心原来主要集中在北美和欧洲，现在开始向亚太地区转移，所以形成了北美、亚太和欧洲三大消费中心，这就是油气消费中心东移。

从国际经验来看，能源资源对实现区域性经济循环十分重要。这里举几个简单的例子。美国之所以敢于将制造业本土化或者回迁，跟前几年它的能源革命和能源独立有密切关系。它从一个能源进口国变成一个出口国之后，加上北美自由贸易区内北边的加拿大和南边的墨西哥，其能源基本是有区域保障的。这种区域内的能源循环和能源保障使它可以在内部形成区域性的经济循环。

欧盟现在非常重视能源转型和清洁能源，主要的原因是欧盟国家的能源对外依存度比中国还要高，总体上能源对外依存度达到 50% 以上，其中石油接近 90%，天然气接近 70%。欧洲地区的能源保障压力非常大，欧盟国家非常重视油气的储备和能效技术，大力发展可再生能源。它主要是想摆脱对俄罗斯、对世界能源市场的依赖，这是它转型的一个动因。当然绿色发展、清洁发展也是一个很重要的原因。欧盟目前有一个新的模式，就是要把能源转型和其整个经济复苏结合起来，形成欧盟的区域性内循环。具体讲就是要把可再生能源的发展与欧盟的经济振兴结合起来，形成一个内循环。

对于亚太地区来说，现在最大的问题就是大规模承接了产业转移并与全球化深度融合，对能源的需求量和进口量剧增。目前世界石油进口量中，亚太地区占到 50%，主要流向中国、印度、日本、韩国。未来 20 年，亚洲、非洲依然是全球能源消费增长的主要驱动力。在这种情况下，产业转移过来了，能源消费也过来了，但并没有形成区域性能源资源内循环保障体系，依然对国际能源市场有较大的依赖性。

关于能源安全的思考

对能源安全的基本认识

基辛格曾经说过：“如果你控制了石油，你就控制了所有国家；如果你控制了粮食，你就控制了所有的人；如果你控制了货币，你就控制了整个世界。”现在中美贸易战也没有离开技术、粮食、金融、能源等几个领域，基本上符合基辛格早年的观点。

近年来全球能源转型持续加快，各类新能源加快发展，但是至今还没有哪一种能源能够真正替代石油的战略地位。所以在今后一个相当长的时期内，化石能源的清洁化利用与新能源的快速发展应该相向而行，需要建立完善多能互补的安全保障机制。

由于全球能源资源分布和消费区域的严重不一致，将来依然需要能源国际化。现在影响石油安全的非经济因素越来越多，不排除将来发生石油战争、石油禁运，造成石油供应链中断的可能性。

我们讲能源安全其实有两层含义：一是极端状况下的能源供应安全，二是讲市场或价格波动下的市场安全。所以我们讲国家能源安全，应该是分层次的安全。

对中国能源需求和供给的预测

疫情后复工复产以来，我国的能源消费恢复增长很快，用电量、原油产量、成品油加工量、石油进口量都在大幅增长，反映了能源领域的经济恢复能力，说明在经济恢复过程中用能增长十分强劲。

关于对未来的展望，综合各方面的预测，在2035—2040年期间，中国的一次能源需求可能进入峰值，进入平台期。峰值大概在57亿吨标准煤，我们现在是48亿吨标准煤，大约还有10亿吨的空间。

到2035年，石油和天然气在一次能源的占比预期分别达到17%和15%，到2050年，油气的比例可能会颠倒过来。石油的需求峰值预计在2030年，峰值是7亿吨左右，此后可能会逐步回落，2050年可能会降到5亿吨，这是一个大概念。所以我们有一个总的设想，还是要调整产业结构，推动能源消费革命。

关于我们能源供给那一头，显然还需要在外，不调整能源结构和产业结构，依然是受制于人。一旦国际市场出现了对我们的围追堵截，来源那头还在国外，就会产生安全问题。

另外就是需要构建能源经济的循环格局，在能源储备、新能源替代、节能服务以及在能源金融服务、能源基地转型、能源国际合作等方面，都有很多空间。

应对能源安全问题的建议

在操作层面，我们可以把能源安全细分成五个等级，或者说能源安全的五种类型。一是供应中断，即紧急状况造成的中断；二是供应短缺，就是供应不足；三是运输瓶颈，可能是由于发生了战争或自然灾害等；四是价格暴涨暴跌；五是供应波动，比如天然气在冬季就需要保供。针对不同情形，提出几点建议。

第一，针对“供应中断”，建议在新基建过程中加大战略储备能力建设。目前我们与国际上一些能源强国的储备能力相比，还有很大差距，可以大有作为。

第二，针对“供应短缺”，应立足节约，提高能效，坚持“双控”，而且使其制度化、法律化。目前我国的能耗水平与国际先进水平相比差距很大，应大力发展节能环保产业。

最重要的还是要提高国内生产供应能力。一旦出现紧急情况，比如发生战争，我们国内的能源生产基本底线是多少，能不能有应急保障，我们有多少石油、天然气、煤制油生产能力等，都要有一些测算。

第三，针对“运输瓶颈”，需要实行多元化的进口战略，陆上和海上相结合。周边一旦发生战事，对我们一些主要的进口通道都可能会造成影响。应通过大国外交、能源外交，加强能源国际贸易与合作，来解决这方面的问题。

第四，针对“价格暴涨暴跌”问题，如之前出现的期货价格的负值，以及美元贬值，其背后可能都跟期货市场有密切关系。现在布伦特和 WTI 的原油期货合约交易量是全球石油消费量的 20 倍，美元和国际油价负相关非常紧密。中国是世界上主要的能源消费大国和进口大国，但是缺乏价格上的话语权。中国应积极参与国际市场规制治理，增强价格话语权。

第五，针对“供应波动”问题，还是要立足未来，大力发展新能源和替代能源，在多能互补、融合发展方面做好文章。与国外相比，我们的能源转型有自己的特点，即中国的能源转型和未来的清洁化发展，可能需要先在能源消费增量中进行转型，而西方国家特别是欧盟国家是在能源消费存量中转型。由于增量转型和存量转型的差异，我们需要走具有中国特色的能源转型发展之路。

构建“双循环”新发展格局

鄗一龙*

编者按：“双循环”是在国内外形势发生剧变的条件下主动调整、主动谋划的大战略。在双循环中，创新是核心，直接关系着产业结构调整与产业链的提升。创新竞争的重点是布局第四次产业革命，第四次产业革命不但是促进经济发展的最有效抓手，也是中美战略竞争的制高点。

2020年5月14日，中央政治局常委会会议提出“构建国内国际双循环相互促进的新发展格局”。“双循环”是在国内外形势发生剧变的条件下提出来的，是对国内国际大循环新的不平衡格局的主动调整、主动谋划的大战略。

保障经济安全　谋划增长新空间

改革开放初期，通过发展劳动密集型加工制造业，中国参与全球的分工与经济大循环；通过持续产业升级，提高在全球价值链中的位置，逐步成长为“世界工厂”。世界大体上形成了以欧美为研发中心、金融中心、消费中心，以东亚特别是中国为制造中心，以其他一些资源能源大国为资源品输出中心的全球经济大循环模式。1953年，美国制造业产值占世界的比重达到峰值（44.7%）；中国改革开放后，全球的制造业中心就从美国向东亚转移，其中

---

* 鄗一龙，中信改革发展研究院研究员，清华大学公共管理学院副教授。

日本制造业产值占世界的比重从战后的2.6%提高到1980年的14.9%；随后又转移到中国，2009年，中国制造业产值已经占据世界的25.9%，是美国的1.6倍。欧美将制造业中低端向外转移，占据产业链高端，同时获得物美价廉的消费品，这一模式在一定时期是有效的，形成了多方共赢而欧美发达国家多赢的局面。

2008年，国际金融危机爆发，这一国际大循环模式的弊端暴露出来。美国出现了过度消费、过度负债的问题，制造业空心化加剧了美国国内的阶级矛盾，更加剧了99%与1%的对立。近年来，全球化发生了重大转折，由全球化扩张阶段进入了逆全球化的全球化收缩阶段。同时，欧美国家试图对全球分工做出调整，以重构制造业的全球价值链。美国与中国的战略合作关系发生质的变化，美国提出了“再工业化”战略，推动制造业分两路转移：一是高端制造业回流美国，二是中低端制造业向东南亚转移。

同时，随着中国科技实力增强、产业向中高端迈进，中国与美国为首的西方世界产生了深刻的竞争关系。美欧近年发布的报告，都将中国视为5G、人工智能等关键技术的主要竞争对手，这也是美国挑起与中国经贸摩擦的重要背景。

新冠肺炎疫情造成了全球环境更大的不确定性，加速了延续多年的国内国际循环模式的逆转。

第一，疫情加速了百年未有之大变局的进程，新旧世界秩序裂变时期已经到来。在国际秩序新平衡实现之前，外部世界不确定性会非常强。

第二，美国对中国的打压进一步升级。2020年5月20日，白宫发布了对华战略报告文件，否定了过去40年对华接触政策，要对中国开展长期战略竞争。

第三，西方国家要求制造业本地化的战略诉求更强烈，不但强调高端制造业回流，防疫等广义安全产业也要求本地化。

第四，疫情期间，全球的经济运行都不能正常化，造成经济的进一步萎缩，全球供应链不稳定。

在此背景下，我国提出国内国际双循环目标，有助于保障我国经济安全，主动谋划新增长空间，推动我国从旧的国际国内循环模式转向新的国内国际循环模式。

首先，双循环是以国内大循环为主体，在外部环境高度不确定的情况下，利用我们产业基础实力雄厚、产业链条完整、战略回旋空间大、市场规模超大的特点，畅通生产、分配、流通、消费等经济运行的各个环节，推动实现内部自我循环，包括供需循环、产业循环、区域循环、城乡循环与要素循环等。

供需循环上，需要通过发挥社会主义制度优势，积极扩大有效需求，为国内产品销售创造更大的市场空间。

产业循环上，需要稳定优化产业链、供应链、价值链，构建三次产业结构协调，实体经济与虚拟经济相结合，实物经济与数字经济融合共生的现代产业体系。

区域循环上，需要促进区域协调发展，推动形成更有效的区域协调战略，打造区域产业集群，加强区域之间联通性，畅通区域间循环。

城乡循环上，加快推进乡村振兴、城乡一体化，促进城乡要素的自由流动，促进农村成为新的生产中心与消费中心，推动城乡形成多层次交换循环。

要素循环上，要进一步打通痛点与堵点，畅通物流、人流、信息流、资金流等要素的循环。

其次，要形成国际大循环新格局，摆脱过度依赖传统国际大循环模式，形成更多的面向南方国家、面向“一带一路”沿线国家的国际大循环模式。一方面，中国作为世界市场加大对全球的开放，继续与世界分享中国市场机遇；另一方面，中国作为世界工厂继续为世界提供中国制造、中国创造，形成国内国际双循环相互促进的新发展格局。

内需供给两端发力的内循环

不论从经济安全还是从经济发展的角度，构建以国内大循环为主体的双循环体系都是非常重要的。上文提到的几个循环中，最重要的是要实现供需循环，最迫切的任务就是扩大内需。近年来，有效需求不足已经成为我国经济发展最突出的挑战，疫情的冲击无疑加剧了这一点。如果不能扩大需求，无论怎样降成本、保运行，长期来说都难以使经济持续健康发展。

中国需要积极扩大内需，扩大有效投资，恢复市场信心，促进经济供需内循环。但要转变投资领域与投资方式，避免造成新一轮的过剩。

加大对软基础设施的投资，包括环保、公共卫生、养老健康、教育、防灾减灾、国防基础设施等。中国在保障生态安全、防疫应急、村庄社区保健、终身教育、备战应急、前沿科技设施等方面都有大量的投资缺口，亟待弥补。

布局若干超级工程，例如陆海通道、“一带一路”国际通道与走廊、生态走廊、前沿科技基础设施等。

推动城市基础设施升级。即便像北京、上海这种国内最发达的城市，基础设施也还有很大的升级空间，包括城市交通基础设施的升级、智慧城市建设、绿化生态环境升级改造、海绵城市建设，以此提升城市的防洪抗灾能力，提升城市的应急避险能力，提升城市的建筑节能水平，提升城市建筑的抗震能力，等等。

积极扩大消费需求。例如，根据央行课题组发布的调查数据，目前我国城镇户均住房已经达到1.5套，再扩大规模开发房地产将会造成新的泡沫，可以考虑通过政策组合设计，拉动住房市场波浪式传导消费，推动居民住房条件升级。对于改善型住房需求，可以通过减免契税、住房公积金补贴等政策手段来鼓励居民以旧换新、以小换大。对于首套住房的刚需，可以通过共有产权、限价房、政府集中采供等方式促进住房消费。通过消费补贴等政策推进汽车、家电用品以旧换新，带动家居大件消费品的消费需求。同时，可以在目前各地发放消费券的基础上，考虑推动公共消费，在线上线下设立公共消费区，低收入人群可以凭券免费消费，这既是保障民生的措施，也是挖掘消费潜力的有力手段。

上面主要是从需求侧扩大有效需求的一些建议，那么从供给侧来看，需要做什么来促进构建内循环为主体？最重要的是要稳定优化产业链。中国拥有世界上最完整的产业体系，这在全球都是独一无二的。

传统国际贸易理论认为，随着要素成本的上升，可以把附加值较低的制造业转移到国外，以更好发挥各自的比较优势，实现产业垂直分工，但是从经济安全角度看却并非如此。在继续鼓励企业“走出去”的同时，要避免重蹈一些国家制造业空心化的覆辙。尤其要避免中国全产业链优势被削弱，这就需要加强自主创新以补足产业链短板，利用国内战略腾挪空间较大的特点，鼓励产业往中西部梯度转移，提高政府与企业的本地化采购比例，以保障本国企业生存空间。

2020 年《政府工作报告》出台了稳住市场主体的措施，包括加大减税降费力度、推动降低企业生产经营成本、强化对企业的金融支持等，都是为了让企业在艰难时期能够活下来，能够确保产业链、供应链安全。

牢牢把握第四次产业革命机遇

在双循环中，创新中心是重要的节点，直接关系着产业基础再造与产业链的提升。

进入 21 世纪以来，中国的创新实力持续快速提高，中国逐步成为全球创新潜在领导者之一。在这过程中，中国由技术引进、吸收消化、集成创新、跟随战略等外源式创新为主，逐步转变为自主创新、创新驱动、蛙跳战略、协同创新、融合创新、原始创新、基础研究等内源式创新为主。2019 年，中国的 PCT（专利合作协定）申请量达到 5.9 万件，首次超过美国的 5.8 万件，跃升至世界第一位。中国需要通过战略布局，坚持面向科技前沿、面向国家重大战略需求、面向经济主战场，持续提升创新能力。中国创新是后发优势、跨越优势、引领优势、集成优势、协同优势的叠加，特别是具有新型举国体制优势、广阔的市场空间与巨大的应用场景，中国将成长为世界重要的创新中心，由中国制造升级为中国创造。

创新竞争的重点是布局第四次产业革命。第四次产业革命不但是促进经济发展的最有效抓手，也是中美战略竞争的制高点，因为历史上全球性大国的崛起根本上在于其掌握了新兴产业革命的领导权。人类正处于第四次产业革命的早期阶段，其中蕴藏着无限的可能。

第四次产业革命带来的是新基建、新投资、新就业、新消费的经济发展机遇。

新基建为第四次产业革命构建基础设施，包括构建各种类型智能终端，构建5G等通信基础设施，构建城市大脑、行业大脑、国家大脑、数据存储中心、超级计算设施等智能中枢设施。

新投资指第四次产业革命孕育着巨大的产业投资机会。这是一个席卷生活服务业、生产性服务业、工业、农业、交通、社会治理等行业领域，贯穿生产、配送、消费整个链条的数字化、智能化过程，而且随着新技术的迭代涌现，将不断创造出新的投资风口。

新就业指第四次产业革命使得组织和市场的边界进一步融合，使得就业由传统的组织内就业转变为多平台就业、灵活就业、多元就业。就业关系由雇佣关系转化为协作关系，就业和创业相互融合。

新消费指第四次产业革命将带来新的消费方式变革。抖音、快手等短视频软件的风靡，实际上已经带动传统电商进入了内容电商时代。随着5G、人工智能与物联网的结合，将推动人们在线消费的升级，人们的衣食住行游娱学方面的消费方式都会发生重大变革。政府鼓励推动线上线下消费，支持电商、快递进农村等，都将促进第四次产业革命带来的新消费。

第四次产业革命也会重新塑造产业链与价值链。各种类型的平台型企业通过数字赋能的方式，延伸到研发、制造、配送与销售各个环节，已经成为产业链生态的组织者、价值链的重塑者，颠覆了传统微笑曲线的价值链分工方式。

构建内外联通的战略大走廊

当前，全球疫情和世界经济形势仍然严峻复杂，如何让国际循环和国内循环相互促进、联动发展？

“一带一路”将成为世界新的贸易轴心和产业协作、共同发展的国际大平台，也成为我们推进国际大循环的最重要战略平台。2020年一季度，我国与“一带一路”沿线国家的进出口贸易，在对外贸易下滑6.4%的情况下，实现了逆势增长，同比增长3.2%。通过实施“一带一路”建设等，继续鼓励中国企业“走出去”，布局国内国际两个市场。逐步摆脱过度依赖中国作为生产制造中心，欧美作为金融中心、研发中心、消费中心的传统国际循环模式，转向更均衡、更多面向发展中国家的全球化模式。

这种模式的转换主要依靠以下几个循环：在推进海外投资的同时，扩大资源品的进口来源地，形成资源品—制造业的循环；通过帮助当地发展，提升当地购买力，形成农产品、轻工业品—消费市场的循环；通过国际工程项目的建设，拉动配套制造业产品的输出，实现制造业—建设项目的循环；通过推动中国投资，提高中国生产性服务业的全球服务能力和全球服务半径，实现生产性服务业—对外投资的循环。

同时，要构建“一带一路”内外联通的战略大走廊，加大沿线地区开放，打造内陆开放高地，推动中国形成东西双向、海陆并进多层次多渠道的开放新格局，推动内外循环相互促进。

未来10年中美制造业竞争态势及策略研判

贾　涛*

编者按：中美两国关系已转变为战略竞争对手关系。在制造业中，中美技术差距仍然较大，我们必须在竞争中进行比较分析，正确分析各自的发展趋势，不能被轻易“卡脖子”。在制造业战略上，小国可以“扬长避短”，中国作为制造业大国必须“扬长补短”，坚定做强做优做大制造业的决心。

未来中美制造业竞争的影响因素分析

第一，中美关系已经发生实质性变化。美国已明确将中国视为“战略竞争对手”。尽管中美贸易摩擦第一阶段协议已经签署，但我认为中美关系并没有实质性改善，美国对中国的遏制与打压将是长期的。

第二，中美两国都对未来制造业提出了美好愿景。中国推动制造业由大到强，从“中国制造”走向“中国智造”，表现为“中国制造2025”规划。美国则寻求重振制造业，支持先进制造，如《振兴美国制造业和创新法案2014》、《美国先进制造业领先地位战略》报告等。

第三，目前的中美制造业格局，有如下几个特点：一是从总量看，是“东风逐渐压倒西风”；二是从结构看，是“你中有我，我中有你”；三是从价值链看，美国仍占高端；四是从产业链来看，在关键环节和核心零部件方面中

* 贾涛，中信改革发展研究院资深研究员，国务院发展研究中心企业研究所研究员。

国仍然薄弱。

第四，当前的中美技术差距仍然较大。应该客观看到，美国领先中国很多，技术差距以数年数十年计。而美国技术创新的世界领先背后是在强大国力大力支持下几十年的巨大研发投入，即“家底厚”，以及研发支出中基础研究占比高。

第五，在中美的制造业相关人才储备方面，目前中国占优势。一方面，中国正从享受“人口红利”到享受“工程师红利”；另一方面，越来越多的海外留学人才，在留学、工作多年后，开始大规模回流中国。

对三个关键问题的研判

中国制造业成功的核心奥秘是什么

当前，中国不仅是世界制造业增加值最高的国家，而且比别国拥有更为完整的工业体系，是全世界唯一拥有联合国产业分类中全部工业门类的国家。中国制造的核心优势，并不是低廉的劳动力成本，以及政府的补贴和支持，而是中国创新制造业模式擅长快速扩大规模并降低成本，即“复杂产品的大规模开放制造能力”。这是中国在过去40多年时间里练就的本领，是我们可以支持和加速全球科技创新的长板。

中美会技术“脱钩”吗

总体而言，我认为，从市场相互依赖、技术进步和人才角度来看，中美技术“脱钩”的难度都很大，完全“脱钩”的概率基本没有，但是在局部环节与产品上，美国可能对中国进行封锁。首先，中美在产品市场上是相互依赖的。其次，对华技术封锁，最终会损害美国的技术创新领导地位。最后，对华的技术“脱钩”将使得美国损失大量的科研人才。总之，中美技术“脱钩”，是“杀敌一千，自损八百”的行为。

制造业会回流美国吗

我分析后的结论是：中国拥有巨大的市场优势、技工与工程师红利的人才优势、产业配套齐全的供应链优势、基础设施较为发达的优势。综合考量，中短期内制造业回流美国比较难；长期看，不确定因素较多，尤其是技术进步的影响，机器人、人工智能、柔性制造等将有可能较大规模改变生产格局。

2030年中美制造业竞争态势的展望

2030年中国将在经济总量上接近甚至超越美国

从经济总量看，根据不同机构的测算（如IMF、世界银行测算），按购买力平价计算，中国的经济总量目前已经超过美国；如果按照汇率计算，国务院发展研究中心、著名经济学家刘遵义教授有过相关测算，则大概率在2030年左右，中国的经济总量就会超过美国。在全球新冠肺炎疫情中，中国防疫控制得力，美国则表现糟糕，疫情会加速中国在经济总量上超过美国的进程。

2030年中美制造业的总体态势

我认为：一是至2030年，在制造业总量上中国仍然占据世界第一的位置。二是在制造业结构格局上，美国在高端（先进制造业）方面仍然领先，但中国与之差距缩小；在中等技术水平的制造业方面，中国保持优势；在低端（劳动密集型）制造业，则相当一部分向东南亚转移。在国内强调“双循环”并加强政策引导的情况下，部分中低端制造业会从东部向中西部转移，促进我国区域内进一步平衡发展。三是在制造业价值链上，中国经过10年的加油追赶，在价值链份额上会逐渐接近美国，但美国仍然技术领先，仍占据价值链的最大份额。

2030年中国制造业四类行业的发展趋势

表1展示了中国制造业四类行业（劳动套利型、机器红利型、回流型、内需型）未来十年的发展趋势。

表1　未来十年中国四种类型行业的发展趋势

行业类型	行业特征	典型行业	发展趋势
劳动套利型	行业产业链较短，且相对劳动成本较快上升	纺织服装服饰业 皮革制鞋业 印刷和记录媒介复制业 基本金属制造业等	逐渐向劳动力成本更低的东南亚迁移，但由于东南亚各国没有完成重化工业化，在关键原材料和部分零部件方面，还比较依赖中国
机器红利型	产业链较短，但相对劳动成本较为稳定	食品制造业 纺织业 木材加工制造业 造纸和纸制品业 橡胶和塑料制品业 家具制造业	智能制造逐渐渗透，伴随着中国劳动力成本的上升，机器换人比较明显；随着装备自动化程度的提高，考虑靠近市场和供应链因素，这些行业能较大留在中国
回流型	产业链较长，但相对劳动成本较快上升	机械设备制造业 电气机械和器材制造业 计算机、通信和其他电子设备制造业	由于这些行业劳动力成本占比不高，属于技术与资本密集型，在产业变革和生产率提升的基础上，有可能部分回流美国，最终是成本、供应链和市场的综合考量
内需型	产业链较长，且相对劳动成本较稳定	化工制造业 金属制造业 汽车制造业 铁路船舶等运输设备	为资本密集型和内需导向型行业，国内产业配套较好，劳动生产率较高，且主要靠内需，故主要在本土发展

中国的应对策略

中国应对的战略战术

首先，在制造业战略上，中国作为一个古老的大国，首先应该有“大国雄心”，要掌握核心科技，不可被别国轻易“卡脖子”。小国可以“扬长避短”，中国这样的大国必须“扬长补短”。

其次，在战略上，要坚定做强做优做大制造业（实业）的决心，不可过分追求服务业化。创新以产品开发和制造过程中形成的知识和经验体系为基础，这种体系一旦消失，创新也就不复存在了。

再次，在面对美国技术封锁和打压时，一方面要客观承认差距，“知耻而后勇”，加快技术攻关，另一方面要积极调整全球产业链布局，体现出韧性和耐心。

最后，在战术上，我认为，应“立足自主，开放创新”。中美应保持“斗而不破”的原则，我们既要保持先进技术来源，开放创新，又要加大自主可控比例，提高安全系数。

中国的具体应对举措

在具体的政策措施方面，“中国制造2025”系列文件已经有了非常详细的举措。在此，我仅补充几点。

第一，进一步深化改革，优化体制机制。

一是真正给科研人员松绑，改革考核体制，不以规定时期完成规定数量论文等为考核指标。那种在限定期限（比如三五年）就要求做出成果或发表多少论文的做法，明显违背创新规律，往往逼得科研人员造假。

二是真正激励科研人员，给予科研人员丰厚待遇和创新回报。前沿创新，永远是少数天才和高精尖人才的专属，要真正给予这些高级知识分子丰厚回报。此外，真正落实中国版《拜杜法案》，将政府资助研究的成果权给予科研机构及科研人员。再者，要给予这些高级科研人员充分信任和爱护，在科研经费使用（及报销）等方面不应过于严苛，以习总书记鼓励党政干部干事任事“三个区分开来”的原则来构建科研经费使用的容错机制。

三是建议专业的人做专业的事。科技成果转化的工作不应由科研人员来完成，而应由企业家来完成。

第二，进一步补齐短板，保持制造业优势。

一是建立健全产业链条。二是构建产业服务平台，满足企业共性需求。三是推广国家集成电路大基金的成功经验，用风投、创投的基金手段来积极孵化创新。

第三，加强理工科教育和相关人才培养，广泛吸纳全球英才。

先进制造业劳动力需要具备科学、技术、工程和数学方面的知识基础。这一点对美国重要，对中国亦至关重要。

近年来国内基础教育有一个不好的倾向，即降低数理化学习难度，少学甚至分人群不学。我认为这一错误倾向必须纠正，要高度重视科技创新的后备人才培养，而高素质的科技人才只能靠强化数理化学习与训练得来，而不是降低数理化学习难度。因此我建议，为中华民族长远的创新能力计，必须加强而不是放松基础教育阶段的数理化教育，然后再逐级选拔其中的优秀人才来投入高精尖的科技研发。

此外，我国扩招后大学一年毕业生达七八百万，不可能都做“金领”，要通过合适的舆论引导和经济引导，加之合适的制造业相关技能培训，使其成为“大国工匠”和“工程师红利”的后备军。

再者，要面向全球，积极吸引海外人才回流，积极吸引高端领军人才，即真正的“招贤纳士”。优秀的领军人才永远是稀缺的，如带领华为走到业界巅峰的任正非，通过并购重组积极发展半导体产业的紫光集团赵伟国，帮助中芯国际上台阶的梁孟松，等等，这样的领军人才再多一些的话，中国的制造业必将在世界舞台立于不败之地。

疫情后全球产业链重组的趋势和建议

于　佳*

编者按：每个国家有各自的优势产业，在国际产业转移过程中形成全球供应链。全球供应链的几乎所有行业都在一定程度上依存于中国制造。中国在全球供应链中不仅是“世界工厂”角色的供应方，近年来也成为“世界市场”需求方的重要角色。我们要注重维护全球产业链安全和稳定，加快我国产业链向高端攀升，推动中国制造业在全球价值链上实现新的跃升。

随着经济全球化的不断发展，国际产业转移从单纯的劳动密集型、资源密集型产业的转移，向资本密集型、技术密集型的产业环节与功能的转移转变，在多个产业领域形成了全球供应链的分工体系。近年来，信息通信技术的发展使很多产业和产品的分工越来越细，产品的国际分工成为国际产业转移的突出特点。跨国公司在全球范围内进行生产布局，将某一特定产品的不同生产环节分散到不同的国家和地区，通过中间产品贸易将世界各国前所未有地连接起来，形成全球性的供应链。中国已超越美国、德国、日本等传统制造业大国，成为全球供应链上的核心环节，几乎所有行业都在一定程度上依存于中国制造。尤其是在电子、机械和设备制造领域，中国在全球供应链中不仅是“世界工厂”角色的供应方，近年来也成为“世界市场”需求方的重要角色。

---

* 于佳，中信改革发展研究院研究员，北京大学新结构经济学研究院资深实务专家、国际发展合作部主任。

近年来，美国所采取的加征关税、科技禁令等贸易保护主义措施增加了中间产品及供应链成本，一定程度上影响了跨国公司在世界范围内的生产决策布局。一些发达国家也实施贸易保护主义政策，鼓励制造业企业回迁，然而并没有起到实际效果，主要是因为外资制造业在中国已形成规模，成本和收益之比不能支持回迁。英国《金融时报》首席经济评论员马丁·沃尔夫指出，“随着全球市场的分散化，企业将失去规模经济，在创新方面的投资能力将会降低……在广泛的技术领域寻求自给自足对大多数国家而言将是一个死胡同”。当然，由于一些国际企业面临的高关税风险，加上中国劳动力成本的升高，低端产业转移会呈现一些分散的趋势，它们将逐渐向印度等东南亚国家转移产能。

新冠肺炎疫情没有改变全球供应链的大格局

每个国家有各自的优势产业，再通过相互贸易，实现效率和利润的最大化，在国际产业转移过程中形成了全球供应链。随着信息技术和物流体系的发展，产品生产劳动分工越来越细，生产链条越来越长。对于那些高度复杂的产品（例如汽车），“准时生产制”应运而生。这个系统要求每个环节严格按照时间工作：在所需要的时刻，按所需要的数量，生产所需要的产品，无需过量库存和闲置产能（电子、机械、汽车等行业的中间品备货平均时间在两个月左右）。

过去的金融和经济危机对经济的影响一般作用于需求方，而新冠肺炎疫情在全球范围内却同时冲击了需求和供给双方。从供应端来看，出口依存度高、加工贸易占比高的行业受疫情的影响程度更为明显，企业的生产、需求、现金流、运输等环节均存在严峻挑战。当“准时生产制”不再准时，对全球供应链是一次大考，各国都在考虑如何提高供应链应对突发情况的能力。短期内，各国企业会增加库存、提高物流绩效。中长期内，一些跨国企业可能会把过去效率优先的单一目标模式转向兼顾效率与韧性的双目标模式，使得企业未来拥有足够韧性的供应链来应对类似中美贸易摩擦、新冠肺炎疫情的冲击。但是，全球供应链布局的上下游关系是经过长期市场供需匹配而形成的结果，疫情既不可能撼动全球供应链的既有结构，也无法削弱中国制造业的优势。新冠肺炎疫情以来，中国和其他率先复工复产的亚洲国家为其他国家提供了数量庞大的个人防护设备和医疗用品，这也证明国际供应链对全球抗击疫情发挥了至关重要的作用。因此，全球供应链的既定格局和中国在全球供应链中的作用不会发生根本变化。

疫情之后中国仍然是外商投资的重点

美国政府大力推动本国企业与中国的产业“脱钩”，并鼓励美国企业前往印度投资。但是，印度的投资环境根本无法与中国竞争。印度的国际综合竞争力在全球140个经济体中排第68位，比中国落后40位，而且在12个竞争力子项目中，印度全面落后于中国。在这种情况下，要求印度在全球供应链中成为中国的替代者，不论是短期还是中长期内都是不可能实现的。即便是出于对自身供应链安全的考虑，美国也不会真正推动印度成为新的大规模制造业基地，形成对印度的依赖。明知不可为而为之，这是美国政府与中国“脱钩”的一种政治姿态。从跨国企业的角度来看，在美印政府的推动下实现一定程度的产业转移，主要还是为了争取扩大印度国内市场，而不是出口生产加工基地的替代。

除了印度，东南亚其他国家也是跨国公司意向中的产业转移目的地。除劳动力成本较低这一优势外，东南亚国家在基础设施、社会环境、工作效率等方面相比中国存在较大劣势，供应链的配套以及生产的协同效率较低。以越南为例，越南缺乏有技能的熟练工人，70%的劳动力不能达到专业质量标准，2017年，越南的劳动生产率（每个劳动者创造的GDP）仅为中国的1/8。随着外商加速在越南投资建厂，越南的劳动力成本、土地厂房租金等都在快速上升。因此，越南等东南亚国家承接产业转移的能力有限，它们只是对中国供应链的补充和延伸。

中国产业门类齐全，在全球供应链中处于核心地位，这是由成本、市场、效率、政策等综合因素长期积累形成的优势。在新冠肺炎疫情中，中国在采取封城等严格防疫措施后短短两个月内就迅速复工复产，进一步展现了中国制造业的韧性和适应能力。中国拥有大量经验丰富的工程技术人员和完备的制造业基础，使得企业能够在疫情期间迅速转产到急需的防疫产品上，例如汽车制造商比亚迪等企业及时转产，大大增加了中国的口罩供应。中国海关总署的数据显示，自2020年4月起，中国出口额连续3个月实现正增长，上半年，包括口罩在内的纺织品出口同比增长32.4%，医药材及药品、医疗仪器及器械出口同比分别增长23.6%和46.4%。

中国在5G、数据中心、IoT（物联网）等领域的新基建建设，也将进一步加强中国制造业的优势。随着中国经济的进一步增长，尤其是乡村振兴、城市化、西部地区的加速发展，中国庞大的国内市场是留住外资并且继续吸引外国企业的重要因素，“先进技术+中国制造+中国市场”成为跨国公司继续投资和留在中国的核心战略。以特斯拉为例，在中美贸易战的高潮时期，它仍然在上海投资建设电动汽车组装工厂，主要目的就是扩大中国市场的份额。

三个方面的政策建议

全球化是大势所趋，逆全球化只是利益格局调整的短期现象。根据中国产业的现状和在国际供应链中的位置，以及新冠肺炎疫情以来全球供应链的新动向和特征，从全球供应链稳定、东西部协调发展、“一带一路”建设这三个方面提出政策建议：

第一，维护全球产业链安全和稳定，加快我国产业链向高端攀升。

——尽管全球供应链受到了贸易保护主义和新冠肺炎疫情的严重冲击，但是国际产业转移的基本动因没有改变。全球供应链是多年来生产要素高效流动、资源优化配置而形成的，没有任何一个国家可以脱离全球供应链，做到完全自力更生，因此需要国际合作保证全球供应链的渠道畅通。建议我国在国际层面推动保护全球供应链的机制安排，以多边发展平台开展政府与政府、政府与企业、企业与企业的广泛对话，防止基于政治因素割裂全球供应链，维护全球供应链的安全和稳定。

——建议以东北亚成功应对疫情为契机，总结疫情以来供应链受到冲击的经验教训，进一步与日本、韩国加强政治交流、经贸联系，特别是提高投资、人员往来的便利化，让东北亚区域供应链成为全球供应链安全稳定的基石。同时，以东北亚区域供应链为基础，鼓励中日韩协同向东南亚、南亚、西亚国家转移劳动密集型和资源密集型产业，提高区域内的物流绩效，让东南亚、中亚成为东北亚产业链的延伸，共同保证亚洲地区的供应链安全和抵御风险的能力。

——在继续推动失去比较优势的低端供应链产业转移的同时，加快产业升级，打造新的竞争优势，推动中国制造业在全球价值链上实现新的跃升。建议通过回顾中美贸易战、新冠肺炎疫情以来凸显出的供应链问题，全面梳理中国尚未掌握的核心技术和产品清单，有针对性地加强基础研究和开发，尽快在一些产业基础薄弱的领域和产业链关键环节取得新的突破，不仅要补齐高端供应链的短板，而且更要打造高端制造业的“新比较优势”，摆脱核心技术受制于人的困境。

——由于并购西方高科技企业会遇到越来越多的阻碍，我国产业升级的关键在于加强关键核心技术的自主研究，而开发核心技术研发的关键是人才。建议以国务院《关于构建更加完善的要素市场化配置体制机制的意见》为契机，通过人力、技术、资本、数据等生产要素的市场化流动，以包容的监管环境和知识产权制度，激励研究机构、国有企业、民营企业引进与创新并进，特别是以全市场化的机制通过企业研发机构吸引高端人才。

第二，发挥我国西部地区比较优势，融入国家区域发展和国际供应链。

——西部地区要甄别自身比较优势，坚持“绿水青山就是金山银山”的理念，承续产业不污染环境、不破坏生态、不浪费资源；依托丰富的自然资源搭建好“绿水青山”向“金山银山”转换的桥梁，切实把生态环境转换为经济效益；大力发展相关产业，包括现代农业、旅游业、文化创意产业等。

——西部地区可借力新基建，发展数字信息化基础设施，通过信息高速公路的建设，拉近与东部地区的联系，包括东西部人才、技术交流与合作。承接东部产业转移不拘泥于劳动密集型产业，同时积极支持新能源、节能环保、新材料、生物产业等领域的技术研发和创新，培育具有区域特色的战略性新兴产业，积极融入国家区域发展战略，实现东西联动发展。

——在国际层面，发挥西部地区“一带一路”驿站的特殊作用，加强与“一带一路”沿线国家特别是西部地区周边国家的合作。“引进来、走出去”，共建有特色的边境经济园区，增强经济辐射能力，把西部地区由我国区域发展的“短板”转变为平衡我国区域发展和支持“一带一路”建设的新高地。

第三，切实推动“一带一路”建设，继续大力拓展“朋友圈”。

——在推动“一带一路”建设过程中，综合考虑上游（基础设施）、中游（制造业）、下游（服务业）的连接，推动企业建立“基础设施 + 制造业 + 服务业（包括电商）”的市场化一揽子模式。在这个模式下，中国国有企业注重投资基础设施项目，而民营企业主要投资制造业、服务业。同时，投资基础设施项目必须考虑制造业、服务业的市场潜力，而投资制造业、服务业项目以及园区建设也需要考虑电力供应、交通运力和产业供应链。

——在对外投资和产业园区建设中，推动与第三方合作，优势互补。尤其是争取欧美发达国家的国际品牌和买家公司在园区的落地，扩大国际市场，也可以有效降低投资的风险。中国企业在园区建设和项目投资方面争取国际多边开发银行（世界银行、新开发银行、地区性的开发银行等）的贷款、股权、担保，同时鼓励投资园区的企业利用国际商业贷款、境外发债、境外上市等方式进行境外融资。

——针对疫情之后的经济恢复，中国企业可以以国内的成功经验，在共享经济、网络经济等方面推广相关的技术和商业模式，帮助当地百姓脱贫致富。拓展基础设施建设和制造业投资的同时，注重当地民生的改善，在周边社区建设公益性的学校、诊所，改善卫生、供水、供电等民生设施，通过可持续的发展模式，提升东道国的自生能力，营造合作共赢的积极舆论环境。

“中国道路”丛书

学术
《解放生命》
《谁是农民》
《香港社会的民主与管治》
《香港社会的政制改革》
《香港人的政治心态》
《币缘论》
《如何认识当代中国》
《俄罗斯之路 30 年》
《大国新路》
《论企业形象》
《能源资本论》
《中国崛起的世界意义》
《美元病——悬崖边缘的美元本位制》
《财政预算治理》
《预见未来——2049 中国综合国力研究》
《中国资本市场治理与开放》
《历史性跨越——构建新发展格局》

智库报告
《新时代：中国道路的延伸与使命》
《新开局：中国制度的变革与巩固》
《新常态：全面深化改革的战略布局》
《新模式：走向共享共治的多元治理》
《新征程：迈向现代化的国家治理》
《新动能：再造国家治理能力》
《全面依法治国新战略》

企业史
《与改革开放同行》
《黎明与宝钢之路》
《海信史（2003—2019）》

企业经营
《寻路征途》
《中信创造力》

专访
《中国道路与中国学派》
《21 世纪的中国与非洲》

译丛
《西方如何“营销”民主》
《走向繁荣的新长征》
《国家发展进程中的国企角色》
《美国社会经济五个基本问题》
《资本与共谋》
《国家发展动力》

人物
《重读毛泽东，从 1893 到 1949》

政治
《创新中国集体领导体制》

战略
《国家创新战略与企业家精神》

金融
《新时代下的中国金融使命》

管理
《中国与西方的管理学比较》